ALBERTO MELLONI
DAS KONKLAVE

W0181430

Alberto Melloni

Das Konklave

Die Papstwahl
in Geschichte und Gegenwart

Aus dem Italienischen von
GEORG SCHEUERMANN

HERDER

FREIBURG · BASEL · WIEN

Titel der italienischen Originalausgabe:
Alberto Melloni, Storia del conclave nel Novecento
© 2001 by Società editrice Il Mulino, Bologna

Die Deutsche Bibliothek – CIP-Einheitsaufnahme

Melloni, Alberto :
Das Konklave : die Papstwahl in Geschichte und
Gegenwart / Alberto Melloni. Übers.: Georg Scheuer-
mann. – Freiburg im Breisgau ; Basel ; Wien ; Barce-
lona ; Rom ; New York: Herder, 2002
Einheitssacht.: Il conclave ⟨dt.⟩
ISBN 3-451-27850-2

© Verlag Herder Freiburg im Breisgau 2002
www.herder.de
Satzherstellung: SatzWeise, Föhren
Druck und Bindung: freiburger graphische betriebe 2002
www.fgb.de
Gedruckt auf umweltfreundlichem, chlorfrei gebleichtem Papier
ISBN 3-451-27850-2

Inhaltsverzeichnis

Vorwort

Das folgende geht auf ein Seminar zurück, das am 3. Januar 1993 am Istituto per le scienze religiose di Bologna gehalten wurde, und entwickelt die damaligen Überlegungen weiter. Doch diese Weiterführungen und Vertiefungen haben den Charakter nicht verändert: Es handelt sich nach wie vor um eine Einführung in die Mechanismen und Erfahrungen des zeitgenössischen Konklaves samt einer historischen Annäherung. Ohne Frage ist die wissenschaftliche Diskussion der hier großzügig behandelten Aspekte komplex. Die mit mancher der Quellen verbundenen Probleme wurden nur in den wichtigsten Grundzügen erwähnt. Desgleichen wurde die sich auf den historischen Aspekt beziehende Bibliographie auf ein Minimum reduziert (sie ist heute leicht auffindbar in Standardwerken wie dem *Dictionnaire de la papauté*, Paris 1994, herausgegeben von Philippe Levillain, oder der *Enciclopedia dei papi*, Rom 2000, herausgegeben von Manlio Simonetti, Girolamo Arnaldi, Mario Caravale und Giacomo Martina). Ganz außer Betracht gelassen wurde das umfangreiche Gebiet der Kunst und Literatur (dazu hat sich eine Diskussion entwickelt, die mit Metastasio beginnt, und sich, besonders in englischer Sprache, in politisch-utopische Richtung entwickelt).

Hier soll es vielmehr um eine kurze Geschichte der Institution „Papstwahl" gehen, mit der wir das Konklave des 20. Jahrhunderts konfrontieren wollen, wobei ungleiche Quellenlage zu ungleichen Gewichtungen führen kann. Ebenso wird die Entwicklung der gesetzlichen Regelungen des Konklaves dargestellt. Die anschließende Analyse des Profils des Kardinalskollegiums zeigt seine Formierung im Laufe und besonders gegen Ende des 20. Jahrhunderts. Abschließend folgen einige Überlegungen zu bedeutenden

Kernpunkten, die dieses Ineinander von Praxis und gesetzlichen Regelungen auf Zukunft hin öffnen.

Das Konklave und seine gesetzlichen Regelungen sind nur ein Fragment im Leben des Katholizismus, ein Fragment, in dem politische Kräfte, Reforminstanzen, Bestrebungen der Treue zum Evangelium und ehrgeizige Ambitionen am Werk sind. Dem Rechnung zu tragen beinhaltet das Risiko, destruktive Reaktionen für das Wenige zu provozieren, das historische Erkenntnis hergeben kann: Auf der einen Seite riskiert man die Empörung derer, die vor der Rekonstruktion historischer Ereignisse mit dem Argument flüchten, daß die tiefste Bedeutung, welche die Gläubigen mit historischen Ereignissen verbinden, mit unentzifferbaren Zeichen geschrieben sei; auf der anderen Seite riskiert man die Enttäuschung der Befürworter einer „militanten" Geschichtsschreibung, die erst dann zufrieden sind, wenn sie glauben aufzeigen zu können, daß sich der gesamte historische Weg des Christentums auf das Bloßlegen von Herrschaftsstrukturen reduzieren läßt.

Ich wünsche mir, daß die Adressaten dieser Seiten (interessierte Laien, weniger die Spezialisten) hier etwas anderes finden und sich frei fühlen von der falschen Alternative zwischen einem Spiritualismus der Macht, der eine kritische Demut verachtet, und einer ideologischen Geschichtsschreibung, die glaubt, sich ein klares Bild von den Ereignissen machen zu können, ohne die Absichten der Hauptakteure mitzuberücksichtigen. Eine Geschichte zu studieren – auch wenn es sich um eine begrenzte und nicht leicht zugängliche handelt wie die des Konklaves im 20. Jahrhundert und seiner Regelungen –, in der die Hauptpersonen Gott und seinen Willen explizit in ihr Handeln miteinbeziehen, bedeutet freilich eine Grenze zu erforschen: Der Versuch, den Verlauf dieser Grenze aufzuspüren, ohne die Pfade der Vorsehung und des Glaubens zu verletzen, zeugt von dem Bekenntnis und der Überzeugung, daß die zeitlichen Wege des Menschen vom Geheimnis des Daseins durchdrungen sind, das sie prüft, hält und überragt.

Einleitung

Das Bischofsamt nahm im Laufe der Zeit eine Vielzahl theologischer und kultureller Impulse auf. Nach neueren Forschungen bezeichnete der Begriff *episkopos* zunächst denjenigen in der Gemeinde, der die Einheit im Glauben feiert und schützt.[1] Der Terminus blieb, vereinigte dann aber hinsichtlich Umfang, Inhalt und Ausgestaltung sehr verschiedene Funktionen. Die kirchliche Überlieferung sieht in all dem eine Kontinuität in Raum und Zeit, macht aus dem „Bischof" eine aktive Funktion *semper et ubique* und sieht ihn aufgrund seiner altkirchlichen Wurzeln der Vorstellung von Entwicklung entzogen. Narrative und normative Quellen bezeugen, daß es faktisch nicht so ist. Es ist wahr, daß sich im Begriff „Bischof" Inhomogenes verbindet, daß sich aber auch grundlegende gemeinsame Züge finden.[2] Die Bezeichnung Bischof verfestigt sich im Sprachgebrauch, integriert sich in kulturelle und spirituelle Systeme, die untereinander verschieden und weit von den Welten entfernt sind, in denen sich dieses institutionelle Profil anfänglich herausgebildet hat. Die Erforschung der Institutionengeschichte hat in der Tat dokumentiert, wie sich Bedeutung und theologische Begrifflichkeit, Normen und Verfahren, Auswahlkriterien und Regelungen bezüglich der Rolle des Bischofs unmerklich, aber stetig verändert haben. Im Spannungsfeld von Identität und Evolution entwickelt die Funktion des Bischofs eine so tiefgreifende und natürliche Fähigkeit der Anpassung an die Dynamik des christlichen Lebens, daß man die Veränderung als ungebrochene Entwicklung eines unbeschädigten Wesenskerns wahrnimmt.

Die Institution des Bischofsamtes, vorwiegend in Gemeinden griechischer Sprache zu Hause, schwächt verschiedene Organisationsformen in anderen geographischen Räumen und behauptet sich zunächst in der Kirche der Verfolgung und dann in jener der konstantinischen Ära. Sie ist insbesondere fähig, Entwürfe von Machtausübung aufzunehmen und abzubilden, die von jenen gestaltet und verändert wurden, die sich als „Vikare Christi"[3] (der Titel entsteht gemeinsam für alle Bischöfe) bezeichnen und dies auch sein wollen.

Der Bischof des antiken Rom

Ein solches Wechselspiel von Konstanz und Entwicklung zeichnet alle bedeutenden Bischofssitze der Christenheit aus. Dies gilt für den Bischof von Konstantinopel, der gemäß einer, von den Römern nie bestrittenen, antiken Überlieferung einen Ehrenprimat im christlichen Reich innehatte. Das gilt für die Patriarchen von Jerusalem, Antiochien und Alexandrien, die sich gemeinsam mit denen der beiden Rom nach den ersten Konzilien als *Pentarchie* definieren, welche die Gemeinschaft leitet.

Das gilt auch für den, der ab dem vierten Jahrhundert Bischof des *antiken* Rom genannt wird. Ausgezeichnet wird er mit dem liebevollen Titel „Papa" und darüber hinaus mit dem des *Summus pontifex,* der sich aus der vorchristlichen, staatlichen Religion herleitet. Er ist der Hüter der Orte der Martyrien des Petrus und des Paulus und ihr Nachfolger. Hervorgegangen aus einer über ein Jahrhundert sich erstreckenden geschichtlichen Entwicklung, in der es einen „Bischof" im engen Wortsinn nicht gab,[4] ist auch er Protagonist und Gestalter des dem Osten wie dem Westen gemeinsamen Bischofsamtes. Er versteht sich in Lehre und Disziplin als Wesenskern des christlichen Lebens in der Gemeinschaft der Bischöfe des zum christlichen Glauben bekehrten Reiches.

Klaus Schatz hat Herkunft und Entwicklung der Gestalt des römischen Bischofs unter dem Blickwinkel des Primats, den jener später beansprucht, sorgfältig untersucht. Er dokumentiert, wie der Bischof von Rom Zuständigkeiten und Besitztümer, die einmal den Privilegien des Petrus, ein andermal der Konstantinischen

Schenkung zugeschrieben werden, durch Personen erwirbt, deren Andenken nicht über die im *Liber pontificalis* überlieferten Namen und Umstände hinausgeht. Von einer bestätigenden wandelt sich der römische Bischof zu einer bestimmenden, von einer marginalen zu einer politisch zentralen Gestalt. Walter Ullmann definierte die Entwicklung im Mittelalter mit der berühmten Formulierung vom „Wachstum der päpstlichen Monarchie"[5]. Eine solche Monarchie prägt das lateinische Christentum des 11.–13. Jahrhunderts und assoziiert eine bestimmte Vorstellung von Autorität in der Kirche. Eine solche fest mit einer Institution verflochtene Vorstellung macht es für Jahrhunderte gleichermaßen notwendig wie schwierig, geeignete Kriterien zu gewinnen, um den Wesenskern des Petrusamtes in der Kirche wiederzufinden. Im Einklang mit sich selbst und geleitet vom Bewußtsein der Kontinuität, hat sich die Rolle des römischen Papstes im Laufe der Geschichte mit den verschiedensten politischen Stimmungen und Ideen verbunden. Er sprach Recht, war Landesherr in Italien, entwickelte Theologien über seine Herkunft, verstand sich als vollkommene, monarchische Regierungsform und verpflichtete sich schließlich im Zweiten Vatikanischen Konzil, die Praxis der Unterwerfung auf eine Gemeinschaftsbeziehung hin zu verändern. Die großen Epochen der Geschichte des Bischofs von Rom spiegeln dieses Kräftegleichgewicht von Wandel und Bestand.

Das Bischofsamt als Wahlamt

Trotz seiner monarchische Züge tragenden Form bewahrt der Petrusdienst bis in unsere Zeit Elemente der ältesten Überlieferung der ersten Kirchen, z.B. daß der Bischof von Rom gewählt wird.

Die Wahl der lokalen Kirchenhäupter ist sehr früh bezeugt, ihr Vorgang seit dem 3. Jahrhundert präzisiert. Diese Wahl verliert aber Schritt für Schritt in der lateinischen Kirche an Bedeutung, zugunsten der Ernennung, bei der staatliche und kirchliche Instanzen ihren Einfluß geltend machen. Im Verlauf der letzten 200

Jahre konzentriert sich die Zuständigkeit für die Erwählung katholischer Bischöfe in drastischer Weise auf den Apostolischen Stuhl. Dennoch lebt der alte rituelle Sprachgebrauch fort: Der vom Papst zur Leitung einer Diözese Erwählte wird als „gewählter" Bischof[6] bezeichnet, der vor zustimmendem Klerus und Gläubigen die Bischofsweihe empfängt.

Bevor die *Novellae* Justinians die Charakteristika vereinheitlichten, hatte die Wahl der Bischöfe ein natürliches und gleichzeitig ein mythisches Subjekt: das Volk. Abgesehen von der Schwierigkeit, historisch zu sagen, „wer was geschehen macht", steht dem Volk der Überlieferung nach zumindest die Proklamation zu, entweder in Gestalt der Designation durch Abstimmung in der Versammlung oder in Gestalt der nachträglichen Anerkennung des vom Klerus Gewählten als „würdig" für das Amt. Im römischen Klerus ist die Aufgabe der Wahl, wie wir noch im Detail sehen werden, seit etwa einem Jahrtausend auf eine beschränkte Zahl gewichtiger, später als *Kardinäle* bezeichneter Kleriker übergegangen. Ihnen obliegt diese Befugnis, auch wenn sich ihre Funktion, die Modalitäten ihrer Wahl, ihre Zuständigkeiten und Rollen geändert haben.[7] Das Ziel der folgenden Studie liegt darin, durch das Studium der Quellen mitzuverfolgen, wie die historische Entwicklung des Kardinalskollegiums als Wahlorgan und seiner Wahlfunktionen gekoppelt war mit der Entwicklung der Gestalt des lateinischen Papsttums.

Die Geschichtlichkeit einer Verknüpfung

Zwischen Kardinalat und Papsttum besteht eine historische Verknüpfung. Die beiden Ämter haben weder eine ursprüngliche, noch eine notwendige Beziehung; sie sind nicht einmal zum Zusammenleben verpflichtet. Doch sie existieren, und sie tun das seit einem Jahrtausend gemeinsam als Vermächtnis grundlegender Inkulturation und mythischer Repräsentation einer legitimierenden Vergangenheit. Seit mehr als 700 Jahren treffen sich ihre

Wege in einer besonderen Institution, dem Konklave, das seine Beständigkeit und Anpassungsfähigkeit erweist. Die Widerstandsfähigkeit des Konklaves gegen den Verschleiß der Zeit verdankt sich gerade seiner kontinuierlichen Anpassung bis in die Gegenwart. Dem werden wir uns genauer widmen, ebenso den Regulatorien des Konklaves und den ihm innewohnenden Ideen.

Eigentlich hätte die Vorherrschaft demokratischer Vorstellungen des politischen Lebens im letzten Jahrhundert jene Methode in Schwierigkeiten bringen müssen, nach welcher der Träger einer fast absoluten Macht gewählt wird: „uni Deo devinctus", wie es eine antike Lehrformel ausdrückt.[8] In der mittelalterliche Theologie (z. B. bei Thomas von Aquin) ist das Papsttum monarchisch, weil die Monarchie die vollkommene Regierungsform darstellt (und nicht umgekehrt). So hätten sich mit der kirchlichen Anerkennung der Demokratie und der von ihr garantierten Freiheiten auch manche Verschiebungen des Modus der Papstwahl in Richtung radikal neuer „demokratischer" Formen ergeben müssen. Die historische Wirklichkeit ist jedoch eine andere. Die demokratische Wahl erteilt einen vorübergehenden Regierungsauftrag und kann ihn im Fall einer Verletzung der Verfassung widerrufen. All dies kennt das Konklave nicht. Nach der Annexion des Kirchenstaats durch Napoleon 1809 nur als Wahlmechanismus einer absoluten Autorität auf Lebenszeit verblieben, scheint das Konklave nicht bedrängt von Vorschlägen radikaler Reform oder Abschaffung.

Wie im Detail zu zeigen sein wird, ist dies nicht ohne feine Nuancen und hat seine Gründe. Das Konklave überlebt und besteht, weil es sich verändert. Besonders der Einfluß der Massenmedien auf das gesamte System politischer Vorstellungen hat seine Gesetze auch der Wahl des Papstes aufgedrängt.

So sind die Funktionen des Kardinalskollegiums als „Ersatz-Uterus" einer päpstlichen Dynastie in die zweite Reihe gerückt. Neue Dimensionen der Angleichung an die zeitgenössische politische Kultur traten hervor. Das Element theatralischer Inszenierung demokratischer Wahlen hat auch das Konklave erreicht und ihm damit gegen jede Erwartung eine neue Modernität vermittelt. Wie demokratische Wahlen, ja mehr als diese, prägt die Logik einer medialen Inszenierung immer mehr auch die Papstwahl. Weit über die Kreise der Katholiken, ja der Christen hinaus erfahren selbst die Normen, die den Wahlvorgang regeln, die Aufmerksamkeit und Neugier der breiten Masse. Die Kommentare neigen dazu, das Konklave – von seinen Vorboten bis zu seinem Verlauf und Ausgang – in den *polaren* Termini der politischen Dialektik zu lesen, und evozieren gleichsam eine Parteinahme der öffentlichen Meinung innerhalb und außerhalb der katholischen Kirche für bestimmte Prioritäten.

Das Interesse der Medien setzt jedoch schon früher ein, sobald das Konklave auch nur am Horizont erscheint. Ebenso wie Umfragen die demokratischen Mandatsträger bewerten, je näher Wahltermine heranrücken, so nährt das fortschreitende Alter des Papstes Klatsch und Vorausschau auf einen Augenblick nicht diskutierbarer, weil objektiver Unwägbarkeit. Sowohl durch Analysen der Presseberichterstattung wie auch durch private, kirchliche oder diplomatische Quellen ist allen, die über den Katholizismus forschen, jenes besondere Klima bekannt, das entsteht, wenn das kanonische Verbot, über den nächsten Papst zu sprechen (treues Spiegelbild des Verbots, sich gegen den König zu verschwören), unter dem Gewicht der Fakten zu zerbröckeln beginnt. Der Gesundheitszustand des Papstes und der gesunde Menschenverstand drängen alle die zum Nachdenken, die in ganz verschiedener Eigenschaft – als Wähler, Zuschauer oder Beobachter – eine Rolle in den Mechanismen des Konklaves innehaben. In diesem Klima ist alles möglich: von der Schmeichelei dessen, der die zukünftige Seligsprechung des regierenden Papstes ankündigt und erörtert, bis zur ernsthaften Sorge eines anderen, der sich um die zukünftige Entwicklung der christlichen Gemeinschaft Gedanken macht, von Zynikern, die die Überlebenschancen eines leidenden Menschen abwägen, bis zu abgehobenen Spiritualisten, denen dies gleichgültig ist, von der oberflächlichen Verwegenheit derer, die sich an einer „Papstlotterie" beteiligen, bis zur Verallgemeinerung politischer Mechanismen, mit denen man das Netz notwendiger Mehrheiten webt, um den Bischof von Rom zu bestimmen.

Dies alles ist nicht anomal und, wenn auch manchmal tadelnswert, doch Teil dessen, was das gegenwärtige Papsttum hat sein wollen. Das weltweit gesuchte und erreichte Medieninteresse an der Gestalt des Papstes wirkt verstärkend. Die Fernsehkameras, eingesetzt als Instrument der päpstlichen Regierung und Macht, werden zu kalten und indiskreten Augen. Sie halten nicht nur jede Verwaltung, jede Redaktion, jedes Erzbistum, sondern auch fast jede Familie weltweit über den Gesundheitszustand und die Ereignisse im Leben des römischen Pontifex auf dem Laufenden. Die moderne Geriatrie trägt ihrerseits dazu bei, den Pontifikaten sehr lange Phasen eines Prä-Konklaves zu bescheren, mit allen Gedankenspielen und Gerüchten im Schlepptau, die solche Augenblicke eines spirituellen und politischen Wechsels oft begleiten.[9]

In dieser Hinsicht ist der Pontifikat Johannes Pauls II. sicher nicht ohne Spuren geblieben. In einem nach Vaterfiguren hungernden Kommunikationssystem hat der Papst, der im Polen der Helden aufgewachsen ist und im Polen des kalten Kriegs gelebt hat, diese Führerrolle in außerordentlicher Weise gelebt.[10] Die vereinfachende Verbindung des Wojtyła-Papstes mit dem „Ende des Kommunismus" zeigt nur eine der Ebenen, auf denen Johannes Paul II. die großen politischen Möglichkeiten des Papsttums ausdeutet, die das Zweite Vatikanische Konzil der katholischen Kirche wiedergegeben hat.[11] Seit dem Konzil schaut die internationale Politik auf den Hl. Stuhl als einen einzigartigen Kreuzungspunkt von Informationen und Wahrnehmungen der Welt. Der Papst spielt mit auf der Bühne, auf der die militärische Macht der USA zwar fähig ist, in jedem Winkel der Welt in Krisen zu intervenieren, aber unfähig scheint, deren Entstehung zu verhindern.[12]

So stellt sich das Konklave – historisch gesehen ein mittelalterliches Überbleibsel, welches das Ende des *ancien régime* und der weltlichen Macht des Hl. Stuhles überlebt hat – am Ende des 20. Jahrhunderts dar als ein Sammelbecken von Widersprüchen und von Hoffnungen zugleich, die schweigend, gedankenreich oder auch geschwätzig ausgesprochen werden.

17

Ungeachtet der von Bosheit und Verehrung erzeugten Wahrnehmung, die alle längeren Pontifikate trifft, kann das Erinnern an die
normativ-funktionale Entwicklung des Konklaves wie auch das
diachrone Durchschreiten der Geschichte der Wahl des Bischofs
von Rom bis in die Gegenwart das Verstehen fördern. Nicht mehr
und nicht weniger. Es geht nicht darum herauszufinden, wer der
Bischof der Kirche von Rom und der Hirte der katholischen Kirche
in Zukunft sein wird. Vielmehr soll das wechselseitige Verhältnis
von Welt und Kardinalskollegium deutlich werden, jenes Kardinalskollegiums, dem Johannes Paul II. ständig neue Mitglieder
hinzufügt, damit es eines Tages gültig und legitim für die Wahl
seines Nachfolgers Sorge tragen kann.

Der Verzicht auf Prognosen macht den Blick frei für das We-
sentliche des Konklaves. Seine Bedeutung liegt in der Verbindung,
die es seit fast einem Jahrtausend zwischen Wählern und Gewähl-
tem knüpft, nicht in der Verflechtung von äußeren Instanzen und
noch weniger in der politischen Grammatik, die dessen Ergebnis
bestimmt.

Im Konklave findet sich das Gleichgewicht zwischen römischer
und universaler Ebene. Diese Beziehung hält stand, weil sie ge-
schmeidig ist, sie bleibt scheinbar unbeweglich gerade aufgrund
ihrer ständigen Anpassung. Sie erhebt aber keinen Anspruch darauf, immer und in jedem Fall eine Funktion darzustellen – nämlich die petrinische –, die Ziel tiefgreifender Reformen ist in der
Praxis und in den theologischen und politischen Vorstellungen,
die sie stützen.

Auf diese sowohl theologische als auch politische Entwicklung
von Petrusamt und Konklave soll die folgende kurze Betrachtung
der Normen, der Ereignisse und der Rollen beider ein Licht werfen. Besser als das Wahrsagen von Unwahrscheinlichem hilft eine
solche Annäherungsweise, bei all ihren wissenschaftlichen Grenzen, den Wahlmodus für den Zugang zu einem Amt zu erschlie-
ßen, das für den Katholizismus von heute unverzichtbar und zu

einem wesentlichen Teil der politischen und moralischen Land-
schaft der ganzen Welt geworden ist und das nicht aufhört, nach
einer ökumenischen Aufgabe für die Christenheit von morgen zu
streben.

Erstes Kapitel

Die historische Entwicklung im ersten Jahrtausend

Die umfangreiche Geschichte des Konklaves läßt sich nicht anhand von Einzelfällen oder Papstgestalten verstehen. So ist es vielleicht nicht auf kürzere Sicht, wohl aber bei Betrachtung langer Zeitabschnitte trügerisch, von einer Gesetzmäßigkeit bei der Abfolge der Papstwahlen zu sprechen. Doch soziologische Modelle des Konklaves, die sich auf individuelle oder typische Einzelereignisse berufen, schaden dem Verständnis der Entwicklung dieser Institution als solcher. Es gilt daher, den Blick auf eine tiefer liegende Ebene zu richten und die großen Entwicklungslinien im Zusammenspiel mit den wichtigen Einschnitten der Geschichte des Christentums herauszuarbeiten, um zu den prägenden Grundlagen zu gelangen.

In einer ersten Betrachtung läßt die Wahl des Bischofs von Rom tiefgreifende Veränderungen erkennen, noch bevor die allmähliche Entstehung des Konklaves die Entwicklungsmöglichkeiten einschränkt. Man muß daher chronologisch früher ansetzen, um nachfolgende Tendenzen zu verstehen und einzuordnen.

Kanones und Praxis der konstantinischen Kirche

Während des ersten Jahrtausends wird der Bischof von Rom nach dem verbreiteten und traditionellen Wahlverfahren „von Klerus und Volk" gewählt.[1] Der Zugang zum Amt dessen, der als Bischof den Wesensgehalt des Glaubens und der Gemeinschaft für die Kirche (d.h. die Gläubigen) garantiert, vollzieht sich niemals über eine Abstimmung. Zuweilen ist die Wahl hinfällig, oft reduziert sie sich auf eine Formalität. Sie artikuliert sich jedenfalls im Christentum des ersten Jahrtausends auf vielerlei Weise. Sie unterliegt keiner radikalen Kritik und kennt keine besonderen westlichen Ausformungen, schon gar nicht „römische",[2] seitdem die Stadt Rom diese Art der Kirchenleitung anstelle des älteren Presbyterkollegiums übernommen hat.

Zwischen den Bestrebungen, die in den kanonischen Quellen Ausdruck gefunden haben, und der historisch nachweisbaren Praxis (d. h. seit dem 3. Jahrhundert) sind zuweilen tiefe Unterschiede zu erkennen. Sie führen jedoch nicht zu jener sehr heiklen Situation, in der die systematische Nichtbeachtung der Regeln Raum für unumkehrbare Krisen schafft. Trotz Schwankungen in den Normen und den Ergebnissen, trotz eines schillernden Gleichgewichts zwischen beiden kann man sagen, daß der Bischof, in Rom wie anderswo, gewählt wird, und zwar unter Beteiligung „aller".[3] Alle nicht in materiellem Sinn, sondern alle, weil die hierarchische Grenzlinie, die die unterschiedlichen Funktionen der Glieder einer Gemeinschaft sichtbar macht, deren Gemeinschaft unterstreicht (Wahl durch Klerus *und* Volk). Alle auch, weil die Wähler sich nach Einmütigkeit sehnen, und weil sich diese Sehnsucht durch das Auftauchen eines Konsenses, dem man sich anschließt, gewissermaßen erfüllt. Diese Einmütigkeit hinterläßt zum einen ein Echo in der Hagiographie von Bischöfen und wird zum anderen durch die Weihespender symbolisiert, durch deren Dienst der Gewählte in eine universale Gemeinschaft von Gleichen aufgenommen wird.

Wenn an diesem idealen Ablauf der Wahlhandlung ein Element teilweise oder ganz fehlt, kommt es nicht zu einer Wahl, sondern zu einer Konkurrenz zwischen zwei oder mehr Personen.[4] Es entsteht ein Konflikt zwischen Bischöfen, oder besser zwischen Personen, die sich gegenseitig vorwerfen, ein Gegenmodell des Ideals zu sein – der Gegenbischof oder, wie man im römischen Jargon sagen wird, der Gegenpapst. In der Wahl, die offen ist für eine Krise, steckt eine „Aufrichtigkeit", die – wie Jean Gaudemet anmerkt – jeder Theorie der Repräsentanz zuwiderläuft. Es besteht nicht das Problem, einen Mechanismus zu erfinden, der garantiert, daß die vollzogene Wahl keinerlei Anfechtungen innerhalb oder außerhalb der durchführenden Gruppe hervorruft. Die Wahl sieht keine Beschränkung des Wettbewerbs im Rahmen eines Verfassungsvertrages vor. Die Kirche versteht die Wahl des Bischofs eher als einen liturgischen Akt, denn als ein demokratisches Verfahren. Die eigentliche Aufgabe des Volkes (die Würde des Kandidaten zu bezeugen, die Metropoliten um seine Weihe zu bitten) kann manchmal der Auswahl durch den Klerus vorangehen.[5] Die letzte Entscheidung steht den Weihespendern zu (den Metropoliten, wenn sie von den „Mutterkirchen" eines Gebiets kommen, oder den Suffraganbischöfen, wenn sie weniger bedeutenden Kirchenprovinzen vorstehen). Sie sind dabei nicht so sehr Träger der Macht, als vielmehr Vorsteher der Liturgie, die den neuen Bischof „hervorbringt".

Aus diesem Grund muß der gewählte Kandidat wie ein Katechumene, der um die Taufe bittet, sein eigenes Glaubensbekenntnis ablegen als Garantie für die Gemeinschaft in der Lehre. Über die Wähler und die Weihespender hinaus muß diese Form der Selbstprüfung – einigen Überlieferungen nach – der patriarchalen und der kaiserlichen Verwaltung in Konstantinopel durch ein Protokoll mitgeteilt werden. Der Vorgang hat auch eine steuerliche Kehrseite: Nach erfolgter Zahlung kann die Weihe vorgenommen werden. Das ist kein Automatismus, aber auch nicht einfach Formalität. Dieser Pflicht kommt auch der Bischof von Rom nach, allerdings nur zwischen dem 6. und dem 8. Jahrhundert. Auf jeden Fall setzt man andere Kontrollmechanismen ein, entsprechend den lokalen Verhältnissen, um das Risiko zu begrenzen, daß die Wahl aus Laune oder Unbesonnenheit oder aus Mangel an Phantasie auf einen fällt, welcher der Aufgabe nicht gewachsen ist.

In Rom hat die *de facto*-Begrenzung des passiven Wahlrechts auf das Kollegium der Diakone das Papsttum für lange Zeit Männern übertragen, die das bischöfliche Amt gleichsam durch Beförderung erreichten. Nach einer geistlichen Verwaltungskarriere in der mächtigen Aufgabe des Diakons wurden sie zum Bischof von Rom gewählt.[6] Die historische Vorliebe für römische Kandidaten weist auf den gleichen Willen hin, zwischen gut bekannten Personen zu wählen, um Unklugheiten und Überraschungen zu vermeiden.[7] Es handelt sich um zweckorientierte Kriterien und nicht um Normen. So wird im Jahr 417 der autoritäre Zosimus bestimmt, weder Diakon noch Römer, sondern nach Aussage des *Liber Pontificalis* ein griechischer Presbyter. Neben ihm finden wir gewählte Diakone und Priester aus anderen Gebieten Italiens,[8] aber auch den Afrikaner Damasus I. (366), später den Spanier Gelasius (492). Sie alle wurden, wie die Syrer im 7. Jahrhundert, in den römischen Klerus aufgenommen.

Die Wahl des Bischofs ist also umrahmt von Präzedenzfällen, wenngleich sie „einem Rombild gehorcht", wie Girolamo Arnaldi unterstrichen hat. Seit dem 6. Jahrhundert erarbeitet sich Rom ein neues Selbstbewußtsein und findet in der Wiederbelebung der eigenen Wurzeln eine neue Würde (das Fest des Quirinus/Romulus am 29. Juni wird zum Fest von Petrus und Paulus).[9] Die wachsende politische Bedeutung des Bischofsstuhles zeigt sich darin, daß der Bischof Zuständigkeiten der Stadt aufsaugt. Typisch dafür ist, daß 590 Gregor, der später der Große genannt wird, Papst wird, nachdem er vorher das Amt des Präfekten bekleidet hatte; die Spuren dieser Funktion als autonome Instanz der städtischen Organisation verlieren sich seit 599 für immer.[10] Gregors Bedeutung als Metropolit erstreckt sich auf das gesamte Gebiet der Halbinsel. In dieser Funktion wird der Apostolische Stuhl zum Eingreifen gerufen, wenn sich in den lokalen Kirchen beim Übergang von einem Bischof zum nächsten Konflikte ergeben. Die Übernahme der Rolle eines Gerichts oder Schiedsgerichts in solchen Streitigkeiten, die im Norden Italiens Mailand und in Afrika Karthago aufsteigen sehen, zeichnet letztlich Rom aus und verweist schon auf weitreichendere Vorgänge.

Die Protagonisten der Wahl, die bis zum 8. Jahrhundert niemals im *Liber Pontificalis*[11] beschrieben wird, haben Geltung und Macht. Das Volk verliert Einflußbereiche, die hinsichtlich der Wirksamkeit und der Transparenz der Wahlen allerdings nur symbolisch waren. Und „die Hierarchie gewinnt das, was das Volk bei der Wahl verliert"[12].

Kaiserliche Klugheit

Wie die Wahl aller Metropolitanbischöfe ist auch die des Bischofs von Rom nicht frei von Streitigkeiten. Doch hier ist die Einflußnahme äußerer Instanzen auf die lokale Kirche weder leicht, noch zwangsläufig. Die politische Macht des christlichen Reiches, die zwischen dem 4. und 5. Jahrhundert im Orient bei der Wahl der Patriarchen aktiv war, bleibt im Westen vorwiegend Zuschauer und Steuereinnehmer.

Was auf der Ebene der wichtigsten lokalen Gegebenheiten gilt (wie etwa im Fall der umstrittenen Nachfolge in Mailand im Jahr 373, wo sich Valentinian I. einzugreifen weigert), gilt ebenso für den Bereich Roms. Auch wenn z. B. unleugbar feststeht, daß Silvester I. (314–335) die kaiserliche Gunst genießt, kann man nicht sagen, daß der Kaiserhof eine entscheidende Rolle bei seiner (oder seiner unmittelbaren Nachfolger) Wahl zum Papst gespielt habe.

Wenn die kaiserliche Hand auf Verfahren lastet, verschlimmert sich die Sache. Man überliefert die Initiative von Kaiser Constantius II. für die Wahl Felix II. als einen Mißbrauch. Dieser wird 355 im kaiserlichen Palast von Mailand von drei dem Kaiser hörigen Bischöfen geweiht. Doch das Volk betrachtet ihn als Gegenpapst und veranlaßt, daß Liberius auf die Kathedra Petri zurückkehrt. Valentinian II. erkennt in seinem Brief vom 23. Februar 385, in dem er von der Wahl des Papstes Siricius Kenntnis nimmt, ohne Vorbehalte das Recht des *populus Romanus* an, sich einen Bischof zu geben.[13] In unlösbaren Konfliktfällen nimmt die kaiserliche Macht Stellung. Doch sie tut dies im Rahmen der Pflicht, den Frieden zu garantieren, d. h. um der öffentlichen Ordnung willen. Auch im 5. Jahrhundert bürgt der Kaiser für die Umstände der Wahl, nicht aber für deren Inhalt.

Bonifatius I. (418–422) öffnet in gewisser Weise die Tür zu einer beständigeren Präsenz der politischen Autorität, wenn er im Jahr 420 den Kaiser darum bittet, sich aktiv einzusetzen, um Zusammenstöße aus Anlaß der Papstnachfolge zu vermeiden.[14] Und es ist symptomatisch, daß die kaiserliche Antwort die Gelegenheit nicht ausnutzt: Die Antwort an Bonifatius präzisiert, daß im Falle des Widerstreits zweier gewählter Konkurrenten der Kaiser nicht als Schiedsrichter oder Vermittler auftreten, sondern daß er beide Bewerber absetzen und eine neue einmütige Wahl ansetzen werde:[15] Eine Maßnahme also, die eine Polizeiaktion androht. Einen ganz anderen Ton im Blick auf die Einforderung eines *ius consultationis* schlägt der Prätorianerpräfekt im Namen des Königs Odoakar bei der Sitzung der Senatoren und Kleriker an, die auf den Tod des Simplicius (483) folgte. Verschieden davon ist auch der Schiedsspruch des Theoderich zugunsten des Symmachus (499), als des Kandidaten der Mehrheit.[16]

Die politische Wende des 5. Jahrhunderts und der Übergang zu einer neuen Polarisation zwischen Orient und Okzident decken den Schwachpunkt der Wahl auf. Noch vor der Weihe – die gemäß der westlichen Überlieferung von mindestens drei Bischöfen und nicht notwendigerweise von allen Bischöfen der Provinz gespendet wird, wie es orientalische Praxis ist – geschieht die liturgische Proklamation, die den neuen Bischof von Rom als würdig (*axios*) anerkennt. Dieser Augenblick ist von Natur aus möglichen Einflußnahmen ausgesetzt, die von der Geschichtsschreibung zunehmend als Verletzung des Rechtszustands erkannt und definiert werden. Darüber hinaus ist klar, daß politische und soziale Kräfte der Stadt die Wahl des Bischofs stark beeinflussen. In Rom wie in den anderen großen Metropolen der christlichen Welt, wird die Wahl zum Ort, an dem sich die Leistungsfähigkeit in der Führung der Staatsreligion und im Geflecht der Beziehungen erweist. Die städtische, politische Macht kann nicht nur äußerer Garant sein wie der entfernte kaiserliche Hof, der sich auf die Einnahme der Steuer beschränkt,[17] sondern wird betroffener Teil und Träger von Interessen.

Die Wahl im Rom des 6. und 7. Jahrhunderts unterliegt keiner Einmischung außenstehender Höfe oder fremder Truppen. Vielmehr stehen lokale Gruppen, die fähig sind, den Konsens zu vermitteln und zu verwalten, in Auseinandersetzung um den Wahlausgang. Auf dieser Ebene bedrängt die lokale politische Macht die Wahl und verändert mit der Zeit deren Ausgestaltung. Es ist kein Zufall, daß Pelagius II., zehn Jahre nach dem Einfall der Langobarden von 569, ohne die vorgeschriebene kaiserliche Bestätigung geweiht wird. Dies ist nicht nur eine Verfehlung, sondern auch die Ankündigung eines Kurswechsels, der sich in Etappen festigen wird.

Nach dem Tod Bonifatius' V. geht die Bestätigung der römischen Wahl im Jahr 625 in die Zuständigkeit des Exarchen von Ravenna über. Dieser bezieht sich in der Bestätigungsformel für den gewählten Papst, die im *Liber diurnus* überliefert ist, auf seine Fürsorgepflichten für die Provinz Italien, wo eine „praktisch institutionalisierte Zusammenarbeit" auf weltlicher Ebene besteht. Diese Bestätigung durch Ravenna wird mit der verwickelten Angelegenheit um Martin I. unterbrochen. Dieser Papst beruft 649 eine antimonotheletische Synode in den Lateran ein, ohne die kaiserliche Bestätigung abzuwarten. Er wird dafür vor Gericht gestellt, zum Tode verurteilt, begnadigt und dann von Konstans II. ins Exil geschickt.[18] In jenem Augenblick besteht die Möglichkeit, daß Rom als Hauptstadt wieder erstehe und die Entwicklung abbreche, die zur Einrichtung der „Konstantinischen Schenkung" führt. Doch dies geschah nicht. Nach dem Konzil von Quinisesto 680–681 blieb Rom zu Konstantin IV. auf Distanz, wenn nicht sogar „disconnected".[19] Die Bestätigung des Papstes fällt wieder unter die Zuständigkeit Ravennas, während sich das Heer und der lokale Klerus um die Vorherrschaft in den Wahlvorgängen streiten. Die Herabsetzung der Steuern für die Weihe, die Beschreibung der Wahl des Syrers Gregor III. im Jahr 731 (es ist die erste Wahl, die der berühmte *Liber Pontificalis* ausdrücklich erwähnen zu müssen glaubt) und die Anwendung eines neuen Systems der Datierung päpstlicher Dokumente seit 732 beschreiben einen Zeitbogen, in dem sich die Papstwahl von der kaiserlichen Autorität von Byzanz endgültig löst. Die narrative Unterstreichung der Wahl – als inspiriertes göttliches Eingreifen in die Erhebung eines im voraus Bestimmten auf den Apostolischen Stuhl – findet endlich ihren Platz. Dies zieht jedoch nicht die Auflösung oder Minderung ihres explosiven, politischen Wertes nach sich.[20]

Faktisch verstärkt sich dieser Prozeß im Laufe des 8. Jahrhunderts zunehmend und erfährt dann eine weitere Beschleunigung in seinen letzten Jahren. In diesen entscheidenden Jahrzehnten werden Herrschaft und Macht des Papstes über das ehemalige Herzogtum Rom ausgestaltet. Dementsprechend entwickeln sich neue Ämter des päpstlichen Hofs. Die Amtsbereiche der Diakone ersetzen auch äußerlich die Aufsicht über die Getreideversorgung (Cura annonae). In der ersten Phase des Ikonoklasmus treten auch in Rom „proceres Ecclesiæ" mit militärischen und leitenden Aufgaben in Erscheinung. Dem Papst werden bedeutende Territorien übergeben oder zurückgegeben. Die Rückgabe von Sutri durch König Liutprand (729) ist zum einen ein Akt der Wiedergutmachung, aber nur ein Anfang. Es folgen die Rückgaben von 742, vom Papst in Gegenwart der Kleriker Roms entgegengenommen, dann die *promissio* einer Schenkung Pippins (754), die dem seligen Petrus und seinen Nachfolgern das Erbgut der „heiligen Kirche Gottes der Republik der Römer" (oder eher „die Republik der Römer der heiligen Kirche Gottes") zuweist, und schließlich die Schenkung Karls des Großen. Alle diese Ereignisse zeigen, wie das Vertrauen des Papsttums in die Franken zu einer „wachsenden Laisierung des päpstlichen Hofs führte, nicht in dem Sinne, daß Laien in den Schlüsselpositionen des Lateranpatriarchats den Klerikern zur Seite träten, sondern in jenem Sinn einer wahrnehmbaren Veränderung der Art und Weise, Kleriker zu sein"[21]. Ein Stand sucht seine Rolle. Langobarden und Franken erfassen dies. Im Gegensatz dazu steht die Tendenz, das Papsttum dynastisch zu organisieren, wie es die Nachfolge von Stephan II. auf seinen Bruder im Jahr 757 zeigt.

Nach Paul I. (757–767), den auch der *Liber Pontificalis* als von der *validior et fortior* Fraktion gewählt anerkennt,[22] und nach der überraschenden Wahl von Konstantin II. (767–768) lassen sich bisher unbekannte Machenschaften bezüglich des römischen Bischofsstuhles feststellen. Die Leute des Herzogs von Nepi hatten den Laien Konstantin durchgesetzt. Eine innerrömische Gruppe um den Primicerius Christophorus setzt ihn mit Hilfe der Langobarden 768 ab. Dem Repräsentanten des langobardischen Königs gelingt es, den römischen Priester Philippus zum Papst zu bestimmen und im Lateran inthronisieren zu lassen. Dieser wird jedoch noch am gleichen Abend, bei der Ankunft des Christophorus, abgesetzt und in sein Kloster zurückgebracht. Sein Nachfolger Stephan III. (IV.) zieht die Lehren aus diesem Geschehen und verkündet auf der Synode von 769 den Ausschluß von „Laienmächten" von der Papstwahl. Er beschränkt das passive Wahlrecht auf die Priester der römischen Kirche.[23] Indem man die Wahl eng auf den Stand der Kleriker beschränkt, versucht man, die politische Macht daran zu hindern, Streitigkeiten und Differenzen auszunutzen. Der Versuch scheitert zwar, doch er zeigt das Bewußtsein des Papsttums (das nicht untergehen wird, nur weil es zu früh an die Öffentlichkeit trat). Die *Konstantinische Schenkung* (die von Paul I. im Lateran gefälschte Urkunde) bleibt fast unbenutzt bis zum Brief Leos IX. an den Patriarchen von Konstantinopel, Michael, im Jahr 1053. Darin tritt der Wille zu Tage, einen *senatus* wieder einzusetzen, der die lokale Aristokratie zügelt, und der nicht mehr die Wählenden, sondern den, der „gewählt wird"[24] (die passive Form entsteht mit Hadrian I.) mit besonderen Klerikern umgibt. Der im 8. Jahrhundert herbeigesehnte Ausschluß der „Laien" betrifft also die Wahl, schließt aber auch das mit ein, woran den Redaktoren der Konstantinischen Schenkung gelegen ist.[25] Als Funktionär mit fast kaiserlichem Rang und als Souverän über weite Gebiete muß der Papst von niemandem mehr bestätigt werden: weder in Konstantinopel, noch in Ravenna, noch in Pavia. Für einige Zeit ist es so. Lothar I. setzt 824 jedoch die alte Praxis wieder in Kraft (die sogenannte Konstitution Eugens II.) und fordert, daß der gewählte Papst nicht nur das Glaubensbekenntnis ablege, sondern auch dem *missus* des Kaisers Treue schwöre, dem Garanten des gesamten *orbis christianus* und seines Friedens. Dies schafft eine Verbindung, welche die Karolinger zum höchsten Grad formaler Eleganz bringen. Der Macht des christlichen Herrschers genügt die Stabilität des päpstlichen Amtes als Dreh- und Angelpunkt der Christenheit.

Die Wahl des Amtsträgers, der sie ausgestalten muß, folgt erst in zweiter Linie.[26]

Als die karolingische Macht verblaßt, verschwinden langsam Schwur und Genehmigung. Aber die politische Macht, in der Funktion einer wachsamen Assistenz[27], findet eine Weise, ihre eigene physische Distanz zur Wahl zu verringern. Die Wahl Nikolaus' I. erfolgt, während Ludwig II., der die Wahl dieses Diakons begünstigt, sich in Rom aufhält. Der Wahl Hadrians II. (867) und Johannes' VIII., der 872 gewählt und nach zehn Jahren Pontifikats ermordet wird, wohnen die kaiserlichen Delegierten bei.[28] Der Gegenspieler des kaiserlichen Hofs ist nicht das Papsttum, sondern Rom, mit seinem Netz von Beziehungen, seinen Machtverbindungen, seiner Fähigkeit zum Austausch im weiten Umkreis. Solche ungebändigten Klüngel erobern gegen Ende des 9. Jahrhunderts die Herrschaft über die Wahl. Sie setzen einen äußerst fähigen Diplomaten durch, der im Auftrag des Papstes am 8. Konzil von Konstantinopel teilgenommen und ein Netz wichtiger Verbindungen mit dem Kaiser und seinen bulgarischen Alliierten geknüpft hatte. Als Belohnung hatte er schließlich den Bischofsstuhl von Cerveteri erhalten. Obwohl schon Bischof, wurde Marinus I. (882–884) gegen die Regeln[29] zum Papst gewählt. Er setzt den Ausschluß der kaiserlichen Überwachung beim Wahlvorgang durch. Doch die einzige Auswirkung dieses Ausschlusses besteht darin, daß ein neues Mittel in den Wahlvorgang Eingang findet: die Gewalt, welche die Jahre verdunkelt, die Cesare Baronio in seinen *Annales* als *sæculum obscurum* bezeichnet hat.[30]

Das Papsttum als europäische Macht

Die Besonderheit der römischen Wahlen des 9. und 10. Jahrhunderts besteht, im Vergleich zur jüngeren Vergangenheit, darin, daß der Zusammenstoß von lokalen Kräften und Mächten sich zuspitzt.[31] Eine gefärbte Geschichtsschreibung stellt als Schuldige einzelner Entgleisungen bestimmte Personen heraus, vor allem

Theodora und Marozia, Mütter und Ehefrauen einiger der Nachfolger Petri. Sie waren zur Intrige und zum Mord bereit, nur um dem eigenen *Clan* die Macht zu erhalten. Der Konflikt zwischen Papstwahl und lokalen Machtgruppen entsteht nicht plötzlich und ist nicht einfach die bittere Frucht angeblicher Bosheit von Frauen. Mit Ausnahme von Zacharias (741–752), einem Griechen aus Kalabrien, kommt der größere Teil der nachfolgenden Päpste aus immer begrenzteren römischen Kreisen. Hadrian I. ist Sohn einer mächtigen Familie des römischen Klerus, Leo III. hat seine gesamte Karriere an der Kurie gemacht, Johannes VIII. ist 20 Jahre lang Erzdiakon, bevor er zum Bischof gewählt wird. Durch den römischen Bischofsstuhl erreicht man Immunität – „prima sedes a nemine judicatur", lautet ein Prinzip, das Erfolg haben wird[32] –, und man erwirbt die politisch-juristische Kontrolle über die Auseinandersetzungen in Italien. Von Rom aus tritt man in den Kreis von Beziehungen ein, die sich über den gesamten Westen ausbreiten. Auch der Papst hat seine Krone.[33]

Das sind erstrebenswerte Gelegenheiten, der Anstrengung, unablässig Bündnisse zu schließen und wieder in Frage zu stellen, wert. Die Geschichte einer Institution wird nicht nur durch die persönliche Qualität der Amtsträger beeinflußt, sondern vor allem durch deren Fähigkeit, tiefgreifendere Bewegungen zu analysieren, sie zuzulassen und zu unterstützen. Es ist deshalb von Bedeutung, daß der Adlige Octavian 955 den eigenen Namen bei der Wahl zum Papst ändert und sich mit dem Amtsnamen Johannes XII. ansprechen läßt, um die eigene Kontinuität mit Johannes XI., Sohn der Marozia, kundzutun. Die Absicht ist nicht klar (vielleicht war Octavian ein Spitzname; schon Mercurius war von 533 bis 535 Papst gewesen und hatte aus Pietätsgründen den Namen Johannes II. angenommen), aber sie überträgt das Phänomen der Kontinuität von Gruppen und Beziehungsnetzen von der kaiserlichen Regierung auf die kirchliche Führung. Mit Johannes XII. und ständig, seitdem Pietro *Boccadiporco* („Schweinsmaul") den Namen Sergius IV. angenommen hat, gibt sich der gewählte Papst am Anfang seines Pontifikats einen neuen Namen (nur Hadrian von Utrecht und Marcello Cervini bewahren im Laufe des 16. Jahrhunderts ihren eigenen Taufnamen im Augenblick der Wahl und lassen sich als Hadrian VI. und Marcellus II. ansprechen. Martin V. und Clemens XI. wählen den Namen des Heiligen, an dessen Festtag ihre Wahl bzw. Weihe stattfand). Der Name (oder seit 1978 der Doppelname) wird kundtun, an welche Überlieferung man anzuknüpfen wünscht. Er will das Papsttum als zölibatäre Dynastie bekräftigen, in der Kontinuität und Diskontinuität – durch die Annahme einer Amtsidentität – programmatisch zum Ausdruck gebracht werden.

Der Versuch eines kaiserlichen Papsttums

Der Kampf von einander hart gegenüberstehenden lokalen Kräften bei der Wahl des Bischofs ist nichts Besonderes für Rom. Um viele Bischofssitze wird gerungen, zumindest bis zur Wiederherstellung des Kaisertums 962. Otto I. war von Johannes XII. zum Kaiser gekrönt worden. Er bestätigt diesem zunächst die Besitztümer in Italien, setzt ihn dann aber wegen zahlreicher schändlicher Vorkommnisse ab. Nachdem Otto I. den eigenen Protoskriniar mit Namen Leo VIII. auf den Papstthron gesetzt hat, legt er fest, daß der gewählte Papst seine Zustimmung oder die seiner Söhne einholen müsse.[34] Der Kampf beginnt jedoch erst. Von den römischen Adelskreisen wird Leo VIII. ab- und Johannes XII. wiedereingesetzt. Daraufhin wird Leo VIII. von Otto I. erneut ins Amt gebracht anstelle des nach dem Tod des unwürdigen Johannes XII. gewählten Nachfolgers, für den man jedoch nicht die geforderte Zustimmung eingeholt hatte. Schließlich folgt ihm auf die Kathedra des Lateran ein Neffe der Marozia, Johannes XIII., der 967 den jungen Otto II. zum Kaiser krönen wird. Es verwundert nicht, daß ein solches Konglomerat ehrgeiziger Manöver den Raum für ungezählte kaiserliche Eingriffe in die Petrusnachfolge und die entsprechenden Gegenreaktionen der römischen Welt schafft.

Im Unterschied dazu kennt das 11. Jahrhundert viele Versuche, wechselseitige Reaktionen dieser Art zu brechen und einen Kandidaten zu finden, der imstande wäre, in seiner Person die päpstliche Dynastie fortzusetzen. Nach dem Scheitern der von Otto eingeforderten Bestätigung als *conditio sine qua non* besteht der zweite vergebliche Versuch, die päpstliche Nachfolge zu reformieren, darin, einen deutschen Wahlmodus aufzudrängen. Die Wende erfolgt, als sich Heinrich III. inmitten der Krise von 1046 einzugreifen entscheidet. Drei Männer – einer, dem das kanonische Alter fehlt, einer, der den Erwerb des Amtes richtiggehend ausgehandelt hat, und ein Minderheitskandidat – beanspruchen den Titel des Papstes. Der Kaiser drängt daraufhin einen Bischof seines Hofs, Suidger von Bamberg, auf den römischen Bischofsstuhl, um einen Weg aus der Sackgasse zu finden. Clemens II. verzichtet nicht einmal auf seinen Bischofssitz in Deutschland. Ihm folgt eine kurze Reihe deutscher Päpste. Vom Kaiser bestimmt, decken sie allein durch ihre Präsenz die Zerbrechlichkeit eines Wahlmechanismus auf, der ein Jahrtausend wechselvoller Geschichte wie auch ein Jahrtausend von Unzulänglichkeiten aufweist. Es besteht kein Interesse sich zu fragen, ob und wie man ihm die antike Würde wieder verleihen könnte.

Denn was man reformieren will und wirklich reformiert, ist nicht der Mechanismus der Papstwahl, sondern die Idee des Papsttums. Eine neue Generation – der Humbert von Silva Candida angehört – stellt sich das Papsttum längst wie eine Monarchie vor und versucht, dessen Aufgaben auf der Grundlage neuer Kategorien des politischen Denkens zu formulieren und als Schlüssel für eine möglich erscheinende Kirchenreform einzuplanen. Es bleibt nicht ohne Rückschläge, wenn man von Träumen zur realen Umsetzung übergehen möchte. Obgleich die Entfremdung zwischen Osten und Westen durch die theologische Arroganz seit der Krise des Ikonoklasmus angebahnt war, so war sie doch im Geflecht der Politik noch nicht vollzogen. Die Symbiose des Christentums zwischen kirchlicher und politischer Macht war in manchem Brief entworfen worden, die den Papst als oberste Spitze sah. Doch es war etwas anderes, davon zu schreiben, als es zu einem Vorhaben der christlichen Welt zu machen.[35] Das Verständnis einer *christianitas* mit dem Papst als Spitze und Garanten offenbart die kulturelle Kluft, die den Westen vom Osten trennt. Das gegenseitige Verhängen des Kirchenbanns zwischen Rom und Konstantinopel im Jahr 1054 ist, wie alle Brüche, nicht ein einzelnes Faktum, sondern vor allem das Ende eines langen Prozesses.

Wie im 8. Jahrhundert vollziehen sich auch im 11. Jahrhundert die Wahlverfahren in einem breiten Kontext. Die neue Methode der Papstwahl symbolisiert gleichsam den Beginn zweier getrennter Wege zwischen „Griechen" und „Lateinern". Sie sanktioniert den Wandel der römischen Bischofswahl von einem zerbrechlichen liturgischen Akt zu einer festen kanonischen Prozedur. Es ist ein langsamer, schmerzhafter und unumkehrbarer Übergang, dessen Zerbrechlichkeit den vom Kaiser bestimmten Päpsten bewußt ist, wenn sie entscheiden, sich dem Kernstück ihrer Wahl, dem *consensus* der christlichen Bevölkerung Roms, nicht zu entziehen. Der Weg Brunos (von Toul) ist ein Oszillieren zwischen verschiedenen Auffassungen. 1048 gewählt, erreicht er Rom 1049 zur Krönung. Er schickt aber Schreiben voraus, in denen er betont, in der Ausübung seines Amtes *nur* auf die Zustimmung des Klerus und der römischen Bevölkerung zählen zu wollen. Leo IX., der weiterhin seinen Bischofsstuhl in Deutschland behält (wie Clemens II., Damasus II. und Victor II.) ist Repräsentant der Reichskirche auf dem Thron Petri. Doch auch wenn den Römern die oberste politische Autorität genommen ist, bleiben sie die legitimen Gesprächspartner des neuen Papstes.

Zweites Kapitel

Die Wende im 11. Jahrhundert: Die Kardinäle

Nach der Krise von 1046 und dem Jahrzehnt des Versuchs, eine „deutsche" Lösung aufzudrängen, schlägt eine Gruppe von Reformatoren monastischer Prägung (ein wahres Sammelbecken der Erfahrung mit Wahlen[1]) einen neuen Wahlmodus vor. Sie wollen das sicherstellen, was man vom Papsttum *denkt*, noch bevor sie den Weg kennen, dies zu erreichen.

Das Modell von 1059

Im Jahr 1059 promulgiert Nikolaus II. das Dekret *In nomine Domini*, in dem er ein neues Verfahren für die Wahl seines Nachfolgers festlegt. Das Bestreben, feste Regeln zu bestimmen, verdankt sich gereiften ekklesiologischen Überzeugungen. Es wird bald enttäuscht werden.

Seine Reform legt fest, daß wenigen einflußreichen Mitgliedern des römischen Klerus für die ihnen übertragene Verantwortung angemessene Vollmacht und Stellung zuerkannt werden. Ihre Verantwortung besteht darin, den Bischof von Rom zu wählen und zu verhindern, daß andere ihn wählen. Mit Blick auf die Inhaber der Macht und die Laien findet die *libertas* der Kirche in dieser Regelung ihre leitbildhafte Ausgestaltung. *In nomine Domini* überträgt das Recht, die Spitzenposition des kirchlichen *monarchatum* zu bestimmen, den Kardinalbischöfen (so bezeichnet sie das Dekret in seiner authentischen päpstlichen Redaktion) oder den römischen Kardinälen (so eine gefälschte kaiserliche Fassung), die als Erben und Traditionsträger des Apostelkollegiums angesehen werden.[2] Sie nehmen nun Aufgaben wahr, die der Kanon IV des

Konzils von Nizäa den Mitgliedern einer Kirchenprovinz und den Metropoliten bei der Weihe eines neuen Bischofs vorbehält, übernehmen also jene Verbindungsfunktion zwischen dem Konsens in der Kirche und der Gemeinschaft zwischen den Kirchen, die seit dem ersten ökumenischen Konzil wesensgemäß jedem einzelnen Bischof zustand.[3]

Die Verwendung eines Adjektivs – *cardinalis* –, das sich rasch zum Substantiv entwickelt, beschreibt, aber erklärt nicht den Erfolg dieses Vorgehens, mit dem man wirklich eine ekklesiologische Ordnung anzielt, die den Bruch der Gemeinschaft zwischen Osten und Westen – auch in den kanonischen Formalitäten – bereits als vollzogen sieht.[4] Der Bruch mit Byzanz durch dessen feierliche Exkommunikation zeigt, daß Rom seine Existenz mit Hilfe der Aneignung der ältesten konziliaren Überlieferung fundamentiert. Es nutzt die Freiheit einer Kirche, die sich durchaus nicht als Teilstück einer verlorenen Einheit empfindet, sondern als Trägerin einer ursprünglichen Authentizität. Die römische Kirche erneuert sich einzig mit Blick auf sich selbst. Dafür stehen die Kleriker *cardinales*. Der reformatorische Rigorismus zerbricht das starre Gleichgewicht der feudalen Kirche und nötigt ihr sichtbare Zeichen einer Mönchisierung auf (wie den verpflichtenden Zölibat für Kleriker). Insgesamt gesehen drückt er eine von Grund auf erneuerte Vorstellung der Beziehung zwischen Macht und Kirche, zwischen Papsttum und Reich aus.

Das Modell für die Papstwahl offenbart unter diesem Blickwinkel, daß die Trennung vom Osten, seit 200 Jahren latent und jetzt offenkundig, nicht länger ausbleiben konnte. Das Dekret Nikolaus' II. schließt weder den Machteinfluß des Kaisers aus, noch die Möglichkeit der Bischofswahl „im Schoß der römischen Kirche". Es verfolgt nicht den Traum einer perfekten Wahl*mechanik*, sondern verkörpert die Idee eines Papsttums und seiner Stellung in einer Kirche, die ihre Grundlage einzig in der Überlieferung finden muß: Nur in ihrer Verbindung mit dem Apostelkollegium als einem Bild für das Wesen der Gemeinschaft wird sie zu einer plausiblen Alternative zur Erfahrung des Zusammenspiels zwischen Kaiser und Patriarch in Konstantinopel und der synodalen Konzeption der Macht.[5]

Von der Nichtanwendung in der Praxis zur Rezeption durch die Kanonisten

Die Zeit wird zeigen, daß diese Intuition, wenn auch nicht unmittelbar, eine Zukunft hat und daß sich das neue, das kanonische Recht behaupten wird. Dafür sorgt der Unterricht an den Universitäten von Lehrmeistern der nachfolgenden Generation. Doch vorerst scheitert die konkrete Anwendung von *In nomine Domini*. Bei der ersten Bewährungsprobe des neuen Gesetzes, der Wahl Alexanders II. im Jahr 1061, ruft sich der von den Adeligen und vom Hof bevorzugte Kandidat als Papst aus und nennt sich Honorius II. Die Wirkungslosigkeit des Erlasses von 1059 mit seiner Beschränkung auf die Kardinäle schafft Raum für einen direkten Appell an den Willen des „Volkes". Während des Begräbnisses von Alexander II. setzen die Römer als seinen Nachfolger Hildebrand von Soana durch. Dessen Wahl wird *a posteriori* von den Kardinälen bestätigt, aber von den Parteigängern des Honorius abgelehnt. Die Krise einer doppelten Spitze, welche die Kirche Gregors VII. begleitet, ist von langer Dauer. Während der Inthronisation des Gegenpapstes Clemens III. erreicht der Kaiser 1084 in Rom, daß sich 13 Kardinäle der Partei gegen Gregor anschließen.[6] Die Krise, dazu bestimmt, sich zu wiederholen, offenbart unter anderem, daß die Wahl des Papstes bereits gänzlich eine interne Frage des Westens geworden ist und daß sie zum Zusammenstoß zwischen Laienmächten und kirchlichen Strukturen führt. Eine Lösung dieser Konflikte bedarf rechtlicher und kanonischer Sensibilität.

In einem solchen Klima empfiehlt sich das Modell von 1059 als praktischer Weg zur Überwindung der Gegensätze: Das Dekret *In nomine Domini* wird mit Hilfe einer breiteren Reflexion über die Natur und die Identität des Kardinalskollegiums wiederbelebt und bekräftigt. Ein neuer Typus von Theologen – die gregorianischen Kanonisten – macht es sich zur Aufgabe, dieses Patrimonium zu bewahren und an neue Scharen von Schülern weiterzugeben. Diese lesen das Dekret in einem absoluten Sinn: Die *Collectio canonum* des Anselm von Lucca, des Neffen Alexanders II., von 1083, die

Collectio des Deusdedit von 1087 und der *Liber de vita christiana* des Bonizo von Sutri schreiben das Dekret Nikolaus' II. in das rechtspolitische Gedächtnis ein und verwenden dabei eine deutlich vereinfachte Fassung, die nur von den Vorrechten der *Kardinäle* spricht. Das *Decretum* des Ivo von Chartres von 1096 wiederholt das Dekret in seiner authentischer Fassung, in der als Wahlmänner nur die *Kardinalbischöfe* fungieren. Der Punkt, auf den es ankommt, ist nicht philologischer Art. Die Kanonisten stellen vielmehr das Verfahren der Papstwahl in ein Vorstellungskonzept, welches das kirchliche Leben auf rationaler Basis zu systematisieren sucht.

Anstoß und Rechtfertigung dieser Systematisierung ist das sogenannte *Decretum Gratiani* des Bologneser Mönchs Gratian, der in seiner *Concordantia discordantium canonum* im 12. Jahrhundert die Normen Nikolaus' II. sammelt. Seine Schrift bewirkt, daß man in den Schulen das Dekret *In nomine Domini* in der kurzen oder kaiserlichen Fassung lehrt. Dies geschieht nicht aus Mißachtung der ursprünglichen römischen Fassung, sondern weil die Praxis klargemacht hat, was neu und wesentlich ist: Es sind die *Kardinäle*, die die *libertas* der römischen Führungsspitze präsidieren. Die Kirche des Westens will nicht von der bunten Überlieferung des Petrusdienstes Abstand nehmen. Doch offenbart die Entscheidung, auf das Wahlverfahren Einfluß zu nehmen, in jenem Augenblick die Denkweise, die auch die später folgenden Verbesserungen, Ergänzungen und Korrekturen legitimiert, deren Urheber und Hüter die Kardinäle sein werden.

Die Kathedra des Lateran und die Wahlorte

Nach den kritischen ersten Jahrzehnten führt die Wende der Jahre 1059–1095 durchaus zu weiteren Ergebnissen. Sie erweisen das Dekret vor allem als anpassungsfähig. Zunächst geschieht dies in scheinbar nebensächlichen Aspekten. Nachdem sie das Wahlrecht erworben haben, suchen die Kardinäle – analog zu den Kathedralkapiteln, denen die Aufgabe zufällt, die Bischöfe zu wählen – das ganze 12. Jahrhundert hindurch einen *Ort*, an dem sie ihr *ius* geltend machen können.

Diese Suche gewann, wie andere sehr praktische Aspekte, denen Nikolaus II. kein Gewicht beigemessen hatte, eine viel größere Bedeutung, als man vorhersehen konnte. Da ein strenges Bestattungsritual fehlte, da der Wahlort jedermann zugänglich war und das Beziehungsgeflecht zwischen den Mitarbeitern des verstorbenen Papstes Gewicht hatte, war das Prinzip, das den Kardinälen das Wahlrecht vorbehielt, leicht außer Kraft zu setzen. Die Wahl Gregors VII. ist der aufsehenerregendste Fall, weil er offenbart, daß die Begrenzung der Wahlberechtigten nicht ausreichend ist, um den Wahlablauf zu festigen, und weil er zeigt, daß die Qualität des Ergebnisses nicht automatisch durch die Weisheit garantiert werden kann, welche die Kardinäle zu besitzen glauben. Doch ist die Wahl Gregors VII. kein isolierter Fall. Auch im Jahr 1088 findet die Wahl Urbans II. in Gegenwart von Heinrich IV. und Mathilde von Canossa statt, unangebrachten und unvorhergesehenen Zeugen einer Wahl, die man eigentlich von politischen Belastungen freihalten wollte. Dies umso mehr, als die Erfahrungen Gregors die Streitpunkte verschoben hatten. Die Reformer wollten nicht nur den Konnex zwischen lokalen Mächten und der Wahl des Papstes brechen, sondern auch den zwischen kirchlicher Macht und kaiserlicher Bestätigung.[7]

In der geographischen Symbolik Roms bedeutet die zunehmende Entfernung des Wahlortes von der Laterankathedrale die Emanzipation des Kardinalskollegiums von Volk und Klerus der Stadt Rom. Dies hatte die Reform von 1059 gewollt und angestoßen. Die von den Kardinälen gesuchte Abgeschiedenheit läßt sie vor lokaler Beeinflussung Schutz finden: Gelasius II. wird 1118 auf dem Palatin, Eugen III. 1145 in einem Kloster gewählt. Dann wandert die Wahl für Jahre zum Septizonium, einem Komplex aus der Zeit Neros, in dessen Überresten sich Häuser und Gefängnisse befinden. Dort bleibt das Kollegium, bis es 1241 die Stadt in Richtung des Bischofspalastes von Viterbo verläßt. Wir werden darauf zurückkommen. Von dort wird es nach Rom zurückkehren, nun aber um das Merkmal des Eingesperrtseins bereichert.

Das Konzil als Garant „de maioritate"

Die Probleme der Jahrzehnte der Erprobung und der Verfeinerung des Systems sind natürlich nicht alle äußerlicher Natur. Die Wahlen des Amtsträgers, der die Autorität der hll. Petrus und Paulus beansprucht, enthalten Reste von Zufall und Anfechtung innerhalb des Kreises, der sich diese Wahl zunehmend vorbehält. Aufs Ganze gesehen trägt das Dekret von 1059 eine doppelte Wertigkeit in sich: Auf der einen Seite legt man Interessensbereiche und Rollen mit dem Anspruch auf Stabilität fest; auf der anderen vereinbart man *de facto* den Grundsatz, daß die Normen für die Wahl des römischen Bischofs sich dann zu Recht wandeln, wenn sich konkrete Situationen wie auch das Verständnis dessen, der sie bewertet, verändern.

Als im Jahr 1159 der erste Rechtsgelehrte aus Bologna, Rolando Bandinelli, zum Papst gewählt wird, wird er von dem unterlegenen Kandidaten körperlich angegriffen. Bandinelli begnügt sich nicht damit, überlegen zu sein, sondern beschließt, der Möglichkeit grundsätzlich entgegenzutreten, daß ein Kandidat sich Minderheitsrechte nutzbar macht, wie schon in zahlreichen Situationen geschehen. Auf der Basis des damals gültigen kanonischen Rechts (das in monastischen Kreisen breit erprobt war) konnte eine Partei, die sich in einem Vorgang als Minderheit wiederfindet, für sich die Einschätzung als *sanior pars* beanspruchen. Diese stand gegen die Macht der Zahlen, die von der Mehrheitspartei geltend gemacht wurde. Die Einschätzung als *sanior pars* sieht ihre Berechtigung durch die Tatsache erwiesen, daß kein Konsens erreicht wurde; die Stimmenmehrheit schützt nicht vor Konformismus und Leichtfertigkeit. Der offene Dissens zwischen dem Mehrheitsprinzip und dem Schutz des „gesünderen Teils" eines Wahlorgans ist nur einer von vielen Widersprüchen, den das Kirchenrecht bewahrt, um zwischen zwei Tendenzen einen Ausgleich zu schaffen. Dies hebt die Tat Alexanders III. noch stärker hervor, der die Möglichkeit ausschließt, daß im Fall des Konklaves eine Minderheit die bessere Entscheidung als die quantitative Mehrheit trifft. Er versperrt diesen Weg mit wirklich neuen Normen, die er nicht in einer Bulle, sondern in einer vom Dritten Laterankonzil 1179 angenommenen Konstitution veröffentlicht.[8] Auch das Dekret Nikolaus' II. hatte 1060 die Zustimmung einer römischen Synode erhalten. Doch die Konstitution *Licet de vitanda* des Jahres 1179 stützt sich ganz auf die Autorität eines allgemeinen Konzils, um ein absolutes Mehrheitsprinzip festzulegen, das der Öffentlichkeit und Feierlichkeit eines Konzilsaktes bedarf. Vor der gesamten Konzilsversammlung wird festgelegt, daß der gewählte Papst zwei Drittel der Wählerstimmen auf sich vereinigen muß; dem Kandidaten der Minderheit wird keine Beschwerdemöglichkeit eingeräumt. Die Theorien der *sanior pars* bleiben explizit für immer von der Wahl des Bischofs von Rom ausgeschlossen. Wer es wagen sollte, sich darauf zu beziehen, wird mit Exkommunikation belegt, die vom obersten Organ der Kirche beschlossen wird.[9]

Dies ist ein wichtiger Schritt, in der Sache und in der Methode. In der Sache, weil er das *Quorum* der Zweidrittel festlegt, das in den folgenden Jahrhunderten nur unbedeutende Überarbeitungen erfährt.[10] In der Methode, weil Alexander III. das Konzil als Garant des Verfahrens der Papstwahl und als Beschützer der Vorrechte der Kardinäle einführt. Nach dem Dritten Laterankonzil wird die besondere Rolle der Kardinäle durch die Exkommunikation all derjenigen geschützt, die sich in das Vorrecht der Kardinäle, den Papst zu wählen, einzumischen versuchen. Die Diskussion der Dekretisten um die Vollmacht des Papstes, seinen Nachfolger zu bestimmen, bleibt von da an nurmehr ein Exemplum für den Lehrbetrieb.[11]

Jenseits der Kanones ist jedoch festzulegen, ob und wie der Kardinalklerus von Rom für eine Aufgabe Sorge tragen kann, die universale Bedeutung besitzt. In der Gestalt eines Bischofs in der Nachfolge des Petrus und Paulus verankert, reicht ihre Bedeutung weit über Rom hinaus, nicht nur bezüglich der *communio*, sondern auch und vor allem bezüglich der *iurisdictio* und der *potestas*. Diesem Anspruch wird (noch einmal zeitgleich zum Bruch mit dem Osten) durch die Zulassung nichtrömischer Geistlicher zum Kardinalskollegium Rechnung getragen. Seit 1057 gibt es zunächst kleine Anfänge (der Abt von Montecassino, Friedrich von Lothringen und Konrad von Wittelsbach, Erzbischof von Mainz und Salzburg, die durch den Rechtsgelehrten Alexander III. eingesetzt wurden), die dann zu einem akzeptierten Brauch werden. Dies weist auf die Polarität zwischen Rombezug und Universalität hin, von der das Kollegium im Laufe der Jahrhunderte immer mehr geprägt sein wird, sowohl hinsichtlich seiner Zusammensetzung, als auch hinsichtlich seines Tuns.[12]

Für die Zusammensetzung des Kollegiums bedeutet die Anwesenheit nichtrömischer Kardinäle einen Reifungsprozeß, auch wenn dieser auf der individuellen Ebene nicht leicht war. Das Gleichgewicht zwischen der Wahlfreiheit des Kollegiums des hohen römischen Klerus und der Notwendigkeit, kirchenpolitische Interessen in einem weiten Umfeld zu verkörpern, gibt einem jeden Kardinal eine stärkere Macht, die Wahl zu verhindern oder zu fördern. Die Stärkung der Mehrheit erhöht und schützt die Repräsentativität des Gewählten – „quod omnes tangit ab omnibus approbari debet", sagt ein grundlegendes institutionelles Prinzip[13] –, aber sie zu erreichen, kann mit langsamen und entwürdigenden Verläufen verbunden sein. Es ist eine Sache, das *quorum* zu erwägen, eine andere, sein Erreichen sicherzustellen. So erfährt die Wahl des Papstes nach dem Dritten Laterankonzil ein Interesse, das weder 1059 noch 1179 vorhersehbar war – ein Interesse, auf das zurückzukommen ist.

Die Entführung der Wähler

Das Volk der römischen Christenheit findet, stärker noch als der Klerus, einen Weg, den Anspruch geltend zu machen, daß die Besetzung der kirchlichen Spitzenposition in kurzer Zeit sicherzustellen ist. Wenn die Kirche von einem *regimen unius personæ* regiert werden muß, dann muß man diejenigen, die dafür zu sorgen haben, dazu zwingen, es auch zu tun.[14]

Zu einem solch rauhen, beschleunigenden Weg, vielleicht von anderen zivilen Vorgehensweisen abgeschaut, entscheidet sich die führende politische, militärische und geistliche Schicht (das „Volk" hätte man einige Jahrhunderte vorher gesagt) und schließt die Wähler an einem Wahlort ein.[15] Eine solche Klausur „unter Verschluß" (von daher leitet sich der Terminus *Konklave* ab) wurde 1216 zum ersten Mal von den Bewohnern Perugias angewandt. Im Jahr 1241 praktizierte sie der römische Senator Matteo Rosso Orsini noch einmal in besonders harter Weise: Die Kardinäle werden für zwei Monate in den Gefängnisruinen des Septizoniums eingekerkert, dabei von höhnischen und gewalttätigen Wächtern gefoltert. Zwar bürdet ihnen der Staufer Friedrich II. Verzögerungen auf, weil er hofft, durch Behinderung und Verlangsamung des Wahlvorgangs einen Papst zu erhalten, der seinem Plan, die Kaiserkrone mit der Krone Siziliens zu verbinden, wohlgesonnen gegenübersteht.[16] Die Entführung zwingt die Kardinäle jedoch, ihre taktischen Verzögerungen abzubrechen und einen der Anwesenden zu wählen, bevor sie alle vor Entbehrung sterben.

Das Konklave von 1241 ist formal gesehen das erste. Doch die Kardinäle lehnen es ab, eine solche Methode zur Regel werden zu lassen. Kaum ist Coelestin IV. gewählt, fliehen sie aus Rom. Als Coelestin IV. nach wenigen Tagen, zermürbt von der Gefangenschaft, stirbt, sind sie zur Wahl seines Nachfolgers nur unter der Bedingung ungestörter Ruhe für ihr Überleben bereit.

Auch einen zweiten Versuch, die Kardinäle zu entführen, um sie zur Wahl zu drängen, schätzen die vornehmen Opfer des eiligen Volkes überhaupt nicht. Sie setzen noch einmal einen heftigen und letztlich siegreichen Widerstand entgegen: 1268 versammeln sich die Kardinäle zur Wahl in Viterbo. Um zu verhindern, daß die 17 Wahlberechtigten sich nach einem Jahr vergeblichen Verhandelns aus der Stadt entfernen, ohne die Nachfolge für den römischen Bischofsstuhl zu regeln, läßt sie Alberto di Montebono im Wahlgebäude einmauern. Durch eine Dachluke werden sie mit Nahrung versorgt. Zwar ertragen die Kardinäle diese Prozedur, doch erst nach dem Ende des Einsperrtseins und der Restaurierung des Palastes kommt es nach zwei Jahren und neun Monaten durch einen Kompromiß zwischen sechs Kardinälen zu einer Mehrheit für die Person Gregors X.[17] Der Visconti-Papst ist kein

Kardinal, doch in der Lage, mit Realitätssinn das wahrzunehmen, was in den vergangenen 30 Jahren geschehen war – das System der Wahl des Bischofs von Rom eingeschlossen.

„Ubi periculum": Die Normen von 1274

Auch Gregor X. sieht das Konzil als den geeigneten Ort an, um die kanonischen Bestimmungen der Wahlklausur neu festzulegen. Papst und Kardinäle, inzwischen mit purpurnem Mantel und Hut versehen,[18] handeln in der Überzeugung, daß es klüger sei, dem Zufall und der Willkür strenger Einkerkerung bei der Wahl einen Riegel vorzuschieben und selbst zu bestimmen statt zu erleiden. So legt Gregor X. auf dem Zweiten Konzil von Lyon 1274 die Konstitution *Ubi periculum* vor, die der Papstwahl ihre Unberechenbarkeit nimmt und das Eingesperrtsein regelt.[19]

Die Konstitution *Ubi periculum* ist typischer Akt eines päpstlichen Konzils: Sie spiegelt ganz und allein den Willen des Papstes wider, des Amtsträgers des *monarchatum ecclesiæ*, und zugleich schmückt sie sich mit einem wenn auch nur zeremoniellen und äußerlichen Konzilsakt. Ohne den Anspruch, ewige Regelungen festzulegen, aber mit dem Ehrgeiz, sie von Fall zu Fall neu festzusetzen, entzieht sie einige nur scheinbar äußerliche Elemente der Verschwiegenheit der Kardinäle und dem Eingreifen der politischen Mächte: Das Zweite Konzil von Lyon verpflichtet die Kardinäle nicht, den Papst an einem bestimmten Ort zu wählen, nimmt jedoch jede Möglichkeit zu Verhandlungen über den Ort der Versammlung. Denn es bestimmt den Sterbeort des Papstes als natürlichen Sitz der Wahlversammlung. Es legt weiterhin fest, daß die fern der Kurie und des Hofes weilenden Kardinäle stets informiert werden und daß ihre Ankunft abgewartet wird, bevor man zur Wahl schreitet. Um zu vermeiden, daß die Zeit des Wartens auf die, die weit entfernt oder verhindert sind, ein taktischer Vorwand für unbeschränkte Verschiebungen wird, legt es eine maximale Dauer von zehn Tagen für die Trauerfeierlichkeiten und den

Beginn des Konklaves fest. Es zwingt die Kardinäle nicht zu allzu harten Lebensbedingungen am Wahlsitz, aber es verpflichtet zu einem gemeinschaftlichen Leben während der Wahlgänge. Es regelt den Speiseplan der Wähler mit zunehmender Strenge (die ersten drei Tage werden sie normal verköstigt, die folgenden fünf Tage erhalten sie eine Mahlzeit am Tag, danach müssen sie mit Wasser und Brot auskommen), aber es verbietet, sie durch Hunger zu quälen. Die Möglichkeit der Beratung und Korrespondenz mit Außenstehenden wird für die Wählenden beschränkt. Dadurch wird die Möglichkeit privater finanzieller Machenschaften blokkiert. Allen Kardinälen ist der Zugang zur päpstlichen Kasse und die Übernahme von Ausgaben verboten.

Wie immer deckt eine in therapeutischer Absicht vollzogene Regulierung gewisse Mißstände auf. Die Aussagen Gregors X. auf dem Zweiten Konzil von Lyon zeigen, daß im Kollegium eine Tendenz besteht, die Wahl zu verzögern, endlos über Ort und Zeit zu verhandeln, die Unterschiede zwischen den Kardinälen herauszustellen und sich während der Vakanz Privilegien und Reichtümer zu sichern. Doch Gregor X. ist überzeugt, daß das Konzil notwendige Korrekturen festlegen und feierlich in Kraft setzen kann.

Ubi periculum beabsichtigt keineswegs die Wahl, die einen Bischof auf den Thron Petri[20] bringt, mit Geheimnissen zu umgeben, sondern will sie beschleunigen und die Zeit der Trauer begrenzen, in der die Kirche ohne Papst ist.[21] Das Mitwirken der staatlichen Behörden besteht nur darin, den von der Konstitution vorgesehenen Druck auf die Kardinäle zu verstärken.

Die Normen des Visconti-Papstes wirken recht gut, auch wenn sie keine Wunder vollbringen können. Ihrer Verwirklichung stehen nicht in erster Linie staatliche Eingriffe entgegen, die man seit 200 Jahren von jenem Akt der Entstehung eines Pontifikats ausschließen möchte, sondern Eingriffe durch das Kollegium selbst, dem das Privileg der Wahl zusteht. Eine neue Erfahrung, wie der Rücktritt des frommen Eremiten Pietro da Morone vom Amt des Papstes, in das er im Juli 1294 unter dem Namen Coelestin V. gewählt worden und von dem er im Dezember vor den Kardinälen zurückgetreten war, wird ohne Schwierigkeiten bewältigt. Der

Rücktritt mit Hilfe der schon über 100 Jahre alten kirchenrechtlichen Thesen des Huguccio da Pisa bleibt ohne Einfluß auf das
Konklave.[22] Einige Präzisierungen werden dagegen notwendig,
um bestimmte Normen vor jenen Abschwächungen, welche die
Mehrheit der Kardinäle während der Sedisvakanz beschließt, zu
schützen. Wiederum nicht durch einen exekutiven Akt, der vom
Konsistorium der Kardinäle approbiert wird, sondern während
des Konzils von Vienne (1311) promulgiert Clemens V. die Bulle
Ne Romani. Sie soll verhindern, daß die Kardinäle die Bestimmungen über das Konklave nach dem Tod eines Papstes neu gestalten,
und will den staatlichen Behörden genehmigen, die Kardinäle am
Verlassen des Konklaves zu hindern.

Das System der Einkerkerung wird nach und nach durch legisla-
tive Eingriffe genauer präzisiert. Trotz aller politischer Schwierigkeiten bleibt das große Ziel, eine unüberwindbare Kluft zwischen
den Wählenden (obgleich sie Träger einer nicht individuellen Wil-
lensäußerung sind) und den von der Wahl Ausgeschlossenen zu
schaffen. Mit Blick auf dieses Ergebnis sind die Modifizierungen
des bisherigen *Korpus* konziliarer Normen insgesamt von geringer
Bedeutung.

Drittes Kapitel

Krise und Neubeginn: Die Phase des Konziliarismus

Bestrebungen der Kardinäle oder des Kaisers, die die päpstliche Vakanz zu nutzen versuchen, um die Macht neu zu verteilen, bedrohen all jene Normen, welche Konzilien bekräftigt und Rechtsschulen behandelt haben. Diese Normen erleben jedoch eine Renaissance nach dem dramatischen Zusammenbruch am Ende des 14. Jahrhunderts. In jenem Jahrhundert setzen sich die sogenannten Wahlkapitulationen durch, Vereinbarungen zwischen Kandidaten und Wählern.[1] Die Wahlkapitulationen, die der Kandidat unterschreibt und als eigenes Programm annimmt, werden 1378 geregelt, dem Jahr, in dem zum letzten Mal ein Nicht-Kardinal zum Papst gewählt wird. In diesem Zusammenhang kommen problematische Punkte einer langen Epoche ans Licht, und Lehren, die man bisher als unbedeutend erachtete, erweisen sich als grundlegend.[2]

Von Anagni nach Konstanz

Die Behauptung von Horst ",4>Fuhrmann ist zutreffend, daß die Krise schon Jahrzehnte früher ihren Anfang nimmt, und zwar an jenem Tag, den ein Roman über diese Ereignisse als „Ohrfeige von Anagni" bezeichnet.

Bonifatius VIII. vertritt mit der Bulle *Unam sanctam* (18. November 1302) die Auffassung, daß es für jedes menschliche Wesen heilsnotwendig sei, sich dem römischen Papst zu unterstellen. Mit dieser Äußerung enthüllt er sein Verständnis des Papsttums und stellt auf seine Art den Erfahrungsbezug der früheren Kanonisten zur Diskussion. Das Wahlgremium, das den Übergang des

Pontifikats zu gestalten hat, wird hier von theologischen Theorien belastet, die das Papsttum in einer kosmischen Dimension ansiedeln, noch bevor sie es in eine Ekklesiologie einbinden. Der kulturelle und geistliche Gärungsprozeß, der diese Theorien klärt, führt zu einer völlig neuen kirchenpolitischen Landkarte.

Wenige Monate später fordert der französische König Philipp IV. (der Schöne) entschlossen, daß der Papst seinen Anspruch auf Allmacht in den Dienst der Politik stellt. Und die Zeichen stehen auf Sturm. Am 7. September 1303 bekommt Bonifatius VIII. in Anagni die Arroganz und physische Gewalt seiner Gegner zu spüren, die er durch seine theologische Wortgewalt zum Nachgeben gezwungen zu haben glaubte. Die Gesandten des Königs demütigen den alten Papst. Sie machen dadurch deutlich, daß auch die äußerste, lehrhafte Zuspitzung der päpstlichen Autorität ihn nicht unverwundbar macht. Innerhalb kürzester Zeit zwingt der politisch letztlich unterlegene Herausforderer das Konklave und dann auch den Apostolischen Stuhl selbst nach Frankreich. Die Verlegung des päpstlichen Hofs nach Avignon und der lange Aufenthalt in Frankreich werden tiefe Spuren im Kardinalskollegium hinterlassen.

Bekannte Frontstellungen und Diskussionen kennzeichnen die Erwartung eines Konklaves, das Rom wieder einen Bischof geben soll. Sie brechen genau im Jahr 1378 aus, als nach Jahrzehnten der Ohnmacht und vergeblicher Versuche die Kardinäle wieder nach Rom zurückkehren, um dort den Nachfolger Gregors XI. zu wählen. Die römische Bevölkerung drängt auf einen Papst, der nicht wieder über die Alpen nach Frankreich zurückkehrt. So fällt die Wahl der Kardinäle auf Urban VI. Nachdem der Gewählte angenommen hat, entziehen ihm einige Kardinäle ihre Stimme und ihren Gehorsam. Sie nehmen das ihnen zustehende Recht in Anspruch, eine Wahl anzufechten, deren Ergebnis durch *metus* (Furcht) beeinträchtigt worden sei. Sie wählen einen neuen Papst, Clemens VII., der für sich das Argument der Stimmenzahl und des zuletzt Gewählten in Anspruch nimmt. Der Zusammenbruch des Konklaves öffnet die Tür für ein Schisma, das sich über drei Generationen hinziehen wird. Die Hoffnung, die Spaltung der

Christenheit mit „normalen" Mitteln zu überwinden, erweist sich als illusorisch. Der Aufruf zu einem Konzil findet keine Zustimmung. Nicht einmal der Tod der beiden Streitenden, der in anderen Fällen die Situation gelöst hat, schafft Abhilfe: 1389 wird Bonifatius IX. anstelle von Urban VI. gewählt, und 1394 ein Benedikt XIII. (später aus der Zählung gestrichen) als Nachfolger von Clemens VII.[3]

Auch der Versuch aller Kardinäle, den beiden Päpsten 1398 den Gehorsam zu entziehen, scheitert. Die Reihe der Nachfolger bzw. Gegenspieler geht weiter mit Innozenz VII. 1404 in der Linie Urban-Bonifatius und dann 1406 mit Gregor XII. Die Analyse der Wege, die das Schisma überwinden sollen, und ihre möglichen Verknüpfungen beschäftigen die besten Köpfe der Theologie und der Rechtswissenschaft jener Zeit. Besteht der Lösungsweg in den dafür vorgesehenen Rücktritten, die *via cessionis* zur Einheit genannt werden? Oder in einem Urteil des obersten Gerichts oder schließlich in der *via concilii*? Dieses Nachdenken, dem die Päpste keine Unterstützung schenken, scheitert kläglich. Die Bedingungen für den Rücktritt der beiden Kontrahenten und/oder für ein allgemeines Konzil entstehen weder aus sich selbst, noch können sie aufgezwungen werden. Die auf dem Konzil zu Pisa versammelten Kardinäle verurteilen 1409 die beiden Kontrahenten um den Thron Petri wegen des Bruchs der Einheit. Sie meinen, damit eine Lösung gefunden zu haben. Mit der Autorität des Konzils beheben sie mögliche Mängel bei der Kreierung von Kardinälen, um ihre *potestas* mit einem Papst der Einheit zu schützen.[4] Die Wahl des neuen Papstes, Alexanders V. (gewählt am 29. Juni 1409), erweist sich als nutzlos und schädlich. Da man im voraus nicht den Weg für einen neuen Papst gebahnt hat, schafft der in Pisa gewählte Papst keine Einheit, sondern erhöht die Zahl derer, die das Papstamt beanspruchen, auf nunmehr drei. Und als 1410 Johannes XXIII. (auch er später aus der Liste der Päpste gestrichen) auf Alexander V. folgt, fragt man sich, ob die Aufteilung auf drei sich gegenüberstehende Gehorsamsträger jemals überwunden werden kann oder ob sie inzwischen chronisch geworden ist. Nur der Initiative und dem Einsatz des deutschen Königs Sigismund ist die

Einberufung des Konzils von Konstanz zu verdanken. Diese Versammlung war durch eine mutige Grundsatzdebatte an den Universitäten vorbereitet worden. Ihr gelingt es, den von der Spaltung beschädigten Teil, d. h. die universale Kirche, zu erkennen. Geschützt durch den christlichen Herrscher machten sie sich zu deren Sprecher. Dabei nützt die vom Ende des 13. Jahrhunderts stammende Lehre wenig. Bonifatius VIII. hatte sie nach dem Amtsverzicht Coelestin V. entworfen und gezeigt, daß niemand die Freiheit des Papstes zurückzutreten eingrenzen könne und niemand das Recht habe, eine souveräne Verzichtserklärung anzunehmen oder abzulehnen; sie werde unmittelbar durch ihr Aussprechen wirksam.[5] Die Lehre, mit der die Kanonisten zwei Jahrhunderte vorher erklärt hatten, wie und warum ein häretischer Papst (*a fide devius*) *eo ipso* aus dem Amt scheidet, ist ebenfalls nicht unmittelbar anwendbar, doch entfaltet die Erinnerung an diese Notlösung auf dem Konzil von Konstanz ihre Wirkung.

Das Dekret *Hæc sancta* (vom 30. März 1415) erläutert die Art der Repräsentanz der Universalkirche auf dem Konzil und dessen unmittelbare Beziehung zu Christus. Es geht der Absetzung und der Verurteilung der drei Päpste nicht nur voraus, sondern begründet sie. Mit geringen Unterschieden in den erlassenen Urteilen gegen die drei Kontrahenten bewertet das Konzil die drei Päpste aufgrund ihrer Leugnung des *credo unam sanctam catholicam ecclesiam* als Häretiker. Die Konzilsväter sehen die Abweichung vom Glauben in der hartnäckigen Weigerung der Kontrahenten ausgedrückt, ihre eigenen Interessen der Einheit der Kirche unterzuordnen.

Die Urteile zu Absetzung und Verurteilung der drei Päpste sind nicht durch Berufung anfechtbar. Sie öffnen den Weg für ein neues, außerordentliches Konklave, in dem neben den Kardinälen eine gleiche Zahl von Wählern sitzt, die von den am Konzil teilnehmenden Nationen bestimmt wurden. König Sigismund verpflichtet sich, nicht einzugreifen, sondern die Entscheidung eines solchen Wahlgremiums anzunehmen.[6] Diesem außergewöhnlichen Konklave – das sicher nicht der normalen Praxis entspricht, aber diese auch nicht aufheben wird – gelingt es, Martin V. zu wählen.

Die Normalisierung des Lebens der Kirche wird nach einem Drittel Jahrhundert Wirklichkeit.[7]

Die Erfahrung des Schismas besagt aber, daß die Anstrengung von fast zwei Jahrhunderten gescheitert ist, bewährte Lösungen in ein perfektes Papstwahl-System umzuwandeln. Das Konklave kann dazu dienen, ein transparentes Verfahren sicherzustellen; es kann verhindern, daß sich die kaiserliche Macht der Wahl des römischen Pontifex bemächtigt, und es kann den Mächten der Kirche eine angemessene Repräsentanz garantieren. Trotzdem vermag dieses System, das genau damals entstand, als die Gemeinschaft zwischen dem christlichen Osten und Westen formal zerbrach, weder in sich noch durch sich die Einheit der Kirche zu garantieren, wenn diese nicht zur tiefen Sehnsucht der Wählenden gehört.

Das Konklave und die Kardinäle gehen nicht niedergeschlagen aus der tragischen Erfahrung der Spaltung hervor. In der Erwartung, daß sich die in der Kirche umlaufenden Reformideen klären, bieten sich Kardinäle und Konklave in den folgenden Jahren wieder als angemessene Lösung an. Der Bruch zwischen dem Papst und dem Konzil von Basel, die kurzfristige und schikanöse *reductio* der Griechen (darüber hinaus der Kopten und der Armenier) in die römische Kirche auf dem Konzil von Ferrara-Florenz in den Jahren 1438–1439 stellen den Mechanismus der Papstwahl nicht in Frage. Er wird im Gegenteil sogar in seiner vorherigen Ausgestaltung gestärkt.[8]

Ausgestaltungen des Konklaves in der Neuzeit

Wie und warum das monarchische Papsttum das Schisma des Westens übersteht, ist eine Frage, die irgendwie mit den ursprünglichen Charakteristika jener Institution Konklave verknüpft ist, die die Amtsträger hervorbringt und letztendlich ihre verblüffende Lebendigkeit beweist.

Zwischen Konstanz und Florenz kann vermieden werden, daß

die Krise das Konklave funktionsunfähig macht. Nachdem in Konstanz das Verfahren eines gemischten Wahlgremiums (zum einen Teil aus Kardinälen bestehend, zum anderen Teil aus Delegierten des Konzils) beendet und die Einheit der Kirche unter Martin V. wiederhergestellt ist, wird das Konzil für immer davon ausgeschlossen, regulierende Normen für die Papstwahl zu erstellen.[9] Die Kardinäle vermögen dem Konklave wieder einen neuen Frühling zu geben, welcher das Schisma wie eine akute und vorübergehende Krankheit erscheinen läßt. Das Papsttum wird nie mehr zulassen, daß das Konzil Möglichkeiten des Eingreifens erhält, die Wahl des Bischofs von Rom zu regeln.

Dagegen wird man lange Zeit und offen über die Reform des Kardinalskollegiums diskutieren. Die ungeheure Produktion an Theorien zur Beendigung des Schismas wird ins Leere laufen. Dagegen liefern die Diskussionen über Zusammensetzung, Finanzierung und hierarchische Position des Kollegiums viele Beiträge, die, vor und während des Konzils von Trient, sowohl auf politischer Ebene wie auf der Ebene der Lehre Aufnahme finden.[10]

Wie Hubert Jedin dokumentiert hat, haben die Vorläufer dieser Debatte ihren Ursprung in der Diskussion der Jahre des Schismas und *pour cause*. Für den Pariser Kanzler Pierre d'Ailly ist die „moralische Pflege" des Kollegiums der Purpurträger ein notwendiger Akt für ein gutes Ergebnis seiner vorrangigen Aufgabe, der Papstwahl. Er schlägt vor, die *nationes* im Kollegium zu repräsentieren, weil er die Folgen von dessen Italienisierung fürchtet. Außerdem regt er ein System der Finanzierung der Kardinäle durch feste Zuwendungen an. Dadurch will er vermeiden, daß die Jagd nach reichen Erträgen und Pfründen die Beziehung zum Papst verfälscht und problematische Ungleichheiten fixiert. Für andere ist die Abwesenheit der Kardinäle von Rom, ihre Ernennung in zu jungem Alter, und ihr Bemühen, sich Prestige und politische Beziehungen zu sichern, ein Dorn im Auge. Nachdem Martin V. die Reformbemühungen *in capite* unberührt gelassen hat, nehmen viele diese Agenda mit geringen Veränderungen wieder auf. Die Fragestellung, in einem deutschen Reformschema präzisiert, begegnet in den Disputen während des Konzils zu Basel wieder. Die dort gemachten Vorschläge sehen einen Teil der Kardinäle (zwischen einem Sechstel bis zu weniger als einem Drittel) als *legati pro reformatione cuiuslibet nacionum* vor, die nicht vom Papst zu ernennen sind (also von den Fürstenhöfen bestimmt und an sie durch Eid gebunden). Die Konzilsväter von Basel nehmen eine mittlere Position ein (in gewisser Weise von dem in Konstanz errungenen Erfolg inspiriert). Sie ziehen die Papstwahl nur für den einzigen Fall an sich, wenn sie notwendig würde, *während ein Konzil tagt.* Für den Fall, daß der Papst zu einer Zeit stirbt, da kein Konzil tagt, behalten sie den überlieferten Ablauf des Konklaves bei.

Die Aufmerksamkeit von Basel richtet sich dagegen auf die „Reform der Kardinäle". In der 23. Sitzung beschließt das Konzil sicher keine umstürzlerischen oder weitreichenden Veränderungen. Leider macht der Konflikt zwischen Papst und Konzil, der zur Verlegung der Versammlung nach Ferrara, dann nach Florenz und schließlich nach Rom führt, die sicher lobenswerten Absichten, dem Nepotismus und der Italienisierung vorzubeugen, zur Makulatur.

Doch der Wunsch nach einer moralischen Reform des Kardinalskollegiums bleibt. Eine Bulle Pius' II. zu diesem Punkt führt nicht zum Erfolg, ebensowenig die weisen Ratschläge verschiedener Theologen. Das Kollegium strebt danach, ein Gegengewicht zum Papst zu werden – ein Gegengewicht, dem jedes seiner Mitglieder seine Stellung verdankt. In den Wahlkapitulationen aus der Mitte des 15. Jahrhunderts und dann in den *capitula secreta,* die seit 1478 dem Wahlprotokoll angefügt sind, finden sich nur Wechselgeschäfte zwischen einer absoluten Spitze und seinem Wahlorgan, das seinen kollektiven Einfluß auf die Leitung der Kirche verliert, gerade weil jedes seiner Mitglieder danach strebt, seinen eigenen Einflußbereich auszudehnen und finanziell zu nutzen. Die Reformen Sixtus' IV. und Alexanders VI. sind von moralischen Ansprüchen geleitet, die sich das Papsttum zu eigen macht, und kündigen schon die große Reorganisation der Kurie unter Sixtus V. 1588 an. Es festigt sich jedenfalls die Ansicht, daß es dem Papst und nur dem Papst zusteht, das Wahlverfahren seiner Nachfolge zu regeln. Wenige interessieren sich dafür, und wenn, dann sucht man diesseits der Schwelle einer ständig verschobenen Reform *in capite* zu bleiben und der zentralen Leitung der Kirche insgeheim entgegenzutreten. Typisch für dieses Klima ist die Denkschrift eines Kardinals für Alexander VI., die mit einem Kollegium aus Patriarchen und Erzbischöfen liebäugelt, um den Geldfluß Richtung Rom zu bremsen.[11]

Der Eifer manches Theologen ist erstaunlich. Doch wirklich Neues kann man nur als Utopie denken. Utopie ist in der Tat das, was ein anonymer Untergebener Clemens' VII. 1523 in der Denkschrift *De tribus modis circa electionem pontificis per quam sequitur reformatio universalis ecclesiæ* äußert. Er kann sich verschiedene Lösungen für die Krisen vorstellen, welche die Papstwahl begleiten. Um den Skandalen abzuhelfen, schlägt er die Einführung eines Losverfahrens oder die Delegation der Wahlvollmacht an ein Kollegium von 33 Bischöfen mit Wohnort in Rom vor. Ein anderer Vorschlag lautet, daß der Kreis der Personen mit aktivem Wahlrecht nicht das passive haben solle. Eine weitere Idee war, die Beratungs- und Senatorenaufgaben der Kardinäle an ein neu zu bildendes Gremium zu übergeben, das aus vom Papst bestimmten Bischöfen und Laien besteht. Das Privileg, den Nachfolger Petri zu wählen, würde einem Teil des universalen Episkopats übertragen, der jeweils drei Jahre in Rom verbringen müßte.[12] Die in diesem Traktat angestrebte Methode des Losverfahrens ist bezeichnend. Sie gehört zur ältesten jüdisch-christlichen Überlieferung (nach Apg 1 wurde dieses Verfahren angewandt, um die Lücke zu schließen, die Judas im Zwölferkreis hinterlassen hatte).[13] Wer sie vorschlägt, strebt danach, die Papstwahl vor Demütigungen zu bewahren, ohne das Kollegium, seine Dynamik, seine Verfahren des Zutritts und Ausscheidens zu beeinträchtigen.

Doch die Regelung der Papstwahl steht im Folgenden weder den Theologen, noch den Fürsten, ja nicht einmal dem Kollegium, sondern allein dem Papst zu. Die Erfahrung des Konziliarismus hat sich auch in diesem spezifischen Bereich in der institutionellen Erinnerung des lateinischen Christentums gewandelt: Nachdem das Konzil die Aura des Wunderbaren verloren hat, das Schisma überwunden zu haben, wird es zum Alptraum einer Zudringlichkeit der Bischofsversammlung, die sich nicht wiederholen soll. Die Wiederherstellung des *statu quo ante* bei der Wahl des Papstes stärkt die Überzeugung, daß kein Grund besteht, ein Modell zu verwerfen, welches zwar das Schisma verursacht, es aber vor allem auch überlebt hat. Die päpstlichen Akte in dieser Frage spiegeln spezifische Situationen wider. Hier interessieren sie vor allem als erneute Beweise der Überzeugung, daß der römische Pontifex (solange er vom Konsens des Konsistoriums umgeben ist) der Gesetzgeber seiner Nachfolge sein muß, auch wenn dies im äußersten Fall jene skandalösen Situationen verursacht, die das Risiko einer nicht zustande gekommenen Wahl in sich tragen.

Julius II. erklärt mit der Bulle *Cum tam divino* vom 14. Januar 1506 eine durch Simonie zustande gekommene Wahl für nichtig (das Konzil macht sie sich 1513 zu eigen, und Paul IV. bekräftigt sie in *Cum secundum* vom 16. Dezember 1558). Alle sind vom Gehorsam gegenüber einem Papst befreit, der sich die Stimmen der Kardinäle gekauft hat; und die Kardinäle als Komplizen eines solchen Vergehens verlieren *ipso facto* ihre Würde.[14] Während das Konzil in Trient tagt, erläßt Pius IV. davon unabhängig Normen, die das Wahlsystem verschärfen und einige untergeordnete Verfahrensfragen regeln; so wird etwa die „Wahl durch Verehrung" nicht verboten, bei der sich die Wählenden zu ihrem Kandidaten stellen (dieses Wahlsystem wird den Skandal des Jahres 1592 verursachen). Doch noch ist offen, ob das Konzil oder Spanien direkt auf Konklave-Regelungen Einfluß nehmen.

Am 9. Oktober 1562 bekräftigt dann Pius IV. in *In eligendis* die zugelassenen Wahlsysteme auf vier: die *Inspiration* als Akt außerordentlicher Akklamation; der *Kompromiß*, der die Wahl auf eine beschränkte Zahl von Kardinälen, sogenannte „Wahlmänner", delegiert; die *Abstimmung*, welche Wahlvorgänge bis zum Erreichen der kanonischen Mehrheit vorsieht; der *Akzess* („Zutritt"), der einem jeden Kardinal am Ende eines Wahlgangs auf Wunsch erlaubt, noch einmal zu wählen und zu einem Kandidaten „hinzuzutreten"; dieser gilt als gewählt, wenn er, nach Zählung auch dieser neuen Stimmen, das vorgeschriebene *quorum* erreicht.[15] Das Konzil von Trient wird so von dieser Frage ausgeschlossen und verwickelt sich in eine Diskussion über die Reform des Kardinals-kollegiums, die weder Geschichte noch Zukunft hat.[16]

Es ist der Papst, von dem wichtige Entscheidungen über das Kollegium und seine Organisation kommen. Sixtus V. begrenzt mit der Bulle *Postquam verus* vom 3. Dezember 1586 die Zahl der Kardinäle, die der Papst ernennen kann, auf 70. So gebietet er den Bestrebungen Einhalt, für Majoritäten im Konsistorium zu sorgen. Zwei Jahre später reorganisiert er die römische Kurie in ständige Kongregationen. Deren Leiter haben im Konklave keine von den anderen Kardinälen verschiedene Rolle, aber ein ganz eigenes politisches Gewicht. 1590 verbietet er Verhandlungen zwischen den Kardinälen über die kommende Wahl.

Viertes Kapitel

Die Neuzeit: Die Epoche des Einspruchsrechts

Die nachfolgenden normativen Eingriffe in die Institution Konklave greifen oft auf die Änderungen des 16. Jahrhunderts zurück. Ansonsten erläßt das Papsttum über einen langen Zeitraum nur Notverordnungen. Es schlägt Lösungen vor, die *una tantum* anzuwenden sind, wenn sich gefährliche Umstände für die Sicherheit und Freiheit des Apostolischen Stuhls ergeben. Die gesamte neuzeitliche Gesetzgebung betont durchgehend, daß sich die Kardinäle vor und während des Konklaves der Gesetzgebung des Papstes beugen müssen. Dieser kann ihnen zwar sehr weitreichende Vollmachten übertragen, aber nicht die Freiheit, über das System insgesamt zu bestimmen. Die Betonung der päpstlichen Vollmacht, gleichsam ein Gegenstück zum System der Kapitulationen, wird weder direkt noch öffentlich angefochten. Auch dies trägt dazu bei, aus der Wahl des obersten Pontifex die Epiphanie einer absoluten Macht zu machen. Das monarchische Papsttum vermeidet die Starre von Dynastien und bietet ein Modell an, das von einer leiblichen Nachkommenschaft absehen kann und trotzdem eine ihm eigene institutionelle Beständigkeit besitzt.

Die Einführung des Einspruchsrechts

Als Gregor XV. am 15. November 1621 mit *Æterni Patris* in die Wahlmodalitäten eingreift, schlägt er in der Substanz bewährte Normen vor. Er präsentiert sie aber in geordneter und systematischer Weise. Seine Bestimmungen beschreiben im einzelnen die Formen des Eintritts in das Konklave und vervollständigen das Zeremoniell. Darüber hinaus gibt es Veränderungen im Ablauf der Inthronisation, die den Machtvorstellungen Ausdruck verleihen.[1]

Auf der Verfahrensebene mischen sich individuelle und institutionelle Faktoren. Gregor XV. legt fest, daß der Kompromiß nur nach Beendigung einer schriftlichen Wahl angewandt werden kann, um zu verhindern, daß ein Kardinal nach geschickter Lenkung im Vorfeld dann im Konklave nur noch die Stimmen „einsammelt". Er verbietet weiterhin, daß die Kardinäle sich selbst die Stimme geben. Auch dürfen sie nicht zwei Stimmen auf einen Wahlzettel schreiben, als eine Art von vorgezogenem Akzess. Von der Wahl ausgeschlossen ist, wer der Pflicht der Eidesleistung nicht nachgekommen ist. Ein anderer Wahlmodus als die Abstimmung darf nur nach *einstimmigem* Konsens der Wählenden angewandt werden. Pro Tag sollen zwei Wahlgänge stattfinden. Zu ihnen dürfen – von Ausnahmen abgesehen – jene Kardinäle nicht zugelassen werden, die außerhalb der Klausur des Konklaves geblieben sind. Mit der Konstitution *Decet Romanum Pontificem* verschärft Gregor XV. 1622 das Verbot, für sich selbst zu stimmen. Er verfügt, daß solche Verstöße, seit undenklichen Zeiten verboten, eine Wahl ungültig machen.

Das Echo der Vorkommnisse, welche die Konklaven der Jahre 1590–1592 prägten, und der 1605 von außen ausgeübte Druck sind es, die Gregor XV. und sein Konsistorium zu diesen Maßnahmen bewegen, die nur noch kleinste Nachbesserungen zulassen. Sie erfüllen in der Praxis die Forderung nach Schnelligkeit und in der Theorie auch die nach einer vorschriftsgemäßen Wahl. Im Zentrum steht die Sorge, die Fälle zu umschreiben und zu begrenzen, die zu einer ungültigen Wahl führen können, sei es durch Nachlässigkeit oder durch Betrug (was letztlich keinen so großen Unterschied ausmacht), um zu vermeiden, daß die Kirche deswegen in explosive Anfechtungen gerät. Die Regelungen Gregors XV. werden drei Jahrhunderte Bestand haben. Sie schützen die Gültigkeit der Verfahren und verfügen die Ungültigkeit einer Wahl für den Fall, daß ein Kardinal für sich selbst stimmt oder sich der Simonie schuldig macht. Erst im 20. Jahrhundert wird es Veränderungen geben.

Gregor XV. wiederholt zwar bewährte Normen, aber er präzisiert, daß ihre mögliche und gelegentliche Verletzung (ausgenommen die verabscheuungswürdigen Extremfälle) nicht als Mittel benutzt werden kann, das Ergebnis einer Abstimmung anzufechten und anzuzweifeln. Die Sicherung der Abstimmung ist zentrales Anliegen im Prozeß der Papstwahl. Die strenge Klausur wird etwas abgemildert. Wenn das Konklave tatsächlich nicht geschlossen ist, führt dies zur Exkommunikation der Schuldigen, hat aber keine Auswirkungen auf den Gewählten. Um Normverstöße wie auch etwaige für die Kardinäle entstehende Nachteile zu begrenzen, werden eigene Ämter geschaffen: der Gouverneur des Konklaves und der Fürstmarschall[2]. Sie gehören nicht zum Kollegium und haben kein Stimmrecht. Sie kümmern sich um die materiellen Bedürfnisse des Wahlkollegiums und reagieren auf mögliche Unregelmäßigkeiten von außerhalb des Konklaves. Im Gegenzug erhalten sie Auszeichnungen und Beförderungen; doppelte Monatsgehälter werden von den Bediensteten der Wählenden regelrecht ausgehandelt.[3]

Wie schon vor dem 17. Jahrhundert machen mehrmalige Wiederholungen die Normen bekannt, bestätigen, was anerkannt ist, und erinnern vor allem an die dem Papst vorbehaltene Vollmacht, für die Wahl Bestimmungen zu erlassen. In diesem Tenor ist die Bulle *Ad Romani Pontificis* (1625) von Urban VIII. gehalten. Die gleichen Merkmale zeigt die Regelung Alexanders VII. 1690, der sich zu dieser Maßnahme genötigt sieht, um die Ausgaben des Kollegiums während des Interregnums zu kürzen.

Gregor XV. hatte nicht die Notwendigkeit gesehen, das Handeln der katholischen Königshöfe zu regeln, die aus politischen oder kirchlichen Gründen mit Vetos zum Nachteil des einen oder anderen Kandidaten in das Konklave eingriffen.[4] Das Handeln *zugunsten* eines Kardinals war seit den liturgischen Anfängen des Verfahrens ein Privileg des Volkes und auf niemanden übertragbar. Dagegen war das Veto der Königshöfe *gegen* einen Kandidaten ein als legitim erachteter und im Konklave nicht überraschender Akt. Der Bildung von Mehrheiten ging oft der Sturz starker Kandidaturen voraus, gegen die sich unüberwindliche Einwände katholischer Könige erhoben hatten. Diese konnten nicht ignoriert werden, um den Gewählten nicht der Schmach oder der politischen Bedeutungslosigkeit auszusetzen.

Erst Clemens XII. wird mit *Apostolatus officium* 1732 die Möglichkeit des königlichen Einspruchs umschreiben. Mit seiner Regelung sucht er dem Risiko zu begegnen, daß der Einfluß der Politik stärkere Verzögerungen und Polarisierungen verursacht als das Kollegium selbst. Dieses Schreiben geht von der weisen Einsicht aus, daß – trotz allen diplomatischen Tauziehens bei der Ernennung der Kardinäle – ein vollständiger Ausschluß der Höfe und Staaten von der Wahl nicht mit den staatlichen Merkmalen des römischen Bischofsamtes vereinbar sei. *Apostolatus officium* erzielt zwar keine tiefere Wirkung,[5] Clemens XII. trifft jedoch mit dem, was ihm vor Augen schwebt, den Kern des Konklaves der Neuzeit.

Nach den Konzilien von Konstanz und Trient hatten die Kardinäle ihr Wahlprivileg zurückgewonnen, zu Lasten der Versammlung der Bischöfe und der *nationes*. Dies gelang ihnen nicht zuletzt aufgrund einer größeren Flexibilität und des Anpassungsvermögens an die Erfordernisse der politischen Repräsentanz. Im Europa der Neuzeit ist der Reibungspunkt ein anderer. Der Papst, in seiner Eigenschaft als Souverän, besitzt alle Mittel des modernen Europa zur Gestaltung internationaler Beziehungen. Doch eines fehlt ihm: In vielen Situationen bräuchte er legitime Söhne und Töchter, mit denen man Bündnisse schließen könnte. Und die Familienbande des Adels, aus dem er stammt, reichen nicht aus, seine politische Stellung zu sichern.[6]

Das Bestreben, der Papstwahl eine ausschließlich kirchliche Bezogenheit zu geben, trifft auf eine entgegengesetzte Bewegung. Die zunehmende Schwächung der vom Konsistorium ausgeübten Mitregierung bringt es mit sich, daß die Kardinäle als einzelne sich gedrängt fühlen, politische Beziehungen zu pflegen, die im Falle eines Konklaves ihre Rolle oder auch ihren Erfolg sicherstellen können. Schon Anfang des 16. Jahrhunderts wird dieses Phänomen von Guicciardini beschrieben, der von den Manövern berichtet, die unternommen werden „aus Furcht davor, daß der

Gegner das Gremium nötige, entsprechend seiner Richtung zu wählen", und die Kardinäle wie „Angestellte" der Könige von Frankreich und Spanien auflistet.[7] Daran ändern auch die folgenden Jahrzehnte nichts. Denn die Schwächung der gemeinsamen Verantwortung zwischen Papst und Kardinälen zugunsten des Papstes verhindert, daß die Kardinäle sich dem Mandat der Königshöfe entziehen können, die sie belehnen. Die Auswirkung dieser Belehnung wird nicht als verheerend angesehen.

Seit dem Ende des 16. Jahrhunderts gewinnt das politische Veto an Einfluß. Neben den großen Privilegien, die der spanischen Krone bei der Ernennung der Bischöfe in der Neuen Welt zugestanden werden, kann sie auch bei der Wahl der römischen Bischöfe zufriedenstellenden Einfluß für sich verbuchen. Der Ausgang des Konklaves bei der Wahl Pius' V. 1566 und der Gregors XIII. 1572 entspricht den Erwartungen Spaniens. Bei der Wahl des Nachfolgers von Sixtus V. gibt es 1590 heftige Auseinandersetzungen. Nach den Pontifikaten Urbans VII., Gregors XIV. und Innozenz' IX. stellt die Wahl Clemens' VIII. 1592 die spanische Krone nicht zufrieden. Eine erneut kritische Situation entwickelt sich 1605, als die spanische Fraktion dem Kardinal Baronius den Aufstieg zum Papstthron versperrt. Nach diesem Datum wird das Konklave zur Kampfstätte auch anderer Konflikte, so daß die Gewinnung von Stimmen und das Einbringen von Vetos einander abwechseln. Gregor XV. erkennt, daß der Einfluß der Königshöfe im Konklave nicht durch einen Willensakt ausgeschlossen werden kann. Aber die Sorge um eine freie Konsensbildung und die Geradlinigkeit der Verfahren allein reicht nicht aus.[8] Die Zukunft wird dies bestätigen.

Die 1732 erlassenen Regelungen beispielsweise genügen nicht, um die unerfreulichen Situationen der jüngeren Vergangenheit vergessen zu machen.[9] Das Veto-Recht kann in der Tat ein ernsthaftes Hindernis für den Ablauf eines Konklaves darstellen, wenn es nicht gegen unbedeutende oder extreme Persönlichkeiten angewandt wird. Der 1700 von Ludwig XIV. erhobene Einspruch gegen Kardinal Marescotti und der kaiserliche Einspruch gegen Kardinal Paolucci 1721 erschweren das Erreichen einer Mehrheit bei der

Wahl von Clemens XI. und Innozenz XIII. Während der Krise durch die Auflösung des Jesuitenordens im Jahr 1775 lassen die Kardinäle eine Prophetin befragen, die den Tod Clemens' XIV. vorhergesagt haben soll, in der Hoffnung zu erfahren, ob sie auch schon seinen Nachfolger und dessen Überlebenschancen vorauswisse.[10] Kurz: Im gesamten 18. Jahrhundert spiegelt das Konklave die sich verändernden, politischen Gewichte wider.

Einfluß der Politik und Notstandssituationen

Der wechselseitige Einfluß zwischen Politik und Konklave wird immer weniger steuerbar, je mehr der Untergang der christlichen Welt alter Prägung dazu führt, daß sich das Papsttum zum Feind der Aufklärung und der Modernität erhebt.

Für die Päpste des Revolutionszeitalters geht es nicht darum, *die* Konklaven zu normieren, sondern mit außerordentlichen Erlassen die Angst vor dem Neuen zu bannen. Das Risiko soll ausgeschlossen werden, daß die im Kollegium vertretene Politik zu revolutionären Neuerungen führt. Während der Zeit der christlichen Herrscher akzeptiert, sah man nun die Politik auf dem Weg des Verderbens. Pius VI. ist der erste, der in den krisenhaften Augenblicken seines Pontifikats mit Hilfe von *brevi* die Möglichkeit eines Notstandskonklaves regelt. Bevor er 1782 nach Wien abreist, bestimmt er, wie ein Konklave abzuhalten sei, für den Fall, daß er außerhalb Roms den Tod fände.[11] Als Napoleon Bonaparte in den Marken einmarschiert und seinen Marsch auf Rom vorbereitet, verfaßt Pius VI. ein geheimes *breve (Attentis particularibus conditionibus)*. Mit ihm wendet er sich an die Kardinäle der Kurie, um ihnen eine Führungsaufgabe der römischen Kirche zu übertragen, die sich von der der nichtrömischen Kardinäle unterscheidet. In einem Notfall sind sie von der Neun-Tage-Frist des Wartens auf die entfernt lebenden Kardinäle entbunden und haben die Möglichkeit, die Notwahl eines neuen Papstes in die Wege zu leiten. Die mit diesem Schreiben vom 11. Februar 1797 gegebenen Zugeständnisse werden nicht zurückgenommen, sondern mit der Bulle *Christi Ecclesiæ* des darauffolgenden Dezembers sogar ausgeweitet.[12]

Die Bulle *Christi Ecclesiæ* kehrt im Namen der ganz und gar außerordentlichen Situation ein grundlegendes Kriterium Gregors XV. um. Dieser hatte festgelegt, daß das Kardinalskollegium während eines Konklaves der *Einstimmigkeit* bedarf, wenn es von einem Wahlmodus zu einem anderen übergehen will. Das Motiv ist schnell gesagt. Die Kanonisten des päpstlichen Hofs fürchten im 17. Jahrhundert, daß die Naivität einzelner es anderen skrupellosen Kardinälen ermögliche, den Willen der Beteiligten in Richtung eines günstigeren Wahlsystems zu drängen, um dadurch Einsprüche und Widerstände zu brechen, die ansonsten legitimerweise aufrecht erhalten werden können.

Pius VI. legt dagegen fest, daß in einer Extremsituation bei Vakanz des Hl. Stuhls die absolute Mehrheit des Kollegiums imstande ist, jede mögliche Unsicherheit über den Verfahrensablauf im Konklave zu beheben. Die Mehrheit kann über den Ort der Versammlung entscheiden. Ihr steht es ebenfalls zu, zwischen einer Versammlung innerhalb kanonischer Fristen oder einer zeitlich verschobenen Zusammenkunft zu wählen. Die Mehrheit des Kollegiums erwirbt bei einer Sedisvakanz die Kontrolle über den Wahlablauf, damit niemand ihre Entscheidungen anfechten kann, um auf diese Weise die Ungültigkeit einer Wahl einzuklagen. Als ein Jahr später General Berthier Rom besetzt, entsteht wirklich eine Notsituation. Pius VI. hat sich in die Kartause von Florenz geflüchtet; eine Gruppe von Kardinälen befindet sich noch in Rom, eine weitere Gruppe in Venedig. Und hier reichen die nur rasch erstellten Normen von *Christi Ecclesiæ* nicht aus. Der Großpönitentiar, Kardinal Antonelli, bringt nach Florenz den Entwurf einer Bulle, die den Kardinälen erlauben würde, den neuen Papst per procura zu wählen.[13] Die Idee einer Konklave-Wahl durch Delegation (im Grunde die Form eines vorausgreifenden Kompromisses) wird durch den Widerstand der in Venedig weilenden Kardinäle zu Fall gebracht.

Ein zweiter Vorschlag der römischen Kardinäle findet dagegen

Zustimmung und wird zur Bulle *Quum nos superiore anno*. In der auf den 13. November 1798 datierten Bulle wird das Prinzip, daß die Mehrheit des Kardinalskollegiums die Vollmacht über das Wahlverfahren besitzt, bekräftigt, sogar ausgeweitet und mit Androhung der Exkommunikation geschützt. Wo sich die größte Gruppe von Kardinälen versammelt – vorausgesetzt, sie versammelt sich in einem katholischen Staat –, kann sie zur Wahl des Papstes schreiten. Die Regel der Wartefrist von neun Tagen wird gebilligt. Es wird auch ausdrücklich bestimmt, daß die Wahl mit Zweidrittelmehrheit erfolgen muß. Doch ohne jedes Beispiel ist Pius' VI. Ermutigung an die Kardinäle, den Wahlmodus für die Nachfolge vorab zu diskutieren (Pius VI. stirbt 1799 im Exil jenseits der Alpen in Valence), ohne dabei das Verbot zu verletzen, einer Person Stimmen zu versprechen.

Es ist hier nicht der Ort, die lange Geschichte der Wahl Pius' VII. zu verfolgen. Das Konklave in Venedig zog sich über vier Monate hin. Die Erfahrung als Kardinal und Kandidat bringt den neuen Papst dazu, eine Bulle, datiert auf den 30. Oktober 1804, vorzubereiten. Sie wird jedoch nicht unterzeichnet werden. Sie sollte Bestimmungen für den Fall erlassen, daß er auf der Reise nach Paris zur Krönung Napoleons den Tod fände. Ihr folgt 1807 eine offizielle Bulle, die aber, wie auch die 1809 nachfolgenden *Novae leges in nova Pontificis electione*, ohne Wirkung bleibt. Allerdings hält sich die Einsicht, daß angesichts der politischen Krise besondere Normen notwendig seien. Sie schlägt sich sowohl in kurzfristig entworfenen Bullen, als auch in definitiven Erlassen nieder, sobald das Papsttum die neue politische Entwicklung als bedrohend und gefährlich für die Kirche wahrnimmt. Die abstrakte Fragestellung, wer beim Tod *aller* Kardinäle den Papst wählen solle (alle Bischöfe? die Kanoniker der Lateranbasilika?), die der Benediktiner Nicolò de Tudeschis um 1430 aufgeworfen und die dann Agostinho Barbosa 1637 und Lucio Ferraris 1767 wieder gestellt hatten, erfährt neue Aktualität.[14] Denn in dieser Endzeit weltlicher Macht ist die Wahl des päpstlichen Monarchen immer ein Notfall, bei dem nicht einmal die abstraktesten Möglichkeiten undenkbar erscheinen.

Gregor XVI. versucht angesichts düsterer Verhältnisse mit einer an die Kardinäle gerichteten Konstitution vorzusorgen, die er nicht veröffentlichen wird. Pius IX. erachtet im Augenblick der Flucht aus dem Quirinal, in den Tagen der römischen Republik 1848, vermutlich die Bestimmungen Pius' VI. für anwendbar. Er kommt auf das Konklave erst im Verlauf des Ersten Vatikanischen Konzils zurück. Mit der Bulle *Cum Romanis Pontificibus* vom 4. Dezember 1869 beeilt er sich, das Recht des Kardinalskollegiums zu schützen. Er schließt die Versammlung der Bischöfe von jeder Aufgabe bei der Wahl des Papstes aus, auch für den Fall, daß eine Papstwahl bei laufenden Konzilssitzungen notwendig würde. Das Konzil ist für Pius IX. *ipso facto* mit dem Tod des Papstes aufgelöst, ein Automatismus, bei dem es auch im nachfolgenden Kirchenrecht bleiben wird.[15] Diese Normen sind geheime Anordnungen. Öffentlichen Charakter haben dagegen die Vorkehrungen, die ergriffen wurden, als das Königreich Italien die nationale Einheit durch die Eroberung Roms am 20. September 1870 vollzog.

Am 23. August 1871 paßt der Mastai-Papst mit der Bulle *In hac sublimi* die Kriterien Pius' VI. der Situation an, die sich nach den Ereignissen an der Porta Pia [diese Ortsbezeichnung steht für die Eroberung Roms 1870 im Rahmen des italienischen Einigungsprozesses; d. Ü.] ergeben hat. Wenn der Papst in Rom stirbt, entscheidet die Mehrheit der römischen Kardinäle (und nicht die Mehrheit des Kollegiums, wo immer es sich auch versammeln sollte) über Ort und Modus des Vorgehens. Über alles kann die römische Mehrheit entscheiden, ausgenommen das Prinzip, daß der neue Papst die Zweidrittelmehrheit der beim Konklave anwesenden Kardinäle auf sich versammeln muß.[16] Falls der Papst außerhalb von Rom stirbt, findet das Konklave dort statt, wo man die Mehrheit des Kollegiums (nicht die stärkste Gruppe) zu versammeln vermag. Pius IX. nimmt die von der Krone Italiens angebotenen Garantien nicht an. Die Bulle *Licet per apostolicas* vom 8. September 1874 will vielmehr den Anspruch Italiens zurückweisen und niederhalten, der die Freiheit des Konklaves im Vatikan durch das Zusammenwirken der europäischen Mächte und nicht durch die Anerkennung einer territorialen Souveränität des Papstes für gesichert erachtet. Pius IX. will unter allen Umständen verhindern, daß die Krone Italiens, als staatliche Autorität der Stadt Rom, irgendeine Rolle bei der Wahl seines Nachfolgers spielen könnte.

Es handelte sich um eine abwegige Sorge, die sich jedoch mit der einige Monate vor Erscheinen der Bulle *Licet per apostolicas* ausgebrochenen Polemik erklärt. Eine Zeitung aus Köln hatte von einer päpstlichen Bulle *in fieri* berichtet. Gemäß dieser hätten die römischen Kardinäle, sobald sie vom Tod des Papstes erfahren, dazu übergehen können, seinen Nachfolger am gleichen Tag zu wählen (also *præsente cadavere*), um zu verhindern, daß die italienischen Polizeibehörden unter dem Vorwand in den Vatikan eindrängen (1823 und 1846 hatte man das Konklave im Quirinal abgehalten), die äußere Sicherheit des Konklaves und die Abwicklung der praktischen Obliegenheiten des Camerlengo sicherzustellen. Solche Gerüchte schwirren umher, als der Papst schon krank ist,[17] und lassen die Gedankenspiele über das zukünftige Konklave in die Höhe schnellen.

Im Jahr 1874 empfängt der Außenminister Visconti Venosta von einem Abt einen äußerst scharfsinnigen Bericht über die *papabili* (seit vier Jahrhunderten ein literarisches Genus der Diplomatie), in dem Kardinal Pecci als Nachfolger Pius' IX. bezeichnet wird.[18] In einem persönlichen Brief hatte der Minister des Königreichs kurz zuvor ausgeschlossen, daß das Gerede über den Notstand einer Sedisvakanz die Kardinäle dazu veranlassen könnte, das Konklave außerhalb Italiens abzuhalten: „Die Mehrheit der römischen Kardinäle spürt die Gefahren dieser Politik; sie lehnen es ab, den alten Sitz, die alten Gewohnheiten aufzugeben, um sich einer unbekannten Situation zu stellen, in der sie sich zwar vorstellen können, welches die Stellung des Papstes sein wird, aber nicht, welche Stellung die Kardinäle einnehmen werden."[19]

Seinerseits versichert 1877 Kardinal Di Pietro, Onkel eines leiblichen Sohnes des Königs Viktor Emanuel, daß die italienischen Purpurträger die Wahl eines Italieners anstreben, und man davon ausgehen könne, daß, wenn man in Rom dem Neugewählten die militärischen Ehren erweise, dies das Signal zu einer neuen Phase in der Beziehung zwischen Kirche und Staat gebe.[20] Der erste Teil der Prognose wird von Kardinal Franchi geteilt, der Mons. Garimberti darum bittet, die Kandidatur Pecci zu unterstützen, indem er ihm die Unterstützung der europäischen Presse sichert.[21]

Die journalistische Nachricht aus Deutschland, daß man den neuen Papst wählen werde, bevor man den Tod Pius' IX. bekanntgibt, ist falsch. Aber sie drückt die weitverbreitete Spannung aus, inwieweit die erste Wahl nach Porta Pia Fremdeinflüsse aufweist und ob sich die Ernsthaftigkeit der Garantien erweist, die das Königreich Italien für eine (öffentlichkeitswirksame) Rückkehr anbot.

Dieses Klima des späten 19. Jahrhunderts verleiht der Geheimhaltungspflicht des Konklaves neue Bedeutung. Sie wird stärker, um diesen Augenblick des Lebens der Kirche vor dem spöttischen Blick der neuen Herren Roms zu verhüllen. Ihnen verweigert die Bulle *Consulturi* vom 10. Oktober 1877 offen auch jene Rechte, von denen man theoretisch behaupten konnte, daß sie beim Tode des Camerlengo Kardinal De Angelis an die Italiener übergegangen seien. Als Hilfe für den neugewählten Camerlengo Kardinal Pecci setzt die Bulle eine kleine Kardinalskommission *ad hoc* ein, der nach dem Tod des Papstes die traditionellen rituellen Aufgaben zufallen: die Feststellung des Todes des Papstes, die Mitteilung der Trauer an das Kollegium und über den Kardinalvikar an die Stadt Rom. Die Kommission des Camerlengo hat auch die päpstlichen Gemächer zu versiegeln, nicht mehr um zu verhindern, daß die Familienangehörigen des Verstorbenen die Wertsachen plündern, sondern um jedes mögliche Eingreifen von außen zu vermeiden. Mehr noch: Für den Fall, daß es nach Beginn des Konklaves unmöglich sein sollte, die Wahl des neuen Papstes zu schützen, erlaubt *Consulturi*, das Konklave aufzulösen und an einem sichereren Ort wieder einzuberufen, um die Freiheit der Wahl zu gewährleisten. Der Bulle fügt Pius IX. das *Regolamento da osservarsi dal Sacro Collegio in occasione della vacanza della Sede Apostolica* bei. Es stammt vom 10. Januar 1878 und wurde in dieser Form vielleicht nie wirksam.[22]

Die seit 1871 verfügten Regelungen werden in die erste Versammlung der Kardinäle am Tag nach dem Tod des Mastai-Papstes (gestorben am 7. Februar 1878) gebracht. Dem Kollegium stehen qualitativ unterschiedliche Verfahrensinstrumente zur Verfügung. Die Kardinäle besitzen erstens ein liturgisches Buch zur Wahl des Papstes, das hauptsächlich die Normen Gregors XV. festhält, in einer Ausgabe des 18. Jahrhunderts, die weiterhin gültig ist.[23] Zweitens verfügen sie über die von Pius IX. in der Not abgefaßten Verordnungen, die von den vorhergehenden, außerordentlichen Bestimmungen abweichen. Schließlich steht ihnen noch die gelehrte Dokumentation zur Verfügung, die P. Calenzio auf Anordnung des Camerlengo Pecci zusammengetragen hatte.[24] Kardinal Pecci wurde von den Kardinälen Franchi und Bartolini als Nachfolgekandidat unterstützt, obgleich er durch seine Position als Camerlengo benachteiligt war.[25]

In der praktischen Bewährung erweisen sich die klaren Notstandsbestimmungen als nützlich in ihrer Begründung, aber vergänglich in ihren Auswirkungen. Dem Kollegium wird bald deutlich, daß sich die Fragestellung um Personen und nicht um Orte dreht.

Die Angst um das „wo" des Konklaves schwindet schnell. Kaum ist Pius IX. gestorben, bemüht sich Kardinal Di Pietro darum sicherzustellen, daß die Italiener die Freiheit des Konklaves respektieren.[26] In den Generalkongregationen, die von Kardinal Bartolini[27] bis in die Einzelheiten hinein protokolliert wurden, ändern sich die Meinungen: Am 8. Februar 1878, dem Tag nach dem Tod Pius' IX., sprechen sich nur acht Kardinäle dafür aus, im Vatikan zu bleiben; 23 Kardinäle, unter ihnen der Camerlengo Pecci und der Dekan Oreglia, befürworten, das Konklave anderswo abzuhalten, drei schließen sich der Mehrheit an.[28] Einen Tag später, als man den Ort bestimmen mußte, wohin der dramatische Ausbruchsversuch gehen sollte, der das Papsttum zu einem neuen Exil verdammt hätte, werden die Positionen weniger heftig. Der Subdekan Di Pietro beginnt mit der Stellungnahme, daß „es besser sei, in Rom zu bleiben, weil keine Macht das heilige Kollegium aufnehmen würde". Sacconi plädiert für Monaco, Guidi und Pecci denken an Malta (die englische Krone), fünf stimmen für Spanien und 27 Kardinäle treten für die Lösung ein, die am Vortag nur eine Minderheit unterstützt hatte, nämlich in Rom zu bleiben. Nur einer – der Kardinal Monaco La Valetta – will darüber diskutieren, „ob man sofort *etiam præsente cadavere* zur Wahl des Papstes übergehen solle, um jegliche Gewalt auszuschließen". Die Abstimmung ergibt schließlich: 5 Stimmen für ein Konklave außerhalb Roms, 1 Enthaltung und 32 Stimmen für Rom.[29] Alle Notstandsbestimmungen lösen sich in Rauch auf und machen dem normalen Ablauf Platz. Zu diesem gehört eine Protestnote gegen den Verlust der weltlichen Herrschaft, die nur die Pflicht erfüllt, reagiert zu haben. Ansonsten geht alles seinen gewohnten Gang, wie Calenzio amüsiert anmerkt: „Das große Buch, das ich in den Händen der Priester sah, die den Kardinälen zum Konsistorium folgten, war das *Handbuch* des Moroni."[30]

Und es ist ebenfalls normal, daß – nachdem die Architekten und Maurer des Konklaves am 18. Februar ihre Arbeit abgeschlossen hatten – der Primas von Ungarn und der Erzbischof von Wien im Konklave schweigen. Denn der Südtiroler Jesuit Franzelin und der Pole Lédochowski, gegen die sie Einspruch erheben sollten, erfahren nicht solche Zustimmung, als daß sie dem österreichisch-ungarischen Kaiser Sorgen bereiteten. Auch das französische Veto gegen Kardinal Bilio (Waddington unterstützt Pecci, was sowohl der englische Kardinal Manning wie der Belgier Deschamps wissen[31]) wird nicht wirksam, weil seine Kandidatur nicht einmal im Ansatz erfolgreich ist. Bilio selbst würde sich wohl eher Martinelli als Papst wünschen, den dagegen Bartolino als „plump" brandmarkt: „Wenn er Frauen auf der Straße sieht, macht er abwehrende Gesten. Ihr habt einen Fehler gemacht, ihn zum Kardinal zu erheben und jetzt wollt ihr ihn zum Papst machen? [...] Pah! Wir wollen doch nicht den Schicksalsglauben in die Kirche einführen!"[32]

Das Kollegium nimmt die Kandidatur Martinellis mit Entrüstung auf. Calenzio schreibt:

„Eine Furcht bewegte die Gemüter einiger Konklavemitarbeiter; ja mehr als Furcht, es war eine allgemeine Entrüstung über das Gerücht, das sich an jenem Tag [19. Februar] im ganzen Konklave verbreitete, daß man Kardinal Martinelli zum Papst machen wolle, und zwar unter dem Anstrich, daß man angesichts solch trüber Zeiten Gott durch die Wahl eines Kardinals von heiligmäßigem Leben besänftigen müsse, der durch die Vereinigung seiner Seele mit Gott das göttliche Licht und die Gunst des Himmels auf die Kirche herabziehen könnte."[33]

Das Arbeitsklima gewährt den Konklavemitarbeitern einen gewissen Spielraum. Mons. Cretoni, der Konklavemitarbeiter des Kardinals Franchi, zählt die Stimmen für Pecci. Calenzio berichtet über eine seiner sehr freimütigen Spitzen gegen Martinelli, in der er die Gründe benennt, warum man einen anderen vorschlagen müsse, den er und „sein" Kardinal schon im Kopf haben, aber noch für ein paar Stunden vor der ersten Polemik schützen wollen:

„Der Papst, der gewählt werden soll, sollte meiner Meinung nach älter als 65 Jahre sein; er muß der Vater aller sein; die Erfahrung des Alters verbunden mit einem heiligmäßigen Leben und einer guten Intelligenz gefällt allen. Früher erreichten die Päpste nicht die Jahre des Petrus. Jeder Fehler konnte innerhalb weniger Jahre korrigiert werden; die Reue ließ Besserung erwarten. Doch heute einen jungen Papst zu wählen, erscheint mir nicht klug, von einer göttlichen Inspiration abgesehen. Die langen Regierungszeiten führten immer zum Ruin der Staaten."[34]

Die Kandidatur Peccis nimmt beim zweiten Wahlgang Gestalt an (der erste, bei dem er schon 19 Stimmen erhalten hatte, war wegen eines Verfahrensfehlers annulliert worden). Der Camerlengo sammelt 34 Stimmen, die durch Zutritt gegebenen Stimmen eingeschlossen.[35] „Morgen wird er Papst sein", kommentiert Calenzio, der den Ausgang von fünf historisch schwierigen Konklaven miteinander vergleicht und dies für eine ausreichende Basis für ein positives Ende hält. Am Abend des 19. Februar sind die Bedenken, die Kardinal Pecci dem Konklavemitarbeiter seines Wahlmannes gegenüber äußert, zum einen spiritueller („ich habe nicht das nötige Alter"), emotionaler („nicht das Papstamt, sondern den Tod will man mir geben") und taktischer Natur („die Stimmen sind noch nicht ausreichend"). Calenzio wirbt daher weiterhin für seinen Kandidaten und sammelt die Stimmen der vier deutschen Kardinäle. Die Stimme Kardinal Ferrieris sucht er mit einem typischen Argument *ad hominem* zu gewinnen (er beklagt vor ihm „den Mangel an geeigneten Kandidaten" und merkt an, daß man sich angesichts dieser „Not" nur der Partei Peccis anschließen könne[36]). Durch diese weitere Zustimmung kräftigt sich die Mehrheit Peccis. Am darauffolgenden Tag, beim Wahlgang am Vormittag des 20. Februar wird Pecci mit 44 Stimmen gewählt, darunter die Stimme eines kranken Kardinals durch Akzess. Er gibt sich den Namen Leo XIII. „Regnum indoctorum transit!", heißt es auf den Gängen, als die Steinmetze die Mauer des Konklaves öffnen, die in wenigen Stunden eingerissen war.[37]

Trotz dieser beruhigenden Erfahrung regelt der Pecci-Papst seine eigene Nachfolge, wobei er im Wesentlichen auf der Linie seines Vorgängers bleibt. Der Einflußnahme Italiens – wie sie sich in den von Rampolla gewollten Treffen in der Kongregation für außerordentliche Angelegenheiten zeigt – gilt die Sorge der 32 *articuli* der *instructio*, deren Kenntnis den Kardinälen vorbehalten ist. Leo XIII. greift sie auf und veröffentlicht sie als Anhang zur Konstitution *Prædecessores nostri* vom 24. Mai 1882.[38] Die Artikel treffen Vorsorge für den Fall, daß die Italiener (den Zugang zu den Vatikanischen Museen oder der Bibliothek ausnutzend) die Freiheit der Wahl zu verletzen suchten. In einem solchen Fall soll der Camerlengo den Anschlag dem diplomatischen Korps anzeigen und schließlich *de facto* Frankreich und Österreich um Hilfe bitten. Leo XIII. präzisiert bis ins Letzte das Verfahren, das aufgrund von Detailversessenheit immer erdrückender wird. Nichts darf im Unklaren gelassen werden für den Fall, daß die Italiener beabsichtigen, das Konklave und das Papsttum zu bedrohen. Jede Reaktion ist dann möglich, die Verlegung des Apostolischen Stuhls nach Malta, Spanien oder Einsiedeln eingeschlossen.[39] Der Übergang von einem Pontifikat zum nächsten muß nach Leo XIII. auf jede erdenkliche Weise geschützt werden. Niemand außer den Kardinälen darf in die Wahl des Nachfolgers eingreifen. Die *ratio* der Bestimmungen zielt auf eine sichere und schnelle Wahl des neuen Papstes und diese Wahl, *certæ et expeditæ*, rechtfertigt auch die Überbleibsel einer Notstandsgesetzgebung: Der Pecci-Papst gesteht für besonders schwerwiegende Umstände zu, das Konklave zu unterbrechen und an einem sichereren Ort wieder aufzunehmen. Diese äußerste Maßnahme, die die traditionelle Geschlossenheit des Wahlaktes unterbricht, darf aber nur angewandt werden, wenn die anwesenden Kardinäle mindestens die absolute Mehrheit des Kollegiums plus einer Stimme darstellen, und wenn die Unterbrechung und Wiedereinberufung von der Mehrheit gewollt ist.[40]

Die Wahl des Gefangenen des Vatikan

Der komplexe Mechanismus von Abwehr und Gegenmaßnahmen im Blick auf die gefürchtete Einflußnahme des Königreichs Italien ist schon gegen Ende des Pontifikats Leos XIII. überwunden. Zwar besteht ein politisches Interesse an der Papstwahl, doch es ist viel breiter und umfassender, als die Intransigenten fürchten könnten.

Alle wissen, daß Frankreich nach Leo XIII. auf einen Papst der Versöhnung setzt, den es in der Gestalt des Kardinalstaatssekretärs Mariano Rampolla del Tindaro ausgemacht hat. Die zahlreichen Denkschriften der letzten Jahre des Pontifikats von Leo XIII. sind von Beweisen einer frankophilen Politik Rampollas übersät.[41] Ebenfalls bekannt ist aber auch die Abneigung Österreichs und Deutschlands gegen ihn, der als Kandidat *par excellence* gilt. Diese Länder sind auch gegen eine mögliche Ersatzlösung durch den Dominikanerkardinal Gerolamo Gotti, den Präfekten der Kongregation für die Bischöfe, dann der *Propaganda fide*, der die Seele der Ostpolitik Leos ist. Die Position Spaniens liegt zunächst, nach Kardinal Kopp, auf der Linie gegen Rampolla,[42] um dann in Richtung der französischen Position einzuschwenken, von einer Ausnahme abgesehen.

Die Italiener hatten mit Furcht auf Rampolla geblickt, da sie ihn für gefährlich hielten. Der Botschafter in Wien, Costantino Nigra, erklärte dem Kaiser vergeblich die Motive und hätte die Hilfe Berlins nicht verschmäht, um ein gemeinsames Veto gegen diesen

Kardinal zu erreichen.[43] Zanardelli begünstigt diese Politik, unterstützt vom Bischof von Cremona, Geremia Bonomelli, der die Vorstellung nährt, daß Rampolla, einmal außer Gefecht gesetzt, in der Person Gottis „seine Schöpfung durchbringen könnte". Es besteht kein Zweifel: Leo XIII. beobachtet diese Bewegungen mit gewissem Abstand; doch er verbirgt nicht sein Interesse an seinem Nachfolger, den er zunächst in Kardinal di Rende, dann in Kardinal Sarto sieht. Schließlich empfiehlt er den Purpurträgern offen: „Wählt Gotti, wählt Gotti!".[44]

Als man im Frühjahr 1903 davon Kenntnis erhält, daß die österreichische Diplomatie mit Hilfe des Grafen Albert Mensdorff-Pouilly Dietrichstein eine Vereinbarung über die Einsprüche zu erreichen sucht, die sie bei einem als unmittelbar bevorstehend erachteten Konklave zu erheben gedenkt, erwägt der Papst die Möglichkeit einer Notverordnung. Er ergreift sie jedoch nicht. Wie der Nuntius in Paris, Lorenzelli, sagt, sind es die „Einflüsse des Quirinals" gegen Rampolla, die im Vatikan für Unruhe sorgen. Nicht der Widerstand an sich beunruhigt, sondern die Tatsache, daß die italienische Regierung nicht wie ein hinterhältiger Fremder agiert – man wollte, es wäre so –, sondern daß sie sich anmaßt, wie die katholischen Mächte bei der Nachfolge mitzureden.[45] Die französische Regierung ist bereit, die Stimmen der Kardinäle von jenseits der Alpen nicht nur auf Rampolla zu konzentrieren, sondern jeden anderen Kandidaten mit versöhnlichen Ideen zu unterstützen. Daher wird die Möglichkeit eines Vetos gegen Rampolla von dieser Seite als gering erachtet. Doch der „Corriere della Sera" nimmt während der Agonie des Papstes ein Veto bereits vorweg:

„Ungeachtet dessen, daß man seine Kandidatur (scil. die Rampollas) angesichts aller Widerstände und aller Hindernisse aufrechterhält, hat man mir an diesem Morgen aus einflußreicher Quelle versichert, daß Österreich, in Übereinstimmung mit Deutschland, entschieden sei, sein Veto gegen dessen Ernennung einzulegen."[46]

Als Leo XIII. am 20. Juli stirbt, wird die Prognose der Journalisten Wirklichkeit. Zwei Stunden nach dem Tod des Papstes informiert ein Telegramm den habsburgischen Botschafter beim Vatikan, daß man gegen Rampolla gegebenenfalls ein Veto einlegen müsse.[47]

Die anschließenden Trauerfeierlichkeiten, in der Abgeschiedenheit des Vatikan, ziehen die Aufmerksamkeit vieler auf sich, die von deren Einfachheit betroffen sind. Als man den Sarg des Pecci-Papstes schließt, fragt sich Kardinal Ferrari, ob „es in Rom keine Schrauben mehr gebe statt Nägel"[48], schien doch allein Rampolla, nach dem Urteil eines Konklavemitarbeiters, glaubwürdig „ému et triste"[49] zu sein. Auch der Ablauf der Wahlvorbereitungen ist teilweise wenig aufbauend. Der Camerlengo, Kardinal Oreglia, muß den Gebrauch der Stimmzettel erklären, als wäre man „im Kindergarten", merkt Ferrari an. Die dichtgedrängten Treffen der Kandidaten und Wähler haben kaum vorbereitenden Charakter, nicht zuletzt deswegen, weil Rampolla und Gotti, gestärkt durch die Prognosen und das politische Gegengewicht des Vetos, jede Verhandlung entschieden ablehnen.[50]

Von deutscher und österreichischer Seite macht man kein Geheimnis um das von Wien eingefädelte Veto. Kardinal Kopp informiert Rampolla selbst darüber, ohne ihn zu verunsichern. Er rät dem österreichischen Botschafter, den Camerlengo über die Anweisung in Kenntnis zu setzen, die der Kaiser dem Kardinal von Krakau, Puzyna, mitgegeben hat, damit er den Einspruch gegen den Kardinalstaatssekretär einbringt.[51]

Man eröffnet das erste Konklave des Jahrhunderts am 31. Juli 1903 mit der Verlesung der Briefe des verstorbenen Papstes. Er legt den Wählern ans Herz, die „sakrosankten Rechte des Hl. Stuhls gegen die Usurpatoren der weltlichen Mächte" zu verteidigen.[52] Die Sixtinische Kapelle betreten fast 500 Personen, darunter 62 der 64 lebenden Kardinäle. Sie vertreten ein traditionell europäisches Kollegium (97 % der Mitglieder[53]), mit einem starken Anteil von Männern der römischen Kurie (ein Drittel). Durch die Wahl Merry del Vals haben sie schon seit der ersten, vorbereitenden Generalkongregation die Vakanz des Sekretärs des Kollegiums gelöst.[54]

Die bereits bekannten Erwartungen und Spannungen tauchen mit dem ersten Wahlgang auf. Rampolla und Gotti erhalten 24 bzw. 17 Stimmen, während andere recht weit zurück liegen (Sarto 5, S. Vannutelli 4, Capecelatro, Di Pietro und Oreglia 2, Agliardi, Richelmy, Segna, Ferrata, Cassetta, Portanova 1). Rampolla, der die Stimmzettel bei der Auszählung liest, kommentiert mit erhobener Stimme „c'est une faute" – und es ist wirklich ein Fehler.[55] Die Versteifung auf seinen Namen verstärkt die Befürchtungen derer, die das Veto einbringen müssen. In Männern der Mitte wie Ferrari bestätigt es die Überzeugung, daß die Wahl eines Papstes, über den der politische Streit so offen und schroff geführt wird, der Kirche nichts Gutes bringen kann.

Für Rampolla gibt es aber keinen Weg zurück. Die Versuche der gegnerischen Gruppe, ihn zu überzeugen, einen Alternativkandidaten seines Vertrauens zu benennen, scheitern. Seine Hoffnungen werden durch den zweiten Wahlgang zunichte gemacht. Seine Stimmenzahl steigt von 24 auf 29, die Stimmen für Kardinal Sarto steigen von 5 auf 10. Nachdem sich die vermittelnde Kandidatur Gottis endgültig verliert, bilden die Kräfte, die für Rampolla stimmen (für Ferrari Instrument einer unannehmbaren „Wahl auf der Basis französischer Politik"), und das Gegengewicht Wiens das einzige Diskussionsthema: außer Rampolla „gibt es kein anderes Diskussionsthema".[56]

So bewegt man sich in der Tat auf den Einspruch (Veto) zu, der den Weg für die Wahl des Patriarchen von Venedig, Giuseppe Sarto, freimacht. Manche meinen jedoch, daß die wirkliche Wende des Konklaves sich schon am 31. Juli vollzogen habe, als es darum ging, zur Abstimmung durch Akzess überzugehen. Kardinal Oreglia läßt mit seinen Vollmachten als Camerlengo nicht einmal zu, daß diese Forderung vorgetragen wird. Als Cavagnis ihn fragt, ob nach dem Wahlgang nun der Akzess vorbereitet werde, antwortet Oreglia, daß es diesen nicht geben werde, weil es ihn auch beim letzten Konklave nicht gegeben habe.[57] Der Mechanismus des Akzesses ist an sich in Kraft (er war sogar entscheidend, um 1878 die Mehrheit zu bilden[58]) und hätte vielleicht Rampolla einen Vorteil verschafft. Das Veto ist ein Akt, von dem das Konklave in Kenntnis zu setzen ist, aber kein Grund, eine erfolgreiche Wahl zu annullieren. Wenn also der Akzess dem Kardinalstaatssekretär die

Mehrheit gebracht hätte, wäre es dadurch zumindest schwierig gewesen, die Wahl aufzuheben oder eine Alternative nicht mit ihm auszuhandeln.[59]

Die Verhinderung des Akzesses verleiht dem Einspruch des Kaisers von Österreich-Ungarn und damit dem Widerstand gegen Rampolla enormes Gewicht. Kardinal Puzyna teilt den Kardinälen in einem schwer verständlichen Latein zum ersten Mal das Veto Habsburgs mit; er spricht es ein zweites Mal aus; er bittet darum und erreicht auch, daß es vom Altar der Sixtinischen Kapelle verlesen wird (nicht vom Camerlengo Oreglia, der seine Stimme nicht für einen solchen Akt hergeben will). Ob die dem Kollegium verkündete Formel des *vetum exclusionis* gegen Rampolla von einem Berater Kaiser Franz Josefs in Wien oder von Kardinal Agliardi und dem österreichischen Botschafter in Rom abgefaßt wurde, spielt für seine Folgen keine Rolle.[60]

Diese Erfahrung läßt nach den Worten Ferraris diejenigen „angeekelt", die sich nicht untergeordnet und für den Patriarchen von Venedig, Giuseppe Sarto, gestimmt hatten. Die anderen haben ihre Wahl neu zu treffen. Sie einigen sich nicht auf Gotti, der seine Stimmenzahl durch innere Erosion fallen sieht. Dagegen erhält Kardinal Sarto nun Zustimmung, sowohl von seiten derer, die sich für Rampolla eingesetzt hatten, als auch von den Vertretern des Einspruchs; diese sind nun bereit, Kardinal Sarto zu akzeptieren, der jetzt Italiener ist, aber als Österreicher geboren wurde. Der vom Patriarchen von Venedig vorgebrachte Widerstand (die Archivquellen malen die erbauliche Gestalt des „papa ripugnante" [widerspenstigen Papstes], der die Macht, die man ihm übertragen will, ablehnt) wird von einer wachsenden Stimmenzahl gebrochen. Am 4. August erhält er beim zweiten Wahlgang 50 Stimmen. Daraufhin akzeptiert Kardinal Sarto die Wahl und nimmt den Namen Pius X. an.[61]

Insgesamt zeigen die Tage der mühsamen Wahl, daß die veränderte politische Lage des Heiligen Stuhls, die im Wahlprozeß deutlich zutage trat, nach einer grundlegenden Revision verlangt.

Fünftes Kapitel

Das Konklave in der ersten Hälfte des 20. Jahrhunderts

Im Konklave, das Pius X. am 4. August 1903 wählt, bricht die Problematik des Vetos dramatisch auf. Zahlreiche Historiker hatten sich Ende des 19. Jahrhunderts mit dem Ursprung und Sinn des Einspruchsrechts auseinandergesetzt, von dem sich das Papsttum schon längst befreien will.[1] Das Veto wird beanstandet und doch akzeptiert. Pius X., der seine Wahl dem Veto gegen Rampolla verdankt, wird es für die Zukunft verbieten. Das Veto stellt die Frage nach dem Gleichgewicht zwischen der Freiheit des Wahlverfahrens und der Verantwortlichkeit gegenüber den politischen Gesprächspartnern und Gegenspielern eines Papsttums, welches eine gewichtige Rolle in der Gesellschaft beansprucht. Zwischen der Sehnsucht nach weltlicher Souveränität des Papstes und der Forderung, daß die Politik sich von seiner Wahl fernhalte, besteht ein ungelöster Widerspruch. In diesem Spannungsfeld entwickelt sich aus Wahl-Erfahrungen und Theorien über die Wahl eines „souveränen" Papstes jener Modus, der im 20. Jahrhundert den Papst „kürt".[2]

Die Einschränkung der Souveränität des Papstes auf den Vatikanstaat, von symbolischer Fläche und bis 1929 nicht anerkannt, entzieht das Papsttum nicht der internationalen Politik. Man könnte sagen, daß sie das Papsttum in eine virtuelle Form der Macht verwandelt. Konkret stellte sich aber zunächst das Problem, die Freiheit des Zugangs und der Arbeit der Kardinäle wirksam zu schützen (bis 1929), und dann (bis 1996) das Problem, das Kardinalskollegium dort zu versammeln, wo der Papst verstorben war für den Fall, daß dies an einem Ort außerhalb Roms geschah. Die Erfahrung des Konklaves Pius' X. zeigt, daß nach der Festigung der außerordentlichen politischen Situation von 1878 und nach dem Abschluß der italienischen Einigung die Probleme nicht nur vom italienischen König kommen, sondern auch von den katholischen

Mächten. Diese haben inzwischen in einem längst veränderten Kontext zu handeln gelernt. Was an Neuem und an Italienischem auftaucht, ist lediglich der kulturelle Faktor der „italienischen" Kardinäle.

In diesem Szenario weisen drei Merkmale in die Zukunft. Das erste ist das *ius* des Kardinalskollegiums, den Papst zu wählen. Es wurde 1059 festgelegt und im Laufe der Jahrhunderte in verschiedene Ekklesiologien integriert, verteidigt, wenn es in Frage stand, korrigiert im Zuge aktueller Verfahren, angepaßt an die verschiedensten politischen Situationen und von Päpsten aufgrund eigener Erfahrungen oder im Blick auf anstehende Notwendigkeiten vervollkommnet. Das zweite ist das Eingeschlossensein, das die Notwendigkeit einer Beschleunigung der Wahlen mit dem Schutz der Wählenden verbindet. Das dritte ist die Wahl durch Abstimmung. In der Tat kann eine qualifizierte Mehrheit des Kollegiums das Konklave gestalten; im Notfall kann sie, bei verminderter oder kleinster Teilnehmerzahl, sogar einem Grüppchen von nur drei Kardinälen die Bestimmung des zukünftigen Papstes übertragen. Die Kardinäle wahren dabei die Verfahrensregeln, nach denen eine Mehrheit auch weniger Kardinäle, die an einem abgesonderten Ort eingeschlossen sind, für eine gültige Wahl unerläßlich ist. Die Bestimmungen zur Wahl, die das 20. Jahrhundert kennzeichnen, zeugen von einen kräftigen Zuwachs an Normen über den vakanten Papststuhl und über das Konklave. Sie sind nicht frei von Widersprüchen. Doch sie verdanken – wie zu Beginn gesagt – ihre Beständigkeit gerade der Tatsache, daß sie solche Widersprüche zu verkraften vermögen.

Angestrebte Neuerungen und geerbte Widersprüche sollen also für die Betrachtung der Konklaven des 20. Jahrhunderts ins Gedächtnis gerufen werden. Die Betrachtung richtet sich nach der geschichtlichen Abfolge (die Konklaven sind von köstlichen, aber unwiederholbaren Episoden geprägt). Dabei soll die Aufmerksamkeit sich verstärkt auf die Normen richten, in denen sich ein Zweifaches widerspiegelt: zum einen die Leseweise der Ereignisse, bei denen jeder Papst Protagonist war, zum anderen die Vorstellung von dem, was aus dem Papsttum werden soll.[3]

Die Konstitution „Vacante sede apostolica" Pius' X. (1904)

Auch hinsichtlich des Konklaves bezeichnet der Pontifikat Pius' X. – in seinem Beginn und seinem normativen Verlauf – den Übergang zwischen Tradition und zeitbedingter Erneuerung. Ohne das von Österreich vorgebrachte Veto hätte Kardinal Sarto nicht die Stimmen gesammelt und dem Druck nachgegeben, die Wahl anzunehmen. Ungeachtet mancher Widerstände beabsichtigt Pius X., unterstützt vom kanonistischen Scharfblick des Kardinals Gasparri, für zukünftige Konklaven vorzusorgen aus der Einsicht heraus, daß seine Situation territorialer und politischer Schwäche, die seit Pius VI. als unglücklicher Notfall angesehen wurde, zum Normalfall geworden ist.

Deshalb veröffentlicht Pius X., kaum eineinhalb Jahre nach seiner Wahl (Weihnachten 1904), die apostolische Konstitution *Vacante sede apostolica* über zukünftige Konklaven.[4] Der Sarto-Papst offenbart nicht die Beweggründe für die Neuerungen. Aber in den vorbereitenden Entwürfen und in den Verschärfungen der Wahlnormen erkennt man die Ereignisse des vorhergehenden Sommers und den Willen, mit besseren und stabileren Gesetzesbestimmungen vorzusorgen.

Vor allem möchte die Konstitution einen Punkt bezeichnen, hinter den man nicht mehr zurückgehen kann. Sie setzt daher alle vorhergehenden Bestimmungen außer Kraft. In Übereinstimmung mit der systematisierenden Linie, die das Projekt des *Codex iuris canonici (CIC)* prägen wird, widmet Pius X. den ersten Teil seines Schreibens der Vakanz des Apostolischen Stuhls. Sie muß zumindest die zehn Tage der traditionellen Trauer andauern. Der zweite Teil des Schreibens behandelt die Wahl des Papstes. Dem Kardinalskollegium wird das Recht abgesprochen, während der Sedisvakanz gesetzgeberisch aktiv zu sein und die päpstlichen Bestimmungen zu verändern. Gleichzeitig wird ausschließlich ihm das Privileg zuerkannt, die Wahl des Papstes vorzunehmen. Niemand – auch nicht ein allgemeines Konzil, Träger der höchsten Vollmacht in der Kirche – kann es an sich reißen. Das sind keine Neuigkeiten, doch die Absicht ist klar: Es geht darum, den Entscheidungen, die in außerordentlichen Situationen entstanden sind, eine Grundlage zu verleihen und sie in endgültige Normen zu verwandeln.

Der Ort der Wahlversammlung, die große Sorge des 19. Jahrhunderts, wird nicht ausdrücklich festgelegt. Dagegen wird die Klausur eingeschärft. Ihr vorrangiger Zweck liegt nicht mehr darin, durch auferlegte Askese die Schnelligkeit der Wahl zu fördern, sondern darin, die Geheimhaltung des Wahlprozesses sicherzustellen und ihn gegen Einflußnahmen zu verteidigen. Dank der neuen Normen zur Geheimhaltung kann ein Kardinal, auf den von außen Druck ausgeübt wird, sich der Kontrolle seiner Auftraggeber entziehen und ohne allzu hohe Risiken dem kirchlichen Gesetz gehorchen. Die Möglichkeit, daß irgendein Außenstehender zu Ungunsten eines Kandidaten Einspruch einlegt, wird ausdrücklich verboten. Was eine Jahrhunderte währende Praxis Frankreich, Spanien, Österreich und Portugal zugestanden hatte, wird illegitim.[5] Pius X. verurteilt streng alle vorauslaufenden Verhandlungen zu Gunsten eines Kandidaten, ebenso die Machenschaften, um Wahlkapitulationen zu organisieren, und nicht weniger die Simonie – die alte Versuchung, kirchliche Verantwortlichkeit mit Geld zu erwerben. Die Normen Julius' II., welche die Wahl eines aufgrund von Simonie gewählten Papstes für nichtig erklärt und alle vom Gehorsam gegenüber dem Missetäter entbunden hatten, werden ausdrücklich aufgehoben. Ein Konklave soll unter keinen Umständen angefochten werden können.[6]

Die von Kardinal Oreglia während des Konklaves 1903 getroffenen Entscheidungen über den Wahlmodus werden zu allgemeinen Normen erhoben: Das Wahlsystem durch Akzess, damals vom Camerlengo boykottiert, wird gestrichen. An seine Stelle tritt die Verdoppelung der täglichen Wahlgänge. Pius X. legt fest, daß die Kardinäle beim Wahlmodus der Abstimmung sich nicht mehr auf einen Wahlgang pro Halbtag beschränken, sondern zweimal am Vormittag und zweimal am Nachmittag wählen sollen. Diese Entscheidung ermöglicht den Minderheitsgruppen, ihre Stimmen umgehend von einem verlierenden Kandidaten auf einen plausibleren zu verlagern, und gestattet jeder Gruppe von Kardinälen, die über ein beachtliches Stimmenpaket verfügt, ihren eigenen Kandidaten solange zu unterstützen, bis seine Stimmenzahl die entscheidende Zweidrittelmehrheit erreicht hat. Das System des doppelten Wahlgangs senkt im Vergleich zum Akzess das *quorum* geringfügig. Man kann das leicht nachvollziehen, wenn man sich eine Wahl vorstellt, in der jeder der zwei Kandidaten die Hälfte der Stimmen erhält. Durch Akzess gilt als gewählt (der Akzess zählt im *quorum* auch die im zweiten Anlauf neu gegebenen Stimmen), wer zusätzlich zwei Drittel der Stimmen des anderen Kandidaten erhält, ohne eine der seinen zu verlieren. Mit der von Pius X. vorgesehenen Wiederholung des Wahlgangs bleibt das *quorum* unverändert, und der Kandidat, der schon die Hälfte der Stimmen besitzt, gewinnt, falls es ihm gelingt, ein Drittel der Stimmen seines Konkurrenten zu erhalten. Diese Methode begünstigt die Bildung von nicht wahrnehmbaren Absprachen. Falls der Kandidat der Mehrheit wichtige Programmpunkte einer kleinen Gruppe von Wählern übernimmt, kann selbst ein Sechstel des Kollegiums wahlentscheidend sein.

Sollte die Abstimmung nicht angeraten oder nicht praktikabel sein, gesteht Pius X. in *Vacante sede apostolica* zwei andere Verfahren zu: jenes durch Inspiration, das die Einstimmigkeit des Kollegiums erfordert, und jenes durch Kompromiß, das einem begrenzten Kreis von Kardinälen die Entscheidungsvollmacht überträgt, jedoch unter Beibehaltung der qualifizierten Mehrheit (d. h. der Zweidrittelmehrheit). Einem physisch vom Ort des Konklaves abwesenden Kardinal wird nicht zugestanden, mittels Vollmachterteilung abzustimmen. Dagegen wird zugelassen, daß innerhalb des Konklaves das Kollegium das aktive Wahlrecht wenigen Schiedsrichtern überträgt, um eine verworrene Situation zu entscheiden. Die Pflicht zur Geheimhaltung verlangt auch das Schweigen über diese mögliche Notlösung.

Mit den Konstitutionen *Apostolicæ Romanorum Pontificum* vom 15. April 1910 und *Edita a nobis* vom 5. Mai 1914 sucht Pius X., mit dem gleichen Ziel einer autoritären Rationalisierung, auch in die Organisationsstrukturen des Kardinalskollegiums einzugreifen.[7] Das Ergebnis ist bescheidener als das beim Konklave erreichte. Der Papst möchte dem ungebremsten *turn over* der Kardinäle, die Bischöfe der suburbikarischen Diözesen sind, Einhalt gebieten. Diese kleinen Diözesen um Rom herum werden den Kardinälen auf der Basis von Lebensalter und Dienstalter im Kardinalsamt übertragen und sind mit einigen Funktionen innerhalb des Kardinalskollegiums gekoppelt. Die Funktion des Dekans des Kardinalskollegiums etwa steht dem Amtsinhaber der suburbikarischen Diözese von Ostia zu (schon immer per Antonomasie als „Ostiense" bezeichnet). Pius X. gelingt es nur, die Seelsorge zu verbessern, welche die Kardinäle nicht leisten können. Deshalb stellt er ihnen einen Weihbischof zur Seite, der „nomine et vice Cardinalis" die Leitung übernimmt.[8] Doch er vermag den Organen des Kardinalskollegiums nicht mehr Stabilität zu verleihen.

Benedikt XV. und der „Codex iuris canonici" (1917)

Die vom Sarto-Papst erlassenen Normen beginnen mit seinem Tod am 20. August 1914, dem Tag des Einmarsches der deutschen Truppen in Brüssel, zu wirken.[9] Der Krieg bricht aus, ohne daß aus dem Vatikan ein Appell kommt. Der Kardinal von Brüssel erreicht mit der Sorge um die vom Krieg betroffene Heimat Rom und nimmt bestürzt wahr, daß der Kardinalstaatssekretär von dem kleinen katholischen Land einen nur symbolischen Widerstand erwartet habe, um die Schäden in Grenzen zu halten. Das Kardinalskollegium ist in der Struktur identisch mit dem des vorhergehenden Konklaves. Doch das Klima des Kriegs schafft eine Ausnahmesituation, die Kardinäle der am Krieg beteiligten Länder sitzen nebeneinander im gleichen Gremium. Doch nicht nur die politische und militärische Sorge unter den Kardinälen prägt die Tage des Begräbnisses Pius' X. und dann das Konklave, wovon später zugänglich gemachte Memoiren und Tagebücher ebenso Zeugnis geben wie die Presse, die Interviews sammelt und fordert. Die Sorge um die internationale Situation verbindet sich mit dem Gefühl des Unwohlseins, das vor allem die italienischen Kreise erfaßt, die vom Feldzug des Antimodernismus ermattet sind. Der belgische Kardinal Mercier ist davon überrascht und schreibt am 26. August:[10]

„Pius X. war so gut, so herzlich, so fromm […]; ich hegte für ihn eine große kindliche Liebe, Wertschätzung und Verehrung. Jetzt passiert mir, daß der große Teil der Persönlichkeiten, die ich treffe – Mons. Tiberghien, die Kardinäle Della Chiesa, Ferrari, Maffi, der Graf Crispolti, Direktor des *Momento* in Turin und viele andere –, sich nach einer pflichtschuldigen Ehrerbietung gegenüber Pius X. ausführlich über das tiefe Unbehagen auslassen, das in den italienischen katholischen Kreisen herrscht. Sie kritisieren den zumindest heimlichen und indirekten Schutz der Integralisten (durch Bressan und Pescini), die geheimen Anzeigen, die Mißachtung der bischöflichen Autorität, die improvisierten und wieder hervorgezogenen Dekrete und Entscheidungen und die Entmutigung der Katholiken, Schriftsteller, Journalisten und Politiker … Sicher werden diese nebensächlichen Aspekte des Pontifikats Pius' X. in der Geschichte gestrichen werden, während die große Persönlichkeit des Papstes, so wie sie die Inschrift über seinem Katafalk zeichnet, bestehen bleibt und sich durchsetzen wird. Doch in der gegenwärtigen Stunde ist die Kritik entfesselt. Die Unterdrückten können einen Seufzer der Erleichterung nicht verhehlen. Doch ich spüre, daß mir dies im Herzen weh tut. Es gibt sicher Gründe für diese Kritik. Ich kann mich selbst nicht daran hindern zu denken, daß die Vorsehung gewöhnlich zuläßt, daß die Schwächen einer Regierung sich gegen deren Ende hin zeigen, um die notwendigen Reaktionen vorzubereiten und sie den Nachfolgern zu erleichtern. Die Kardinäle De Lai, Pompili, Merry del Val haben mit Härte, oft mit Grobheit, die hehren Pläne des guten Pius X. ausgeführt und haben um ihn herum einen Sturm des Popularitätsverlustes entfacht. Wir hätten uns jedenfalls eine größere Zurückhaltung gewünscht. Es hätte sich geziemt, das Ende der neuntägigen Trauer abzuwarten, um diese Kritik auszusprechen."

Die Erkenntnis des *status ecclesiæ* – die alte Formel, welche die Einschätzung über den realen Zustand der Kirche bezeichnet – könnte nicht genauer sein. Die Frage lautet, ob und wie man eine

Diskontinuität (oder Reaktion, wie Mercier schreibt) zum vorhergehenden Pontifikat gestalten kann. Als Kandidaten tauchen die Namen des Erzbischofs von Pisa, Pietro Maffi (nach Crispolti der Kandidat von Mercier), und des Erzbischofs von Bologna, Giacomo Della Chiesa, auf. Der Name des Erzbischofs von Mailand, Andrea Carlo Ferrari, wird von einzelnen erwähnt, wie auch der alte Antonio Agliardi, als ein Papst des Übergangs, oder Gasparri. Von anderer Seite, die Piffl die „alte Garde" nennt, kommt Unterstützung für den gelehrten Kardinal Domenico Serafini, der erst 51 Jahre alt ist und auch die Fürsprache des Kardinalstaatssekretärs Merry del Val genießt. Er wird einige Stimmen erhalten, die er dann an jenen Kandidaten abtreten wird, der nicht zu sehr durch Kontakt zu den skrupellosen integralistischen Kreisen kompromittiert ist. Gegen Serafini zirkuliert ein äußerst harter Aufruf (in italienisch), der die Purpurträger warnen will. Mercier hat ihn in seinen eigenen Unterlagen aufbewahrt:

„Die Intriganten, die bis gestern die Macht in der Hand hielten, können sich nicht daran gewöhnen, sie loszulassen. Sie suchen auf jederlei Weise einen Kandidaten für das Papstamt, der in allem dem verstorbenen Papst ähnlich ist: gut, religiös, fromm; aber ohne Willen, ohne Charakter, ohne Energie, damit die Dinge so bleiben, wie sie sind. Kardinal Serafini! Die Gerissenheit ist wahrlich diabolisch, man kann es nicht anders sagen, und hat eine Wahrscheinlichkeit von 99 Prozent auf Erfolg! […] Die Tage vergehen in kriegerischen Erschütterungen: Ferrari, Della Chiesa, Maffi sind zu sehr Männer der Aktion; ein *homo pacis meæ* ist vonnöten: Kardinal Serafini, er ist der Mann! Gotti, Vannutelli sind zu alt, wir werden morgen ein weiteres Konklave haben; ein Mann mittleren Alters ist vonnöten: Kardinal Serafini! Agliardi, Ferrari neigen zu sehr zum Liberalismus; ein ausgeglichener Mann ist vonnöten, der, während er die Lehre der Kirche unversehrt bewahrt, den Streit nicht verschärft: Kardinal Serafini! Die Argumentation stimmt aufs Haar, die ehrwürdigen Kardinäle sind beeindruckt, die römische Aristokratie ist begeistert. Die Propaganda der alten Höflinge, an ihrer Spitze Kardinal Merry del Val mit Faberi, Canali u. a., breitet sich aus und triumphiert! Ich habe feststellen können, daß sich innerhalb weniger Stunden die Meinung der kirchlichen Würdenträger und vieler aus den römischen Adelskreisen für Kardinal Serafini plebiszitär entwickelt hat. Sehr geehrte Eminenz, der Heilige Geist hat nichts mit diesem Konklave zu tun! Deshalb können diese von Neid getriebenen Machenschaften, dieses wahnsinnige Bemühen, an der Macht zu bleiben, wirklich nicht Werk des Heiligen Geistes sein. Noch hat sich dieser nicht von den beteiligten Tempelschändern verdrängen lassen! Kardinal Serafini ist ein heiligmäßiger Mann und wir haben für ihn jede Hochachtung; doch wir bekämen die Fortsetzung des vorhergehenden Pontifikats und eine damit verbundene Mißregierung durch Intriganten ohne übermäßig feines Gewissen, ja vielmehr durch sehr gerissene Schwindler! Dagegen hat die Kirche in ihrer augenblicklichen Verfassung nach dem einmütigen Urteil von erleuchteten Geistern einen Pontifikat nötig, der energischen Charakter besitzt und kämpferisch, ohne Zaudern und ohne Vorbehalte ist. Gott sei Dank sind Männer mit solchen Eigenschaften im heiligen Kollegium vertreten! Ferrata, Della Chiesa, Maffi, Pompili, Ferrari sind Persönlichkeiten, die breitestes Vertrauen wecken. Auch die Tatsache, daß sie nicht von Klüngeln und Sippschaften getragen werden, spricht für sie."

Das Zeugnis der einen Seite läßt die Härte des Zusammenstoßes erahnen, der im Konklave stattfindet. Die Abstimmungen bestätigen die umlaufenden Namen. Beim ersten Wahlgang (31. August, 9 Uhr) erhalten Maffi und Della Chiesa jeweils 12 Stimmen, Merry del Val und Serafini 4 bzw. 7, Pompili 9; die anderen Stimmen verteilen sich nach dem Gieskannenprinzip. Kardinal Agliardi bleibt mit seinem Vorschlag ungehört, die zweite Abstimmung auf den Nachmittag zu verlegen. Im zweiten Wahlgang des Vormittags steigen die Stimmenzahlen für Maffi und Della Chiesa auf jeweils 16, während Pompili, Merry del Val und Serafini 10, 7 und 2 Stimmen erhalten. Der italienische Patriotismus, den der Erzbischof von Pisa, Maffi, während des Lybienkriegs gezeigt hatte, und sein Wohlwollen gegenüber dem politischen Engagement der katholischen Laien höhlen die Zustimmung für ihn aus; seine Stimmenzahl sinkt von 14 auf 13 und dann auf 7. Parallel dazu steigt die Stimmenzahl von Della Chiesa auf 18 und dann auf 21 Stimmen (Agliardi hatte ihn noch am 31. August öffentlich als „mittelmäßigen Mann" bezeichnet, um Österreicher und Deutsche zu überzeugen, für Maffi zu stimmen).[11] Am 2. September verliert Della Chiesa zunächst eine Stimme, um dann in der zweiten Abstimmung des Vormittags auf 27 Stimmen zu steigen. In der Zwischenzeit tritt die Möglichkeit einer integralistischen Fortführung des Papstamtes in Gestalt des Kardinals Serafini offen zu Tage. Am 2. September steigt seine Stimmenzahl von 10 auf 17, dann auf 21 und schließlich auf 24 Stimmen. Das Konklave beginnt seinen *bipolaren* Fortgang zu nehmen, der oft das Ende signalisiert. Dieses war in den Augen des oben zitierten anonymen Serafini-Kritikers gut geplant. In Wirklichkeit entscheidet aber die von den herausragenden Persönlichkeiten des Kollegiums vorgenommene Beratung. Gasparri etwa hält eine Erklärung des Kardinals Della Chiesa in Händen, mit der dieser, obwohl er die meisten Stimmen erhielt, Serafini den Vortritt lassen möchte. Es ist vielleicht das neueste und erhellendste Element aus dem Tagebuch des Kardinals Mercier. An jenem entscheidenden 2. September schreibt Mercier:

„Kardinal Gasparri, der im Konklave immer mein rechter Nachbar war, übergibt mir den Text der Erklärung, den Della Chiesa dem Konklave vorlesen wollte. Er hat ihm davon abgeraten, nachdem er mit mir darüber gesprochen hatte. Diese Notiz besagte: Sehr geehrte Herren, ihr habt euren Wunsch deutlich gemacht, einen Papst zu wollen, der sowohl die Kurie wie die Seelsorge kennt. Ich besitze nicht diese doppelte Qualifikation; doch Kardinal Serafini besitzt sie in höherem Maße. Um das Konklave nicht zu verlängern, um dem heiligen Kollegium die Ehre zu geben, schlage ich euch vor, eure Stimmen auf Kardinal Serafini zu versammeln."[12]

Man weiß nicht, wer oder was Della Chiesa zum Rückzug dieser Erklärung bewegt hat. Auch ist nicht bekannt, ob die gegen Serafini zirkulierende anonyme Schrift Kardinal Mercier die Argumente geliefert hat, Gasparri zu überreden, dem Erzbischof von Bologna von seinem Verzicht abzuraten. Der entscheidende

Schritt liegt vielleicht in der Tatsache, daß Della Chiesa keinen seiner Unterstützer verliert. Am darauffolgenden Tag, dem 3. September 1914, beim zehnten Wahlgang, stimmen zwei Wähler von Serafini für den Kardinal von Bologna. Er erreicht mit 38 Stimmen das vorgeschriebene *quorum*. 18 Stimmen fallen auf Serafini und eine Stimme (die des gewählten Papstes?) auf den Kardinal von Turin. Della Chiesa nimmt die Wahl an. Zu Ehren seines Vorgängers, der als Erzbischof von Bologna zum Papst aufstieg, wählt er den Namen Benedikt XV.

Die Wahl eines Mannes, der seit sieben Jahren Diözesanbischof ist, aber eine diplomatische Ausbildung durchlaufen hat und in der Bildung Rampolla nahesteht,[13] dokumentiert einen der klassischen Verläufe des Konklaves, nämlich die Revanche der Minderheit. Das Veto Österreichs hatte 1903 die Wahl Rampollas verhindert. 1914 gewinnt mit Della Chiesa ein Kandidat seiner Richtung. Zwar waren einige Wahlgänge vonnöten, aber am Ende gelingt den Vertretern Rampollas die Revanche.[14]

Auch in diesem Konklave erkennt man *a posteriori* das Heranreifen, sicher nicht von Wahlkapitulationen im technischen Sinn, aber von Allianzen und vielleicht auch zukünftigen Ernennungen. So beginnt man die neue Bedeutung des Staatssekretariats zu erahnen, das eine besondere Rolle vor, während und nach allen zukünftigen Konklaven besitzen wird. 1914 spielen die Ausgleichsversuche des Staatssekretariats der vergangenen Periode eine Rolle (dies wird sich 1963 wiederholen). Manchmal (wie 1958) muß man einen neuen Amtsträger finden, der vom Papst, dem er dienen muß, geschätzt wird, aber noch mehr von dessen Wählern.[15] Benedikt XV. ist dieses Amt aus seiner Zeit als Substitut gut vertraut. Er ersetzt Kardinal Merry del Val durch Kardinal Ferrata, einen der Führer der Mehrheit (er ist der letzte Papst, der nach einem Konklave den Staatssekretär ersetzt[16]). Als dieser zwei Monate nach seiner Ernennung stirbt, beruft Benedikt XV. Pietro Gasparri in diese Schlüsselrolle, einen Mann von großer Erfahrung und Gewicht.[17]

Im Laufe weniger Jahre hat Benedikt XV. die Gelegenheit, die Normen und die Lehre, denen gemäß sich das Konklave entwikkelt, zu rezipieren und feierlich festzulegen. Im Jahr 1917 promulgiert er den *Codex iuris canonici (CIC)*. Er beruft sich bei der Schlußunterzeichnung zum ersten Mal auf die Formel, welche die Vorrechte des Primats und der Unfehlbarkeit unterstreicht, die auf dem Ersten Vatikanischen Konzil 1870 dogmatisch fixiert wurden. Nach Jahren des Überlegens verabschiedet man sich vom alten *Corpus*, das sich durch Anhäufung der Überlieferungen und Normen in acht Jahrhunderten herangebildet hatte. Der neue *CIC* folgt einer systematisierenden Logik.[18] Er will die Entwicklung des Konklaves nicht blockieren, auch wenn einige Ordnungselemente in die Kanones des *CIC* aufgenommen werden. Can. 229 greift auf die Konstitution *Cum Romanis Pontificibus* Pius' IX. zurück, die jedes Konzil im Augenblick des Todes eines Papstes für beendet erklärt, und bekräftigt ebenfalls, daß auch während eines Konzils die Wahl des Papstes immer ein exklusives Vorrecht des Kardinalskollegiums bleibt. (Nach der Annahme der Dekrete des Ersten Vatikanischen Konzils über die päpstliche Unfehlbarkeit und den Primat erklärten bedeutende Kanonisten das Konzil als Institution für gestorben.) Bei der Papstwahl haben auch die exkommunizierten, die mit einem Interdikt belegten und die suspendierten Kardinäle volle Rechte, nicht aber die abgesetzten oder jene, die auf die Kardinalswürde verzichtet haben.[19] Die Purpurträger wählen frei, nach den vorgeschriebenen Schritten, bis zur Bildung einer Mehrheit. Derjenige, der gewählt wird und die Wahl annimmt („legitime electus, statim, ab accepta electione"), empfängt sofort die juristische Vollmacht und alle Machtbefugnisse des Vikars Christi.[20] Er genießt die Vorrechte des römischen Pontifex – zu denen auch jenes zählt, frei auf das Amt verzichten zu können, ohne daß jemand die Entscheidung hinterfragen könnte.

Can. 231 des *CIC* bestätigt die Normen über die Zusammensetzung des Kardinalskollegiums. Es darf die von Sixtus V. festgelegte Zahl von 70 Mitgliedern nicht übersteigen. Das Kollegium setzt sich aus 6 Kardinalbischöfen, 50 Kardinalpriestern und 14 Kardinaldiakonen zusammen, deren Titel der römische Pontifex zuweist. Zu den Kardinalbischöfen zählen der Dekan, d.h. der Kardinal Ostiense, und der Camerlengo. Can. 232 sichert die Freiheit des Papstes bei der Kreierung von Kardinälen. Er kann seine Kardinäle aus Priestern oder Bischöfen „ex toto orbe terrarum" wählen, wie es bereits seit dem 12. Jahrhundert praktiziert wurde. Doch 1917 erkennt man die volle Bedeutung dieses Kanons noch nicht aufgrund bestimmter Vorstellungen und Vorurteile. In den *canones* 160 und 241 spiegeln sich die Erfahrungen der beiden zurückliegenden Konklaven: Sie bekräftigen die apostolische Konstitution, die das Einspruchsrecht zum Nachteil eines Kandidaten verboten hatte.

Neben solchen Rahmenbestimmungen im *CIC* werden besondere Regelungen für Einzelaspekte des Konklaves erlassen – die aber deswegen nicht weniger bedeutsam sind.

Pius XI. und das Ende der römischen Frage

Der kurze Pontifikat Benedikts XV. wird von den Kriegsjahren beherrscht. Als Benedikt XV. stirbt, hat er nur 29 Kardinäle kreiert, darunter schon vier von Pius X. ernannte! Das Kardinalskollegium besteht mithin zum großen Teil aus Kardinälen, die von den Vorgängern des verstorbenen Papstes ernannt wurden.[21] Als am 2. Februar 1922 das Konklave beginnt, werden trotz des Einspruchs des Camerlengo die Pforten der Sixtinischen Kapelle in Abwesenheit der amerikanischen Kardinäle geschlossen, denen es nicht möglich war, Rom mit dem Schiff innerhalb von 10 Tagen (der vorgesehenen Wartefrist) zu erreichen. Die Papstwahl wird ausschließlich europäischen Charakter haben.

Am Vorabend des Konklaves erwartet man einen Zusammenstoß zwischen dem Patriarchen von Venedig, La Fontaine (oder dem Kurialen Merry del Val), und dem Erzbischof von Pisa, Maffi (oder dem Kardinalstaatssekretär Gasparri). Zwischen dem 2. und 6. Februar offenbart sich dieser Konflikt in 14 Wahlgängen. Soviele sind nötig, bis der Erzbischof von Mailand, Achille Ratti, mit 42 Stimmen gewählt ist. Die 53 Wähler stimmen in den ersten

Wahlgängen für ihre eigenen Kandidaten: die Gruppe, welche die Linie Pius' X. wieder aufnehmen möchte, sammelt 23 Stimmen, die Gruppe der Liberalen 24; doch sie vermögen die Stimmenzahl nicht zu steigern. Ihnen bleibt nur die Möglichkeit, Stimmen zu verlagern. So beginnt der Aufstieg Rattis, der im ersten Wahlgang 5 Stimmen erhalten hatte. Er vermag auf sich die Stimmen Gasparris (der 24 erhalten hatte), jene von La Fontaine (bei 23 angekommen) und auch die von De Lai zu vereinen (De Lai hatte die Forderung erhoben, daß Gasparri nicht als Kardinalstaatssekretär bestätigt werden sollte; seine Forderung wurde nicht erfüllt).[22]

Ratti überschreitet das *quorum* der 35 Stimmen am 6. Februar (man berichtet, daß er 42 erhielt). Die ersten Handlungen – Bestätigung von Gasparri als Kardinalstaatssekretär, das Wiederaufgreifen des Namens Pius, Segen von der äußeren Loggia – bringen Absichten und Vorstellungen zum Ausdruck, über welche die Wähler im längsten Konklave des Jahrhunderts diskutiert hatten. Die strenge Einhaltung der Normen Pius' X. und des *CIC* einschließlich der Geheimhaltung[23] macht in der Tat solche äußeren Zeichen bedeutsamer als die Stimmenauszählungen. Die Wahl des Erzbischofs von Mailand trifft zum zweiten Mal einen erst kurz zuvor ernannten Kardinal (der Gewählte hatte den Kardinalshut erst am 15. Juni 1921 zusammen mit Tacci und Laurenti erhalten). Interessant ist auch, daß Pius XI. von einem Kollegium gewählt wurde, in dem die Zahl der unbesetzten Stellen die Hälfte des *quorum* ausmacht. Fehlende bzw. verzögerte Ernennungen kennzeichnen also das Wahlkollegium Pius' XI. Der neue Papst nimmt sich dieses Anliegens an und hält 11 Monate nach der Wahl ein erstes Konsistorium ab, in dem er neue Kardinäle kreiert.[24] Ähnlich schnell erfolgt die Veröffentlichung neuer Normen zum Konklave. Es ist verständlich, daß man nach der Publikation des *CIC* eine weniger gewichtige normative Form der Veröffentlichung wählt, um die Bestimmungen anzupassen (das Motu Proprio entspricht einem legislativen Dekret). Doch die Bedeutsamkeit dieses Faktums liegt darin, daß es geschieht und daß es schon am 1. März 1922 mit der Veröffentlichung des Motu Proprio *Cum proxime* geschieht.[25] Diesem läßt Pius XI. 1935 schließlich die apostolische

Konstitution *Quæ divinitus* folgen, den feierlichsten Akt in der Zeit eines Pontifikats.[26] Nichts scheint diese Normen zu rechtfertigen, von der geringen Verlängerung des Zeitraums der Sedisvakanz einmal abgesehen. Es scheint, als ob das Vorrecht, das Konklave zu normieren, wie es der *CIC* dem Papst zugesteht, von den Päpsten wie eine Verpflichtung aufgenommen wird, irgendeine Äußerung „jüngsten Datums" niederzuschreiben, die von den Kardinälen nach dem Tod eines Papstes zum Auftakt des Wahlverfahrens als erstes gelesen wird. Weder der Abschluß des Konkordats mit Italien noch die Vorahnungen eines Kriegs in Europa erfordern irgendwelche Anpassungen.

Pius XII. und die Konstitution „Vacantis apostolicæ sedis" (1945)

Zur Wahl des Nachfolgers des Ratti-Papstes braucht es wirklich nicht viel. Die Geschwindigkeit kommt nicht von den Wahlregularien. Die Ausrichtung der Mehrheit auf Kardinal Pacelli ist gut bekannt. Das Konklave wird am 1. März 1939 eröffnet, nachdem man 18 Tage vergeblich auf die amerikanischen Kardinäle gewartet hat. An der Schwelle eines Krieges und angesichts der zunehmenden deutschen Aggressivität ist die Wahl des Ex-Nuntius in Weimar und des seit neun Jahren unter dem Ratti-Papst wirkenden Kardinalstaatssekretärs auf ihre Weise verpflichtend.[27] Kardinal Celso Costantini, der die asiatische Welt kennt und gegenüber den Fragen religiöser Kunst offen ist, versucht in den Tagen des Konklaves die Wahl-Wünsche der Menschen für die Kirche von morgen einzubringen, doch sein *memorandum* bleibt bis 1958 Makulatur.[28] Pacelli findet als Mann des Augenblicks aus sich selbst heraus Unterstützung. Es ist ein Gerücht, daß sich dem römischen Fürsten echte Kandidaturen italienischer Seelsorger entgegenstellten (wie der Erzbischof von Florenz, Elia Dalla Costa, oder der von Mailand, Ildefonso Schuster). Wir wissen nicht, ob solche Namen im Konklave überhaupt aufgetaucht sind.

Zugunsten von Pacelli – der Spitze im Organigramm Pius' XI. – spricht die Unterstützung des Kardinaldekans Granito Pignatelli di Belmonte. Er ist das Sprachrohr einflußreicher Stimmen der römischen Kurie, die allein 44 % des Plenums stellt. Wie jedes Exekutivorgan ist sie von Feindschaften und tiefgreifenden Differenzen gekennzeichnet. Doch in diesem Augenblick erfaßt die römische Kurie ein vorher nie gekanntes Verantwortungsbewußtsein (im vorhergehenden Konklave waren 31 % der Kardinäle im Vatikan aktiv und kannten sich daher gut; am Ende des Pontifikats Pius' XII. werden es dagegen nur 19 % sein). Im Konklave von 1939 fällt es den Kurialen zu, sich untereinander abzustimmen, wieviel Diskontinuität sie im Blick auf die Handlungslinien des letzten Papstes wollen. Sie übernehmen diese Verantwortung und handeln schnell.

Das Konklave, das Pius XII. krönen wird, vollzieht sich innerhalb eines Tages. Dies läßt es geradezu als Modell erscheinen. Als Adolf Hitler sich wenige Monate später über die Mechanismen der Nachfolge in einer Diktatur Gedanken macht, behauptet er, daß der Mechanismus des Konklaves ein Modell zur Nachahmung[29] sei ... Trotz der Vorhersehbarkeit des Ergebnisses lassen unkontrollierte und nicht nachprüfbare Stimmen eine Boshaftigkeit über den Verlauf der Abstimmungen zirkulieren. Man erzählt, daß Pacelli angesichts der 42 Stimmen des zweiten Wahlgangs, die ausreichend waren, die Tiara zu erhalten, einen dritten Wahlgang am Nachmittag gefordert habe, um damit die Stimmen einer Minderheit zu widerlegen, er habe für sich selbst gestimmt und nur dadurch das *quorum* erreicht. Die Sache hat etwas Unglaubliches. Doch ein Echo dieses Gerüchts scheint die neuen Normen zu erklären, die Pius XII. 1945 erlassen wird.

Vor diesen 1945 erlassenen Normen gab es deutlich dramatischere Überlegungen über das Konklave. Nach dem Ausbruch des Krieges und vor allem seit der zweiten Jahreshälfte 1943 rechnet Pius XII. mit der Möglichkeit, von den Deutschen gefangengenommen zu werden. Er erwägt Wege, den Papst für entthront zu erklären, wenn es diesem unmöglich wäre, es selbst zu tun. Pacelli befürchtet die Situation einer *sede impedita*, in der ihm die

Zeit und die Freiheit fehle, einen solchen Verzicht formal zu erklären oder auch nur mitzuteilen. So denkt er an eine Art vereinbartes Signal, das einen vorher eingewiesenen Kardinal ermächtigen würde, den Rücktritt des Papstes öffentlich bekannt zu machen und den Pontifikat für beendet zu erklären. Einem solchen Vorgehen würde der freie und feierliche Akt des Verzichts fehlen, den Bonifatius VIII. beschrieben und den der *CIC* rezipiert hatte. Einige Stimmen behaupten, daß Pius XII. *vivæ vocis oraculo* dem Kardinal von Palermo den Auftrag erteilt habe, den Pontifikat für beendet zu erklären, falls er selbst in Kriegsgefangenschaft geraten sollte.

Es fehlt jedoch jegliches Dokument über diese Möglichkeit und ihr Schicksal. Sie könnte mit dem Ende des Weltkriegs fallengelassen worden sein. Sie könnte aber für den Fall in Kraft geblieben sein, daß „die sowjetischen Kosaken ihre Pferde im Brunnen von St. Peter tränken", wie die Propaganda des kalten Krieges befürchten ließ (dieser Fall ähnelt am stärksten dem des Papstes als Geisel, den schon Leo XIII. vorgesehen hatte).[30]

Es fehlt auch jede Spur von Dokumenten über eine andere Notfall-Möglichkeit, welche nach Ansicht Pius' XII. die Einberufung eines Konklaves gerechtfertigt hätte. Die Erinnerungen seines behandelnden Arztes besagen, daß der Pacelli-Papst nach Wegen gesucht hat zu verhindern, daß er eines Tages den Stuhl Petri „unter den Bedingungen einer Karyatide" einzunehmen gezwungen sei und darüber nachgedacht hat, wie er für diesen Fall seinen freien Verzicht in die Wege leiten könnte.[31]

Hierzu sagen die neuen Bestimmungen über das Konklave nichts aus. Am 8. Dezember 1945 – ein Jahr nach dem Tod des Kardinalstaatssekretärs Luigi Maglione, für den Pius XII. nie einen Nachfolger ernennt – erscheint die Konstitution *Vacantis apostolicæ sedis*.[32] Sie ahmt das Schema von 1904 nach und behandelt getrennt zunächst die Fragen der Sedisvakanz und dann die der Wahl des römischen Bischofs. Die bis ins einzelne gehende Konstitution widmet der Frage breiten Raum, wie das Funktionieren der Kurie in der Zeit nach dem Tode des Papstes zu regeln sei. Die Versammlungen der Kardinäle (die allgemeinen wie die besonderen) regeln die verschiedenen außerordentlichen Geschäfte nach den Kriterien des Alters und des Vorrechts. Die ordentlichen Amtsgeschäfte der Kurie fallen nicht diesem oder jenem Kardinal zu, sondern sind der unmittelbaren Sorge des gesamten Kollegiums anvertraut. Beim Tod des Papstes scheidet der Kardinalstaatssekretär aus dem Amt; seine Funktionen werden vom Sekretär des Kollegiums übernommen. Die Leiter der Kongregationen legen mit Ausnahme des Pönitentiars, des Kardinalkämmerers und des Vikars von Rom ihre Ämter nieder.

Pius XII. legt ferner fest, daß zum Konklave alle ernannten Kardinäle zugelassen werden, auch wenn sie den Kardinalshut noch nicht empfangen haben. Den Teilnehmern des Konklaves wird eine neue Eidesformel zur Geheimhaltung auferlegt, die ausdrücklich auf alles ausgeweitet wird, was durch Telegrafie, Telefon, Fotografie und Film verbreitet werden könnte. Die dreifache Form der Wahl (Inspiration, Kompromiß, Abstimmung) wird einschließlich bislang vernachlässigter Einzelheiten neu fixiert.

Eine dieser Einzelheiten ist besonders enthüllend. Für die Abstimmung führt man eine Rechenweise des *quorum* ein, die im Vergleich zu den überlieferten Regeln *de maioritate* neu ist. Die Wahl gilt als vollzogen, wenn die Mehrheit zwei Drittel der Stimmen *plus* eine Stimme erreicht (entgegen der traditionellen zwei Drittel). Pius XII., der die Signierung der Stimmzettel abgeschafft hat, möchte seinen Nachfolger offenbar vor den Polemiken schützen, in die er 1939 selbst hineingezogen worden war. Ansonsten bekräftigt er schon angewandte Normen, angefangen mit jener des Sarto-Papstes, der den Wahlmodus des Akzess durch zwei aufeinanderfolgende Abstimmungen am Vormittag und zwei am Nachmittag ersetzt hatte. Der Sinn der Konstitution besteht in erster Linie in einer nochmaligen Veröffentlichung mit dem Ziel, jene Theorien zu beseitigen, die über mögliche kriegsbedingte dramatische Notfälle kursierten.

Sechstes Kapitel

Das Konklave am Vorabend des Konzils

Die Bestimmungen Pius' XII. von 1945 werden 13 Jahre nicht benötigt. In diesen Jahren verarmt die Kurie samt ihren Organen zunehmend wegen der fehlenden Ernennung neuer Kardinäle. Interne Feindseligkeiten, um die Pius XII. nicht weiß oder die er nicht eindämmen will, erschweren die Arbeit. Der Posten des Kardinalstaatssekretärs ist unbesetzt, viele Kardinäle haben die Leitung unterschiedlicher Kurienressorts inne. Eine „Palastverschwörung" erreichte 1953, daß Giovanni Battista Montini, der Substitut des Staatssekretariats und von vielen Seiten als der natürliche Nachfolger des Pacelli-Papstes angesehen, von Rom weichen mußte, um Erzbischof in Mailand zu werden, Erzbischof, aber nicht Kardinal.[1] Pius XII. hält seit 1953 kein Konsistorium mehr ab. Die Wahl seines Nachfolgers fällt einem zahlenmäßig verkleinerten Kollegium zu. Dessen Mitglieder sind mit durchschnittlich 77 Jahren überaltert. Rivalitäten und Vormachtsansprüche, die nicht nur Montini zu spüren bekommen hat, kennzeichnen es.

Die Wahl Johannes' XXIII.

Pius XII. gilt als Inbegriff eines Katholizismus, der triumphale Massenveranstaltungen liebt und für zahlreiche Verurteilungen steht.[2] Sein Gesicht wird von der stichelnden Feder Don Giuseppe De Lucas mit einem „assyrischen Flachrelief" verglichen. Pius XII. verkörpert das unwiederholbare Modell einer fast autistischen Macht. Seine Propagandisten sind die Bewegung für eine bessere Welt des Jesuiten P. Lombardi und der Aktivismus der staatsbürgerlichen Komitees des Präsidenten der „Azione cattolica", Luigi

Gedda.[3] Die Ehrfurcht für den Pacelli-Papst hält sich auch in den letzten dunklen Jahren seiner Regierungszeit, doch sie scheint von einer unterschwelligen Verachtung gegenüber Pius XII. begleitet, dessen Bestätigung und Zustimmung man sucht auf eine Art und Weise, die, solange Gegenbeweise in den vatikanischen Dokumenten fehlen, den Eindruck eines isolierten Menschen erwecken, der von einer Schar gieriger Höflinge umgeben ist. Nach einigen Jahren voller Gebrechlichkeit stirbt Pius XII. am 9. Oktober 1958. Die Frage, ob und wie die Dinge sich ändern können, kann endlich offen gestellt werden.

Es ist zu diesem Zeitpunkt nicht sicher, daß die Wahl eines neuen Papstes das geistliche und politische Bild merklich verändern kann. Seit mindestens 50 Jahren hat der römische Katholizismus die Strenge zu seinem Kennzeichen gemacht. Johannes XXIII. wird sie als eine Zeitspanne bezeichnen, in der unzählige Unheilspropheten miteinander im Wettstreit lagen.[4] In diesen Zeitraum fallen die Kampagne gegen die „Modernisten" zu Beginn des Jahrhunderts[5] und der Versuch einer theologischen „Austrocknung", den eine mächtige und isolierte Gruppe zu Beginn der 50er Jahre hartnäckig betrieb.[6] Man verschanzte sich hinter eine Politik, die nur aus Antikommunismus bestand und ohne Kontakt zur westlichen Welt war. Das sind die Züge eines Katholizismus, dessen feste Schale (mehr oberflächlich und institutionell) das Überleben defensiver Modelle verbirgt. Die durchaus großen Unterschiede zwischen den einzelnen Pontifikaten werden von diesem Gesamtbild eingeebnet.[7]

Der *status ecclesiæ* spiegelt sich in dem erbärmlichen Schauspiel wider, das der enge päpstliche Hof während der Agonie Pius' XII. der Welt bietet. Verwandte, Schwestern, Höflinge gestalten das Ende des Papstes auf betrübliche Weise. Der Handel mit Fotografien des sterbenden Papstes, die in der Skandalpresse erschienen, ist eine bezeichnende und abstoßende Einzelheit des herrschenden Klimas.[8] Das Konklave von 1958 beendet eine jahrelange Phase falschen Alarms und irriger Einschätzungen über den unmittelbar bevorstehenden Tod Pius' XII. Die Übung der Vorhersage ist zur damaligen Zeit eher das Vorrecht der Diplomaten als der Journalisten. Sie bewegt sich auf bekanntem Terrain. Denn das Konklave ist „klein", und die Möglichkeiten der Analyse sind gut. Man geht keiner einfachen Wahl entgegen, wie jener von 1939. Doch die Zahl der Papstkandidaten ist nicht groß. Seit sechs Jahren hat kein Konsistorium mehr stattgefunden. Es gibt keine neuen Variablen gegenüber den vielen Analysen der letzten fünf Jahre; die Liste hat sich vielmehr vereinfacht.[9]

Ein italienischer Botschafter, Mameli, benennt schon 1954 den entscheidenden Punkt für die Wahl des zukünftigen Papstes. Angesichts der angeschlagenen Gesundheit des Papstes verfaßt er einen Geheimbericht für den Minister Piccioni[10] über die Möglichkeit und die denkbaren Ergebnisse eines baldigen Konklaves. Obwohl vier Jahre vor dem Ende der Regierung Pius' XII. geschrieben, ist die Depesche Mamelis außerordentlich weitblickend. Nach einer genauen Analyse der Zusammensetzung des Kardinalskollegiums und der Modalitäten der Papstwahl unternimmt der italienische Botschafter den Versuch, die Kardinäle in „aktuelle/unterscheidbare" Richtungen einzuteilen. Er stellt sich drei Fragen (die bei allen Nachkriegskonklaven eine Rolle spielten): Wird der nächste Papst ein „Italiener oder ein Ausländer" sein? Ein „politischer oder ein religiöser Papst"? Und schließlich: Wird er dem „Altersdurchschnitt der Kardinäle" entsprechen oder nicht? Die Hypothese der Wahl eines nicht jungen, italienischen Papstes hält er für die wahrscheinlichste. Dabei prägt er eine Definition, die Erfolg haben wird:

„Die Sympathien für einen jüngeren Papst scheinen bei der aktuellen Zusammensetzung des Kollegiums gering. Ein älterer Papst könnte besser angenommen werden, besonders falls die Vorstellung eines Pontifikats des ‚Übergangs' Gewicht erhalten sollte."

Deshalb schließt er die Kandidatur des jungen Kardinals von Genua, Giuseppe Siri, aus. Bei der Prüfung der möglichen Papstkandidaten erwähnt Mameli zunächst einen Dreiervorschlag, auf den vieles hinweist (den unbeugsamen Kurienkardinal Alfredo Ottaviani, den Erzbischof von Bologna, Giacomo Lercaro, und jenen von Palermo, Ernesto Ruffini). Doch hält er es nicht für ausgeschlossen, daß *outsider* auftauchen können:

„Falls die Idee eines ‚Diplomaten' als Papst Oberhand gewinnen sollte, kommen verschiedene Nuntien in Frage, die beim jüngsten Konsistorium ernannt wurden und deren Alter zwischen 70 und 73 Jahren schwankt. In einigen Kreisen fällt der Name des Kardinals Roncalli, des Patriarchen von Venedig, der die Qualitäten des ‚Diplomaten' und des ‚Religiösen' vereinen würde."

Nach Mameli könnte sich ihm ein Ausländer *sui generis* widersetzen, wie etwa der Kardinal armenischer Abstammung (und mit sowjetischem Paß!) Peter Gregorius Agagianian, Präfekt der Kongregation *Propaganda fide*. Dabei handelt es sich um eine Intuition, die sich als wirklichkeitsnah erweisen wird.

Nach dem Tod des Pacelli-Papstes am 10. Oktober 1958 stellt sich ein Element klar heraus: Von politischer Seite gibt es keine Einflußnahme zu befürchten. Die westlichen Länder beurteilen die zuweilen erhoffte Möglichkeit, auf das Konklave erfolgreich einzuwirken, skeptisch. Wer glaubt, es zu können (De Gaulle), kann es nicht; wer könnte (die USA), will es nicht; die Sowjetunion, von der man fürchtet, daß sie einwirken wolle, ist zufrieden mit der eigenen Propaganda. Alles in allem kann die Diplomatie nichts ausrichten. In den westlichen Botschaften in Rom zirkulieren die bekannten Namen von Giovanni Battista Montini (aber alle beeilen sich zu sagen, daß der fehlende Purpur ihn ausschließt), von Giuseppe Siri (er wird als Dauphin Pius' XII. angesehen, ist aber durch sein jugendliches Alter befangen, das ihn zu einem „padre eterno" machen würde), von Ernesto Ruffini, von Giacomo Lercaro. Mit Sorge beobachtet man das Auftauchen von Namen, die für einen reinen Konservatismus stehen. Man erachtet diese als „Unglück" für die Kirche und daher auch für die westlichen Interessen. Ohne Enthusiasmus und ohne Angst vernimmt man ebenfalls den Namen Angelo Giuseppe Roncalli.[11] Man meint, daß er dem Alter nach zu denen gehört, die einen kurzen Übergang sicherstellen, ohne jedoch überaltert zu sein, falls er gewählt würde (24 Kardinäle sind älter als der Patriarch von Venedig). Was Mameli vorausgesehen hat, beginnt Wirklichkeit zu werden.

Die Geschehnisse der neuntägigen Trauer bringen nicht Neues. Zwei Kardinäle sterben in diesen Tagen. Die Generalkongregationen müssen durch Wahl einen Camerlengo bestimmen. Die Bestimmung des Kardinals Aloisi Masella zum Camerlengo ist Pflichterfüllung und nicht ein Signal der Launen der Mitarbeiter der Kardinäle. Ungewohnt, unter anderem, sind die Proportionen unter den Gruppen der Kardinäle: Unter den 51 Kardinälen, die später in das Konklave ziehen werden, befinden sich 36 Ausländer – unter ihnen die zum ersten Mal erschienenen Amerikaner –, denen nur 10 Kurienkardinäle gegenüberstehen.

Doch diese Statistik besagt wenig. Das ganze Unbehagen im Katholizismus, das in Kürze in die Vorbereitung und die Durchführung des Zweiten Vatikanischen Konzils fließen wird, kann sich nur mühsam Ausdruck verschaffen. In den Lobreden auf den verstorbenen Papst scheint das Vertrauen in eine neue Führung durch, von der man Kontinuität mit dem Vorgänger erwartet. Nur indirekt wird die Krise erwähnt, die als der Kirche wesensfremd gesehen wird und die man einzig dem Angriff einer säkularisierten Gesellschaft auf die Festung der Frommen zuschreibt. Wer dieses Schema verläßt, tut dies in der von P. Lombardi geschätzten Sichtweise einer Gegen-Eroberung. Dies ist der Ton eines langen Aufsatzes über *La crisi del cristianesimo* (die Krise des Christentums) des Dominikaners Giacinto A. Scaltriti, der in der in Italien weit verbreiteten Zeitschrift „Palestra del Clero" veröffentlicht wurde.[12] Der sechs Monate vor dem Konklave erschienene Artikel spekuliert über das Schicksal der Welt, enthüllt den Wunsch einer Einheit der Christen unter Rom, liebäugelt mit einem Konzil (auch Pius XII. hatte die Idee zehn Jahre zuvor insgeheim in Betracht gezogen, aber dann verworfen). Die Kardinäle wählen jedoch den Nachfolger Pius' XII. nicht auf der Basis dieser Weltanschauungen.

Was aus den Ansprachen in den Tagen des Konklaves durchschimmert, läßt einen deutlich klügeren Ton vernehmen. Man fordert Erneuerung, aber auch Sicherheit. Man wünscht eine direktere Leitung, doch weniger gelehrt. Man besitzt jedoch weder eine klare Diagnose noch Therapie. Und die Stimme des Patriarchen von Venedig, sich der Kandidatur bewußt, liegt auf der gleichen Linie. Wir können sie vernehmen – ein einzigartiger Fall im

20. Jahrhundert – mittels des privaten Konklavetagebuchs, das Roncalli, treu seinen eigenen Gewohnheiten, verfaßt.[13]

Am Todestag Pius' XII. (9. Oktober 1958) vermerkt Patriarch Roncalli in seinem Tagebuch das Ausbleiben antiklerikaler Aggressivität als „Zeichen besserer Zeiten und als Verdienst des gut koordinierten Handelns des hl. Vaters". In den folgenden Tagen tadelt er „die erbärmlichen Angriffe der ganz und gar berüchtigten und unwürdigen Presse" (10. Oktober). Er bezieht sich damit auf die Berichte über die Agonie des Pacelli-Papstes. Zufrieden vermerkt er die Teilnahme der Menschen am „Plebiszit der Trauer, der schweigenden und ergriffenen Bewunderung. Eine Sache des *vere filius Dei erat iste*" (11. Oktober). Roncalli bricht mit der Ahnung dessen, was sich möglicherweise ereignet, nach Rom auf. Er notiert an jenem Tag, daß seine „Bemühung um innere Ruhe, dank der Hilfe Gottes, hinreichend gelungen ist" (11. Oktober). Auch der „eher indiskrete Ansturm der Fotografen" (12. Oktober) bei seiner Ankunft in Rom befremdet ihn nicht allzu sehr.

Im Vatikan beginnen inzwischen die Kardinalskongregationen der neun Tage. Roncalli hat fürs erste keine Gespräche mit den wählenden Kardinälen. Er trifft zum Abendessen einige Bischöfe (Urbani und Piazzi), besucht am 14. Oktober den Substituten des Staatssekreteriats, seinen ehemaligen Mitarbeiter in Istanbul, Angelo Dell'Acqua, und diskutiert mit dem Direktor des „Osservatore Romano". Dabei hält er fest, daß man beten müsse, damit das Konklave für die Kirche nicht unglücklich verlaufe. Schon am 15. Oktober spürt der Patriarch jedoch „ein großes Flattern von Schmetterlingen um meine arme Person. Einzelne flüchtige Begegnungen, die aber meine innere Ruhe nicht stören. Von 10.30 Uhr bis Mittag nehme ich an der Kongregation für das Konklave teil. Von 12 bis 13 Uhr habe ich ein wertvolles Gespräch mit Msgr. Tardini, den ich liebenswert und freundlich fand. Er zeigte Interesse, hier zum Frühstück eingeladen zu werden, und er wird kommen."

Das Gespräch mit Tardini ist ein Sondieren, dessen Inhalt sich unserer Kenntnis entzieht. Die Tatsache, daß am Ende des Konklaves der zum Papst gewählte Patriarch gerade ihn dazu erwählt, den seit 13 Jahren unbesetzten Posten des Staatssekretärs zu übernehmen, läßt seine Bedeutung erahnen. Die Kongregationen des 16. und 17. Oktober dienen der Standortbestimmung. Am darauffolgenden Tag sind die Verhältnisse noch zwingender. Für Roncalli ist es nun an der Zeit, mit den Wählern zu sprechen:

„Das Wasser beginnt um die Personen zu kochen, die im Konklave auftauchen sollten. Tag für Tag sollte sich die Aufrichtigkeit der Personen und der verschiedenen sich bildenden Gruppen zeigen. Nichts Beeindruckendes für mich, den die Gnade des Herrn auf alles vorbereitet hat. Am Nachmittag besuchte ich Kardinal Fossati von Turin in der Salita di S. Saba 9. Von dort begab ich mich in die via Pietro della Valle, um dem sehr lebhaften Kardinal Ciriaci einen Besuch abzustatten. Hier in der *Domus Mariae* empfing ich Kardinal Gaetano Cicognani, der großes Interesse an der Ausgangssituation des Konklaves zeigte" (18. Oktober).

Am 20. Oktober bewegt sich der Patriarch als unbefangener Kandidat. Er geht beichten und beginnt danach eine Reihe sehr bedeutsamer Gespräche:

„Ich ging zu einem langen Gespräch mit Kardinal Ottaviani in das S. Ufficium. Von dort ging es weiter zu einem Besuch beim Camerlengo Kardinal Luigi [sic!] Masella. Darauf folgte die Kardinalskongregation, die heute früh endete. Vor dem Mittagessen empfing ich *breviter* Msgr. Signora, den Erzbischof-Prälaten von Pompej. Er erinnerte mich an die Vorhersage Bartolo Longos, daß der Papst sich eines Tages dort hinunter begeben werde, um jenes Bild zu verehren. Am Abend empfing ich Msgr. Ferretto, der ein enger Vertrauter des Kardinals Pompili ist."

Auch in den folgenden Tagen bewegt er sich auf die gleiche Weise. Am 23. Oktober notiert er für den Nachmittag, „die französischen Kardinäle im französischen Kolleg besucht zu haben: Grente, der für sein Alter in durchaus guter Verfassung ist, und Roques von Rennes; sie sind sehr freundlich zu meiner armen Person". Doch die Freundlichkeit der Begegnungen erfährt am 24. Oktober einen harten Rückschlag. Irgendjemand (vielleicht die gleichen Kardinäle, die Roncalli besucht) versucht, die Kandidatur Roncallis durch die Verbreitung der Nachricht zu sabotieren, daß der Patriarch an einer schweren Form von Diabetes leide. Diese Machenschaft veranlaßt Roncalli zu einem gefaßten, doch entschiedenen Urteil:

„Verschiedene kurze Kontakte mit den Kardinälen Pizzardo und Ottaviani, um unabhängig von meiner Person schmerzliche Mißverständnisse zu zerstreuen. Sie bieten mir Gelegenheit, mich der Verantwortung des Papstamtes zu entziehen. Ich genieße dies. Doch welche Verletzung der Gerechtigkeit, welch falschen Gerüchte, verbunden mit persönlichen Interessen und von materieller Natur! *Deus nos adiuvet.*"

Bei der Eröffnung des Konklaves hält Bacci die Ansprache *de eligendo.* Es erscheint dem Patriarchen von Venedig „gut getroffen", daß er die zu Ohr gekommenen Behauptungen durch Verkleinerungsformen ironisiert:

„Darin bekräftigte er einige Punkte, was die Arbeitsmethode und die Kontakte des neuen Papstes mit dem Klerus, den Kardinälen der Kurie und den Bischöfen, usw. betrifft, die Aufmerksamkeit und Reform verdienten: weniger Bücher und Ansprachen, und mehr Vertrautheit mit den Männern der Kurie und den Vorgängen."

Als sich kurz nach 16 Uhr die Pforten der Sixtinischen Kapelle schließen und das Konklave endlich seinen Anfang nimmt, hält Roncalli folgende Empfindungen fest:

„Verschiedene Gefühlsstimmungen beim ersten Entdecken der Absichten der Kardinäle; stärkere am Nachmittag, als ich meinen armen Namen mit eigenen Augen lesen mußte. Es bleibt noch Zeit für eine Überraschung, die mich erwarten könnte. Ich erwarte sie von Stunde an zu meiner Demütigung und zu meinem besseren Wohl. Am Abend gestattete ich mir, nicht zum Essen in die Sala Borgia hinunterzugehen. Ich aß nur wenig auf dem Zimmer. Dann zog ich mich zum Beten in die Kapelle der Gräfin Mathilde zurück, die ich zum ersten Mal sah, zum Beten mit lebhafter Intensität an Ergebung, Demut und Frieden. *Adiuvet me Deus et salvet me. Mater mea, fiducia mea, in Te confido: semper filius ut sum.*"

Die Geschehnisse verlangen jedoch Zeit. Am 27. Oktober „schien es fast zu Ende und war es doch nicht". Vielmehr treten neue Feindseligkeiten gegen Roncalli zu Tage; sein Name sinkt und dann:

„In den Sitzungen des Nachmittags schlechter und schlechter. Für einige Personen ist die Stunde des ‚*Ignosco et dimitto*‘ gekommen, das an vierter Stelle der *Quinque puncta utilissima recitanda ante vel post Missam* steht. Ja, ich achte nicht darauf, ich vergebe aus ganzem Herzen. Ich finde Gefallen daran zu vergeben. So möge der Herr mir die innere Freude erhalten, dies zu tun und dies immer zu tun *usque vivam*. Dies ist die vollkommenste Weise zu leben und zu sterben.“

Während der entscheidenden Phase der Arbeit empfiehlt manch einer dem Patriarchen, nicht zum gemeinsamen Mittagessen der Kardinäle zu erscheinen. Roncalli, der den Rat befolgt, kehrt am Abend in den gemeinsamen Speisesaal, die Sala Borgia, zurück. Er sitzt zwischen „Kardinal Fossati zur Rechten und Kardinal Agagianian zur Linken“. Dabei nimmt er wahr, daß „das Schweigen des Konklaves manch kleinen Riß bekommt. *Unusquisque sibimet ipsi provideat*. Ich will immer strikter und treuer sein: *ut pro sua clementia rerum Creator sit mihi presul et custodia*.“

Am 28. Oktober erreicht Roncalli beim Wahlgang des Vormittags 36 Stimmen.[14] Nur Wyszyński zeigt sich „vom Endergebnis überrascht“[15], wie er beim Seligsprechungsprozeß für Johannes XXIII. aussagen wird. Für viele andere dagegen ist das Ergebnis ausgereift:

„Beim 9. und 10. Wahlgang kehrt mein armer Name an die Spitze zurück. Ich hielt es nicht für gut, mit den Kardinälen zum Essen zu gehen. Ich aß auf dem Zimmer. Es folgte eine kurze Ruhepause und eine große Verlassenheit. Beim *11. Wahlgang geschieht es: ich bin zum Papst gewählt*. O Jesus, auch ich sage wie Pius XII., als er zum Papst gewählt war, *Miserere mei Deus secundum magnam misericordiam tuam*. Man könnte sagen ein Traum. Es ist noch vor dem Sterben die feierlichste Wirklichkeit meines gesamten armen Lebens. Ich bin bereit, o Herr, *ad convivendum et ad commoriendum*“.

Die Konstitution „Summi Pontificis electio" Johannes' XXIII.
(1962)

Auch wenn das Konklave von 1958 ohne Hindernisse abläuft, ent-
schließt sich der Gewählte nach einer Wartezeit von drei Jahren,
die Normen zu erneuern. Die Veränderungen verdanken sich zum
einen der Reifung des kanonischen Rechts; zum anderen gehen sie
auf die unmittelbare Erfahrung mit der Wahl zurück. Für ihre Entstehung ist die Gesamthaltung Roncallis, seine Einschätzung des
status ecclesiæ, von Bedeutung: Die Erneuerung *(aggiornamento)*, die
seinen Pontifikat prägt, drückt sich in Gesten des Vertrauens und
der Hoffnung aus. Die dem Evangelium entsprechende, aufmunternde Güte Johannes' XXIII. äußert sich in der direkten Ausübung der Aufgabe des Bischofs von Rom, in der Verpflichtung,
der Kirche mit Hilfe des Konzils Zukunft zu geben, im Öffnen der
Türen der Brüderlichkeit gegenüber dem Anderen in Religion und
Weltanschauung.

In die konkreten Normen über das Konklave fließt seine Erinnerung an das Konklave mit ein. Dies verrät eine aus dem Stegreif
gehaltene Ansprache während des Besuchs des armenischen Kol-
legs, bei der Kardinal Agagianian anwesend ist. Der Roncalli-Papst
erzählt, daß im Konklave sein Name und der des armenischen
Kardinals „wie Kichererbsen im Kochtopf auf und ab" gestiegen
seien. Der selbstironische Vergleich verrät keine Geheimnisse
und besagt nur, daß die Bildung der Mehrheit für Roncalli Fort-
schritte und Verzögerungen kannte, wie man schon aus den Tagebüchern ersehen konnte. Diese Erfahrung hatte im Gemüt des Gewählten keine Besorgnisse hinterlassen.[16] Die zugleich heitere und
aufmunternde Erinnerung bildet die *ratio* der apostolischen Konstitutionen, mit denen Papst Johannes das Konklave der Zukunft
normieren wird. Sie zeigen den Wunsch, Extremsituationen und
Dramatisierungen im Hinblick auf Zusammensetzung und Arbeit
des Wahlkollegiums zu vermeiden.

Die Repräsentativität des Kardinalskollegiums wird von Johannes XXIII. schon kurz nach der Wahl angegangen. Er durchstößt
dabei die seit 1586 festgelegte Obergrenze von 70 Kardinälen, die

der *CIC* von 1917 in seinem can. 231 §1 übernommen hatte. Selber von einem entvölkerten Konklave gewählt (aus verschiedenen Gründen dem 1922 versammelten Konklave ähnlich), weiß Johannes XXIII., daß er die Verwaltung der Kurie zügig vervollständigen und die seit langem erwarteten Purpurträger ankündigen muß. Er tut dies weniger als einen Monat nach seiner Wahl, am 17. November 1958.[17] Die Liste der neuen Würdenträger umfaßt 23 Namen, unter ihnen sein Pro-Staatssekretär Domenico Tardini (die Schnelligkeit der Ernennung Tardinis für dieses Amt, das der Vorgänger 13 Jahre lang verwaist gelassen hatte, läßt vermuten, daß es über Lösung und Namen eine vorausgehende Vereinbarung gegeben hat). Mit Tardini als Ersternanntem und den übrigen 22 zählt das Plenum nun 75 Purpurträger. Der Papst schafft die Obergrenze nicht ab, die Sixtus V. einst, um die Machtbegierde der Päpste und ihrer Familien zu zügeln, festgelegt hatte. Er überläßt der Zukunft, der Zeit nach dem Konzil, die Aufgabe, mögliche dauerhafte oder strukturelle Veränderungen in Betracht zu ziehen.[18]

Neben diesen in kurzer Zeit durchgeführten greift Johannes XXIII. zu weiteren Maßnahmen bezüglich des Kardinalskollegiums, und zwar nach dem Tod der Kardinäle Tedeschini und Mimmi. Er streicht das *ius optionis* auf die suburbikarischen Bischofssitze und behält sich das Recht der Zuweisung der Kardinäle zu ihren Titelkirchen und Bischofssitzen vor. Dies ist der Inhalt des Motu Proprio vom 10. März 1961, *Ad suburbicaria dioeceses*[19]. Das Thema wird wieder aufgegriffen am 11. April 1962 in dem Motu Proprio *Suburbicariis sedibus*[20] mit seiner Reform der Struktur des nachtridentinischen Kollegiums: Es nimmt der Funktion des Dekans ihre Gültigkeit auf Lebenszeit, macht sie so zum politischen Verbindungsglied zwischen Papst und Kollegium (in Konsequenz zu diesem Impuls wird diese Funktion im neuen *CIC* von 1983 von den Kardinälen durch Wahl bestimmt).

Mit dem Motu Proprio *Cum gravissima* vom 15. April 1962 entscheidet der Papst, daß alle Kardinäle zu Bischöfen geweiht werden, auch wenn *pro forma* die drei Klassen des Kollegiums beibehalten werden.[21] Damit formuliert der Roncalli-Papst einen entscheidenden Punkt der Lehre über das Kardinalat neu. Er reduziert das in can. 231 des *CIC* von 1917 aufgenommene zahlenmäßige Verhältnis zwischen Kardinalpriestern, Kardinalbischöfen und Kardinaldiakonen auf einen rein zeremoniellen Vorrang. So läßt er dem Papst für Erhebungen in den Kardinalsstand gänzlich freie Hand.[22]

Die Entscheidung, die Bischofsweihe allen Kardinälen zu erteilen (und damit die alten Rangstufen auf Ehrentitel zu reduzieren), markiert eine Neuerung von ekklesiologischer Tragweite. Diese Bestimmung unterbindet den Fall, daß der Leiter eines Dikasteriums, dem der Kardinalspurpur verliehen wurde, dem aber die bischöfliche Würde fehlt, einem Bischof Befehle erteilt, ebenso, daß ein Kurienpräfekt nur dank seines Purpurs im Konzil Rederecht erhält. Im Grunde ist dies ein Mittelweg angesichts der Erfordernis, daß der Bischof von Rom vom römischen Klerus gewählt wird und daß er gleichzeitig die Aufgaben des Hirten der universalen Kirche wahrnimmt. Das Kardinalskollegium Johannes' XXIII. ist römisch per Definition und weltweit in seiner Herkunft. Mit der Verpflichtung zur Weihe bilden die durch Erhebung römisch gewordenen Purpurträger *ipso facto* ein Kollegium von Bischöfen innerhalb des gesamten Bischofskollegiums; sie sind nicht dessen Repräsentanz, sondern letztlich ein Teil von ihm.

Daß solche Eingriffe zu einem Reformplan gehören, erkennt man an der Sorgfalt, mit der die Johannes XXIII. in den 4 Jahren seines Pontifikats das Kollegium führt. Das Konsistorium findet seinen natürlichen Rhythmus, sowohl auf Leitungsebene[23] wie auch hinsichtlich seiner Mitgliederzahl: Bei fünf Gelegenheiten ernennt Johannes XXIII. 55 Kardinäle und drückt zum ersten Mal den Anteil der Europäer auf unter 70%. Er ernennt den ersten Kardinal Afrikas, den ersten Chinas, den ersten Purpurträger der Geschichte aus verschiedenen Ländern Lateinamerikas. Die Italiener beläßt er bei wenig über 33% (d. h. auf dem gleichen Niveau wie Pius XII.).

Ein eigenes Schreiben über das Konklave erscheint am Vorabend der Eröffnung des Zweiten Vatikanischen Konzils. Pius IX. hatte sich in einer ähnlichen Situation gesetzgebend bemüht, die Unbefugtheit des Konzils im Blick auf das Konklave sicherzustellen. Im Unterschied dazu plant Johannes XXIII. ein Dokument,

das seine Entscheidungen mit den Normen Pacellis über Sedisvakanz und Konklave zusammenbringen soll: Das Motu Proprio
Summi Pontificis electio wird am 5. September 1962 veröffentlicht,
kurz bevor sich der Gesundheitszustand des greisen Papstes un-
umkehrbar verschlechtert.

Wie die Zeitschrift „Année Canonique" enthüllt, will Roncalli
aufgrund der von ihm im Konklave gemachten Erfahrungen die
Elemente streichen, die unnötige Komplikationen verursachen.
Daher werden nun die Situationen, in denen man *ipso facto* einer
dem römischen Papst vorbehaltenen Exkommunikation verfällt,
weiter verringert. Ausführlich werden die unangenehmen Vorfälle
beim Tod Pius' XII. rekapituliert als solche, die nicht die Freiheit
des Kollegiums, sondern die Ehre der kirchlichen Institution betreffen. Deshalb wird festgelegt, daß der Leichnam des Papstes erst
fotografiert werden darf, wenn er mit den bischöflichen Gewän-
dern für die Bestattung bekleidet ist.[24] Ferner wird eine schlichte
Begräbnisliturgie eingeführt. Deswegen streicht man die pharao-
nische Maschine, die vor dem Altar der Confessio in St. Peter aufgebaut war und dazu diente, den toten Papst in theatralischer Weise in die Krypta hinabzusenken.

Manche Details der Normen beziehen sich auf neue technische
Entwicklungen (so wird z. B. die Verwendung von Radioempfän-
gern verboten). Auch die von den Wählenden geforderten Eides-
leistungen werden reduziert. Es wird kurz bekräftigt, was die Kardinäle zu verteidigen haben: die Rechte der römischen Kirche, die
Bedeutungslosigkeit politischer Vetos, die Geheimhaltung.

Bestehen bleibt die Bestimmung, daß nur die Kardinäle in den
Generalkongregationen die geheimen Schriften des verstorbenen
Papstes hinsichtlich der Wahl eines Nachfolgers lesen dürfen.
Doch das Risiko, daß solche Dokumente zu jedem Zeitpunkt der
neuntägigen Trauer unerwartet auftauchen können, wird vermin-
dert. Vom Augenblick des Ablebens des Papstes an verfügt sein
Testamentsvollstrecker über die „bona et scripta privata" des Papstes. Er gewinnt dadurch eine bemerkenswerte Bedeutung, doch
seine Verantwortung ist für jedermann transparent.

Die Geheimhaltungspflicht über das Konklave wird nicht abgemildert, aber zeitlich umschrieben: Dem neuen Papst wird ausdrücklich das (schon früher bestehende) Recht eingeräumt, die Teilnehmer am Konklave von dieser Pflicht zu befreien. Die ganze Brüchigkeit der Geheimhaltungspflicht war zu Beginn des Jahrhunderts durch die Veröffentlichung von Konklavetagebüchern zutage getreten, wobei die Version dessen, der sich, wenn auch *post mortem*, der geforderten Diskretion entzog, dadurch begünstigt wurde. Der Papst gibt also seinem Nachfolger das Recht, zu gestatten, über den Ablauf der Wahlgänge zu berichten. Weiterhin bestimmt er, ein Protokoll der Wahlgänge aufzubewahren. Diesen notariellen Akt gab es nicht mehr, seitdem Pius XII. die Versiegelung der Stimmzettel abgeschafft hatte, die im Notfall die Nachprüfung erlaubte, ob ein Kardinal für sich selbst gestimmt hatte oder nicht. Um eine unverkrampfte Veröffentlichung der Vorgänge sicherzustellen, führt Johannes XXIII. das Protokoll wieder ein. Ferner senkt er das *quorum* auf die traditionellen 2/3 der Stimmen. Für den Fall, daß die Zahl der Kardinäle nicht durch drei teilbar ist, wird aufgerundet. Der Pacelli-Papst hatte einst die Erhöhung des *quorum* um eine Stimme eingeführt, um böse Stimmen zu widerlegen, der Gewählte habe mit seiner eigenen Stimme zu der ihn wählenden Mehrheit beigetragen. In der Sicht Johannes' XXIII. schadet dagegen diese Bestimmung dem Ansehen der Wählenden.

Die vereinfachenden Normen Roncallis wollen dem Wahlakt seine Würde wiedergeben. Die kleinlichen Regelungen seiner Vorgänger hinterließen am Ende den Eindruck, daß die Wahl des Papstes in den Händen eines unzuverlässigen Kollegiums liege, das beständig durch Ermahnungen, Anweisungen, Forderungen und Drohungen gemaßregelt werden müsse, was zuweilen Zweifel am gesunden Menschenverstand und an der Zuverlässigkeit der Wählenden entstehen ließ. Johannes XXIII. möchte, daß das Kollegium in ruhiger Gelassenheit agiert.

Siebtes Kapitel

Paul VI. und die nachkonziliare Reform

Die Normen von *Summi Pontificis electio* bestimmen das Konklave, das am 19. Juni 1963 einen Nachfolger für Johannes XXIII. wählen muß. Es ist seit den Zeiten des tridentinischen Konzils das erste Konklave, das während eines allgemeinen Konzils stattfindet. Das am 11. Oktober 1962 eröffnete Zweite Vatikanische Konzil befindet sich beim Tod Johannes' XXIII. gerade in einer Pause zwischen zwei Sitzungsperioden. Auch wenn keine unmittelbare Nähe zwischen der Konzilsaula und dem Ort der Papstwahl besteht (wie auf dem Konzil von Konstanz), so ist die Gleichzeitigkeit von Konklave und Konzil ein wichtiges Faktum. Eigentlich hätte sich das Zweite Vatikanische Konzil gemäß den Bestimmungen mit dem Tod des Papstes formal als aufgelöst betrachten müssen. Im Juni 1963 besteht weder die Versuchung noch gibt es einen realen Versuch der Bischofsversammlung, die ausschließliche Zuständigkeit der Kardinäle für die Wahl des Nachfolgers Johannes' XXIII. in Frage zu stellen. Dennoch ist das Konzil *das* Thema des Konklaves. Presse und Diplomatie versuchen schon vorher herauszufinden, was geschehen kann, wenn die schwere Krankheit, an der Johannes XXIII. leidet, in ihrem Verlauf voranschreitet. In der ersten Sitzungsperiode des Konzils, die am 8. Dezember 1962 abgeschlossen wird, macht sich die Krankheit des Roncalli-Papstes so bemerkbar, daß sich das Bewußtsein um die unmittelbare Nähe des Konklaves mit dem Urteil über den Beginn des Konzils vermischt.

Die französische Diplomatie schließt aus, daß Agagianian, 1958 alternativer Kandidat zu Roncalli, Chancen hätte, Papst Johannes nachzufolgen, und zwar nicht aufgrund seines menschlichen oder geistlichen Profils, sondern weil auf dem Konzil zwar über die Internationalisierung der Kurie gesprochen wurde, aber niemand in der Aula von St. Peter die Frage einer Internationalisierung auch des Papstamtes aufgeworfen hatte.[1] Was nicht auf dem Konzil angesprochen worden ist, wird auch im Konklave kein Thema sein. So lautet die ungeschriebene Regel, mit der Frankreich auf die Kardinäle schaut und Gruppen und einzelne aus der Zahl der Papstkandidaten ausschließt. Nach Meinung der Diplomaten von jenseits der Alpen kann der kleine „Kreis der weisen oder der Chor der alten" Kardinäle der römischen Kurie nicht mit Beifall rechnen. Die konservative Linie – die „droite qui n'a pu triompher" von Ottaviani, Ruffini und Siri – hat an Gewicht verloren. Und wer sich auf dem Zweiten Vatikanischen Konzil nicht profiliert hat, wird *ipso facto* als aus dem Spiel betrachtet. Das gilt genauso für kaum profilierte oder farblose Kardinäle – wie den weniger gebildeten Kardinal von Neapel, Castaldo, der „die Welt nördlich der Linie Neapel-Bari nicht kennt und jener Welt in gleicher Weise unbekannt ist".[2]

Die französische Botschaft wagt nur einem einzigen Kandidaten die Redewendung „Wer das Konklave als Papst betritt, verläßt es als Kardinal" nicht anzuhängen. Dies ist Giovanni Battista Montini, der durch seine Biographie und seine Position auf dem Konzil Ansehen besitzt.[3] Ein Konklave ist grundsätzlich unvorhersehbar. Nur eines ist sicher: Die zwei großen Richtungen (die der Erneuerung und die der Verurteilungen) haben beide in der Konzilsaula keine Zweidrittelmehrheit erreicht. Diese werden sie noch weniger im Konklave erreichen, in dem die Italiener das Übergewicht haben. Dies betrifft nicht nur die Frage nach einem möglichen „ausländischen" Papst. (Der italienische Botschafter hält dies für möglich, sein französischer Kollege schließt es aus.) Tatsache ist, daß einige, welche die *leadership* des Zweiten Vatikanischen Konzils ergriffen haben (Bea, Frings, Alfrink, Suenens, Liénart), nicht Italiener sind. Nur die Einflußreichen können die notwendige Unterstützung für einen Kompromißkandidaten zwischen den beiden bestehenden, jedoch nicht mehrheitsfähigen Blöcken zustande bringen. Im Laufe der Wochen verstärkt sich die Überzeugung, daß Konzil und Konklave unauflöslich zusammengehören.

Die Wahl Pauls VI.

Die Aussagen von Kardinal Tisserant bestätigen dies. Er äußert sie am 10. Mai bei einem Gespräch mit dem französischen Botschafter, der darüber in Paris Bericht erstattet. Kardinal Tisserant erklärt, daß das bevorstehende Konklave Gefahr läuft, von den gleichen Diskussionen eingeholt zu werden, die das Zweite Vatikanische Konzil prägen. Der alte Purpurträger meint zwar, daß das Konklave – im Gegensatz zum Konzil – wie ein Senat handelt, der ohne Fragen zu diskutieren, einen Namen aufbringt, der sich „sans programme" vorstellt, doch verbirgt er nicht, daß die Konzilsaula die Kardinäle befähigt, wenn nicht sogar herausgefordert habe, ihre Gedanken zu äußern – was natürlich dazu beitragen kann, Gruppen und Kandidaten auszumachen.[4] Zutreffender müßte man sagen: Um Gruppen und *den* Kandidaten auszumachen, d. h. Giovanni Battista Montini.

Die in sich verschlossenen Gruppen der Kurie behindern unnachgiebig die Kandidatur Montinis. Sucht man jedoch einen Mann, der vermitteln kann, könnte sich seine Wahl durchaus aufdrängen. Denn zu vermitteln ist Montinis ausgeprägteste politische Tugend. Johannes XXIII. – so gesteht er P. Tucci – hat die feindseligen Handlungen eines Teils der Kurie ertragen, um zu vermeiden, „ein Konklave vorzubereiten, welches das zerstören würde, was ich aufgebaut habe".[5] Aber er kann nicht verhindern, was nach seinem Tod geschieht.

Ebenso wie beim Tod des Pacelli-Papstes wirken die Augenblicke des Ablebens von Johannes XXIII. wie ein Urteil über den Pontifikat. Der Roncalli-Papst stirbt am 3. Juni 1963 unter den Augen des Fernsehens, bis zuletzt mit einer Aura bischöflicher Bescheidenheit. Er erfährt eine außerordentliche Welle der Zustimmung, die vom Konklave fordert, durch die Wahl für eine Kontinuität zu sorgen, die das Konzil mit einbezieht. Der Raum für einen Kompromiß im Konklave, der die Beendigung des Zweiten Vatikanischen Konzils herbeiführen könnte, verliert an Boden. Die Botschaftsfunktionäre der USA bemerken dies erst jetzt. Was eine gelassene Analyse schon vor Monaten dem Quai d'Orsay enthüllt hat, wird nun Gegenstand eines vertraulichen Berichts der CIA: Ein kurzes Konklave, beherrscht vom Willen zur Kontinuität mit dem Zweiten Vatikanischen Konzil, verschafft Montini Vorteile. Der CIA-Bericht kolportiert in den Ansprachen *de eligendo pontifice* und in der Presse unausgesprochene Sorgen. So fürchtet ein mächtiger, aber isolierter Kreis der römischen Kurie, daß Montini „zurückkehren" könnte, um das zwischen den Jahren 1935 und 1953 von kurialer Seite erlittene Unrecht zu rächen.[6] Andere sorgen sich, daß der künftige Papst das Konzil abbrechen könnte. Doch man kann sich schwer einen Kardinal vorstellen, der im Konklave die Zustimmung von 58 Wählern sammelt und gleichzeitig 2500 Bischöfen ankündigt, das Zweite Vatikanische Konzil auf die eine oder andere Weise zügig zu beenden. Montini hat deutliche Garantien gegeben, und der italienische Alternativkandidat (Lercaro) ist sicher nicht weniger entschlossen, das Konzil fortzusetzen.

Wenn Vorbehalte gegenüber Montini bestehen – und sie bestehen – sind es politische, die außerhalb Roms entstanden und dort auch geäußert wurden. Und zwar unter der Frage, welchen Ertrag das Konzil für die internationalen Beziehungen erbringt, wobei stets die Hoffnung mitschwingt, das Äußern der eigenen Befürchtungen könne die Entscheidungen der Kardinäle und später die Entscheidungen des Gewählten beeinflussen. Der deutsche Bundeskanzler Adenauer etwa soll von einer Kandidatur des Kardinals Testa geträumt haben, weil er durch die Linie Johannes' XXIII. Brüche in der Haltung gegenüber der kommunistischen Welt wahrzunehmen glaubte und fürchtete, diese könnten sich durch die Wahl Montinis vergrößern. Dieser Gedankengang ist nicht an „nationale" Interessen gebunden. Wer die Dinge von Rom aus betrachtet, hält ihn zwar für wirklichkeitsfremd, doch muß man zur Kenntnis nehmen, daß auch in anderen Kreisen ähnliche Überlegungen angestellt wurden. Es sind die Kreise der politischen Rechten, nicht nur in Italien. Aber in Italien haben sie größeres Gewicht. Vom Quirinal aus verbreitet der Staatspräsident Antonio Segni, mittels der Büros von Luigi Gedda, reaktionäre Feindseligkeiten gegen Montini: Der künftige Papst werde die Leitung der

Democrazia cristiana auf ihrer politischen Linie unterstützen, um eine Mehrheit Mitte-Links zu erreichen. Das ist sicher eine der geringeren Sorgen hinsichtlich des Papstamtes, aber, wie der Repräsentant des Erzbischofs von Canterbury in Rom, Pawley, niedergeschlagen bemerkt, „die Wahl muß auch auf die italienische Politik Rücksicht nehmen ...".[7]

Diese Widerstände verhindern nicht, daß Montini am 19. Juni das Konklave als Favorit betritt und am 21. Juni 1963 als Papst verläßt. Über die Sitzungen des Konklaves gibt es keine direkten oder indirekten Berichte. Die Diplomaten *en poste* kommen zur Überzeugung, daß die Mehrheit für Montini sich den großen Gestalten des Konzils verdankt. Zu den sechs notwendigen Wahlgängen, um mindestens 54 Stimmen für den Kardinal von Mailand zu sammeln, tragen die Journalisten des katholischen Roms – die sogenannten „Vatikanisten" –, vertrauliche Informationen zusammen. Sie sind in keiner Weise nachprüfbar.[8] *A posteriori* betrachtet Frankreich die eigenen Kardinäle als Teil der Mehrheit für Montini.[9] Es ist offensichtlich, daß Montini während der neun Trauertage mit Kardinälen (wie Lercaro) gesprochen hat, die ein Stimmenpaket vertreten. Die derzeitige Quellenlage vermag dies jedoch nicht zu bestätigen.[10] Noch unsicherer ist die Vermutung des scharfsinnigen Theologen Yves M.-J. Congar, der sich fragt, ob die Entscheidung des neugewählten Papstes Paul VI., Kardinal Siri zu einem der Vorsitzenden des Konzils zu ernennen, „mit dem Sachverhalt zusammenhängt, daß dieser [scil. Siri] auf dem Konklave ziemlich viele Stimmen gehabt habe, die er beim dritten oder vierten Wahlgang dann Montini zu geben gebeten habe".[11] Die Furcht der Franco-Regierung vor dem „Liberalismus" Montinis war nicht verborgen geblieben. Doch es ist nicht gesagt, daß sie direkten Einfluß auf das Abstimmungsverhalten der spanischen Purpurträger hatte. Vom deutschen Kardinal Frings weiß man, daß er zu verhindern suchte, daß der Zweikampf zwischen Lercaro und Montini anderen farblosen und gemäßigten Kandidaten (wie Antoniutti) Vorteile verschaffen könnte. Nach Aussage der Diplomaten kam der härteste Widerstand gegen Montini aus dem Innern der römischen Kurie, die schon zehn Jahre zuvor eine Art kirchliches *Einspruchsrecht* gegen ihn ausgeübt und ihm den Zutritt zum Kardinalspurpur und damit zum Konklave von 1958 versperrt hatte. Doch ihr Handlungsspielraum ist begrenzt durch die theologischen Inhalte des Zweiten Vatikanischen Konzils. Deshalb kann die belgische Diplomatie wahrheitsgemäß sagen: Das Konzil hat das Konklave entschieden.[12]

Wenn auch die Regel eingehalten wurde, daß ein Konzil sich nicht in ein Konklave einzuschalten hat, so weist doch alles darauf hin, daß die Wahl Pauls VI. auf einer konziliaren Mehrheit basiert. Paul VI. bestätigt dies seinerseits, wenn er die Fortsetzung des Zweiten Vatikanischen Konzils schon während des Gehorsamserweises ankündigt (ein Ritus, bei dem die Wählenden dem Gewählten dreimal ihre Huldigung entgegenbringen, bevor die Pforten der Sixtinischen Kapelle geöffnet werden).[13]

Die Ekklesiologie des Zweiten Vatikanischen Konzils und die Normen Montinis

Das Zweite Vatikanische Konzil widmet der Frage nach dem Zusammenwirken der Vollmachten von Papst und Konzil fruchtbare und schmerzvolle Diskussionen. Es greift aber ausdrücklich weder in die Vollmachten des Kardinalskollegiums noch in die des Konklaves ein. Einige in den Konzilsdebatten geäußerte diesbezügliche Anregungen läßt es sogar fallen. Doch das Schweigen ist nur äußerlich.

Das Konzil beschließt eine Ekklesiologie der Gemeinschaft und bekräftigt die altkirchliche Lehre über Bischofsamt und Kollegialität. Damit stellt es unwiderruflich die Lehrgrundlage bezüglich des Kardinalats in Frage, die ebenso alt ist wie das Privileg der Kardinäle, den neuen Papst zu wählen. Die Bekräftigung des Konzils, daß das Bischofskollegium in der Nachfolge des Apostelkollegiums steht, bedeutet die implizite, aber klare Verneinung des mittelalterlichen Syllogismus, wonach die Kardinäle die Erben der Zwölf sind und genau deshalb der von ihnen gewählte Papst in der unmittelbaren Sukzession der Vollmacht Christi über die Schöpfung steht. Diese Lehre prägte die theologische und institutionelle Wende des 11. Jahrhunderts, d. h. den Bruch mit dem Osten, die Strukturierung des christlichen Reichs um die Gestalt des römischen Pontifex, die Entstehung des Kardinalskollegiums. Das Zweite Vatikanische Konzil reduziert diese mittelalterlichen Lehren auf vergängliche, politisch-religiöse Vorstellungen. Die Frage nach der zukünftigen Ausgestaltung von Papstamt und Kardinalat läßt es offen. Diesbezüglich öffnete der beschleunigte ökumenische Prozeß in den Begegnungen Pauls VI. mit dem Patriarchen von Konstantinopel und dem Erzbischof von Canterbury neue Horizonte. Der Entschluß, mit *Tomos agapis*[14] die der Gemeinschaft von Ost und West 1054 zugefügte Wunde zu heilen, stellt für die Zukunft noch deutlicher das Problem, dem römischen Papstamt wieder eine ökumenische Bedeutung zu verleihen.

Die Frage nach der Zukunft des Kardinalskollegiums wird nie formal gestellt, ist aber deshalb nicht weniger präsent. „La Documentation Catholique", ein bedeutendes französisches Informationsorgan, gibt 1966 Stimmen wieder, die ein gewähltes Kardinalskollegium fordern, in dem die Vorsitzenden der Bischofskonferenzen sitzen.[15] Auch ein vom Montini-Papst ernannter Kardinal wie der Erzbischof von Turin, Michele Pellegrino, spricht sich dafür aus, daß die vom Papst gewählten Berater sich als „seine" Kardinäle in ein repräsentatives Bischofskollegium integrieren.[16]

Eine erste Antwort Pauls VI. kommt 1967, und sie fällt negativ aus. Vor dem halb-öffentlichen Konsistorium bekräftigt er, daß das Kardinalskollegium, so wie es bisher gestaltet worden ist, gerade wegen der sehr heiklen Wahlaufgabe durch kein anderes Organ ersetzt werden kann. Paul VI. beteuert, daß die Kardinäle als Gefährten der Mitglieder des Bischofskollegiums durch ein notwendiges Band mit dem Primat des Papstes verbunden sind, weil ihnen durch das Kirchenrecht (also nicht durch göttliches Recht) das Recht vorbehalten ist, den Nachfolger Petri zu wählen.[17] Doch dieser Gedanke beendet die Diskussion nicht.[18] Wenige Jahre später wird einer der bekanntesten und ausgeglichensten Konzilstheologen, der Belgier Gustave Thils, erneut zu diesem Thema Überlegungen anstellen. Seiner Ansicht nach verdient die Wahl der Bischöfe und auch die des Bischofs von Rom einen mutigen Schritt der Anpassung an die ekklesiologische Wende des Zweiten Vatikanischen Konzils.[19]

Die Bischofssynode im Oktober 1969 bietet einen feierlichen und öffentlichen Rahmen, über konkrete Vorschläge zur Reform des Konklaves zu sprechen. Kurz zuvor hatte Kardinal Suenens in einem Interview gefordert, daß die Wahl des Papstes dem Bischofskollegium übertragen werde. Das dadurch verursachte Aufsehen hatte ihn veranlaßt, auf einen formellen Antrag zu verzichten. Doch vor der außerordentlichen Versammlung kommt er wieder auf das Thema zurück. Er wirft die Frage auf, wie die Kollegialität der Bischöfe auch im Augenblick der Papstwahl ihren Ausdruck finden kann.[20] Auch Baldassarri, der Erzbischof von Ravenna, hatte die *Fiktion* der Zugehörigkeit zu Rom, die dem Privileg der Kardinäle zugrundeliegt, angefochten und deshalb gefordert, daß „das Bischofskollegium den Papst wähle"[21]. Die Arbeitsgruppen der Synode (beginnend mit der französischen) beharren auf der Fragestellung. Suenens selbst stellt das Diskussionsergebnis vor. Man fordert Studien über die Gründe für eine geeignetere Beteiligung („aptiori modo") der Bischöfe an der Papstwahl.[22] Baldassarri schwächt seine Position ab und fordert, daß „man in den genannten Quellen Formen der kollegialen Leitung studiere"[23].

Das theologisch-politische Klima dieser ersten Jahre nach dem Konzil ist alles andere als ermutigend. Marie-Dominique Chenu vertritt die weitsichtige, doch isolierte Position, daß es genüge, „sich Zeit zu lassen", bis der Papst diese Vorschläge annehme.[24] Sowohl in der Hierarchie wie unter den Theologen herrscht eine enttäuschte Stimmung, was die öffentliche Debatte nur verschärft. Zwei Beispiele von vielen können die Polarisierung der Positionen verdeutlichen: Die Genueser Zeitschrift „Rennovatio" warnt vor der *Demokratisierung* als einem Prozeß, welcher die Wahrheit zerstöre. Gegenteiliges fordert das Manifest von Chur. In diesem verdeutlichen Priester, die in Chur zusammenkamen, den ebendort versammelten europäischen Bischöfen die Notwendigkeit, daß das Kardinalsamt abgeschafft und die Papstwahl Repräsentanten übertragen werden solle, die „von den lokalen Kirchen als legitim anerkannt werden".[25] Die Bischofssynode hat freilich nicht die Vollmacht, irgendetwas zu beschließen oder zu entscheiden – vor allem nicht so brennende Fragen. Die begonnene Reform des Kirchenrechts wird von anderen Sorgen beherrscht (der *CIC* wäre der natürliche Ort, um ekklesiologischen Bestrebungen des Zweiten Vatikanischen Konzils bezüglich des Wahl-Kollegiums eine juristische Form zu geben).[26]

Die Promulgierung von „Ingravescentem ætatem" (1970)

Die Ekklesiologie des Zweiten Vatikanischen Konzils hat die gregorianische Institution des Konklaves in Frage gestellt. Angesichts dieser Spannung veröffentlicht Paul VI. Bestimmungen zum Konklave, die den rein positiven, gleichsam „mechanischen" Charakter des Konklaves hervorheben. Paul VI. betont die Notwendigkeit, daß das Papstamt anderswo und auf andere Weise eine theologische Überarbeitung erfährt, die dem drängenden Ruf der Ökumene angemessen ist.

Darüber hinaus hatte schon am Ende des Konzils eine unerwartete Entscheidung Pauls VI. Polemik hervorgerufen, als er nämlich die Patriarchen der mit dem Apostolischen Stuhl unierten Ostkirchen zu Kardinälen erheben wollte (mit dem Ehrentitel auszeichnen, ohne ihnen eine Titelkirche in Rom zuzuweisen). Doch diese besitzen in ihrer traditionsreicheren Autorität als Patriarchen eine weit höhere Würde. Dieser Akt hatte die gesamte Orthodoxie (und viele Ökumeniker) empört, welche die reale Fähigkeit der Lateiner in Zweifel gezogen sah, jenseits aller schönen Worte auf die ekklesiologische Sensibilität des Ostens Rücksicht zu nehmen. Die Entscheidung Pauls VI. bezog sich tatsächlich nicht allein und unmittelbar auf das Konklave.[27]

Die Unterschrift Pauls VI. unter das Motu Proprio *Ingravescentem ætatem* vom 21. November 1970 hatte dagegen einschneidende

Auswirkungen auf Konklave und Kardinalskollegium.[28] In diesem Dokument erinnert der Montini-Papst an eine vom Konzil gegebene Orientierung, die den Diözesanbischöfen nahelegte, den Rücktritt vom Amt im Alter von 75 Jahren anzubieten.[29] Im *Regolamento generale della curia romana* (1968) hatte Paul VI. parallel dazu festgelegt, daß die Verantwortlichen geringerer Ämter in den römischen Kongregationen mit 70 Jahren, die höherer Ämter mit 75 aus dem Amte scheiden. Zur Vervollständigung dieser Bestimmungen legt Ingravescentem *ætatem* fest: *a)* Im Alter von 75 Jahren verzichten alle Kardinäle auf ihre Kurienämter, unbeschadet der Möglichkeit, daß der Papst den Rücktritt ablehnt;[30] *b)* bei Vollendung des 80. Lebensjahres beenden die Kardinäle, Präfekten oder Vorsitzende in jedem Fall ihre Kurienämter, *c)* im selben Alter von 80 Jahren endet das jahrhundertealte Recht der Kardinäle, den römischen Pontifex zu wählen, auch für den Fall, daß sie weiterhin eine Diözese leiten. Selbst der Camerlengo und der Dekan unterliegen dieser Norm. Unvermittelt waren damit 16 Purpurträger von einem künftigen Konklave ausgeschlossen.[31] Auf die Kreierung vom Mai 1976 hatte Ingravescentem *ætatem* geringen Einfluß (die Obergrenze des Kollegiums war schon auf 120 Mitglieder festgelegt).[32]

Die neuen Bestimmungen Montinis gehen nicht auf zwei Eventualitäten ein; doch sie bieten ihnen zumindest einen Rahmen. Die erste betrifft die Möglichkeit des Rücktritts des Papstes. Dieser stand im Raum, als Paul VI. im Laufe des Jahres 1968 eine ernsthafte Krise der Zustimmung erlebte. Der massive Widerstand gegen die päpstliche Enzyklika *Humanæ Vitæ*, welche jegliche mechanische und hormonelle Kontrolle der Fruchtbarkeit verurteilte, hatte Paul VI. tief getroffen. Er hatte mit der Enzyklika den Vorbehalt, den das Konzil in dieser Sache gemacht hatte, negativ beschieden. Verwirrt von der ablehnenden Reaktion, dem Vorspiel zu einer möglicherweise allgemeinen Mißachtung römischer Bestimmungen, fragt sich Paul VI. im August 1969 vor Kardinal Confalonieri, dem alten Sekretär des Ratti-Papstes:

„Was tut man bei einem so großen Zusammenbruch? Muß ich zurücktreten? Was würde Pius XI. machen? Seinen Rückzug antreten!"[33]

Nach Überwindung der Krise schließt Paul VI. nicht aus, daß der Papst – vielleicht nicht mit 75 Jahren wie die Diözesanbischöfe, aber doch mit 80 wie die Kurienkardinäle – aus freien Stücken auf sein Amt verzichten könnte. Die Bestimmungen von *Ingravescentem ætatem* spielen nicht im Geringsten darauf an, doch sie bilden einen allgemeinen, normativen Rahmen, um solche Regelungen aufzunehmen.

Dies war notwendig für einen zweiten, möglichen Fall – nur als Lehrbeispiel gedacht, aber wesentlich heikler. Es könnte sich der theoretische Fall ergeben, daß der zurückgetretene Papst das Kardinalsamt beibehält und am Konklave teilnimmt, das seinen Nachfolger wählt. Die Begrenzung der Rechte der 80-jährigen stellt lediglich sicher, daß auch ein zurückgetretener Papst, sobald er 80 Jahre vollendet hat, von der Wahl seines Nachfolgers ausgeschlossen bleibt. Sie stellt sich aber nicht dem Problem, wie der zurückgetretene Papst die Wähler vom Gewicht seines Schattens „befreien" könnte (die Frage kann weder durch Normen gelöst werden, noch außerhalb eines konkreten, historischen Falls).

Doch die Dinge waren noch in Bewegung. Das läßt sich daran erkennen, daß am 5. Mai 1973 Paul VI. seine zuvor gemachten Vorbehalte beiseite läßt und sich vor den neuen Kardinälen fragt, ob es nicht weise wäre, auch die Patriarchen und die Mitglieder des Sekretariats der Synode dem Konklave hinzuzufügen.[34] Diese schlichte Anspielung offenbart einen typischen Zug der Leitung Pauls VI. Er trennt niemals den Inhalt eines Vorschlags von der Person, die diesen Vorschlag macht. Es konnte vorkommen, daß er in der Diskussion selber Positionen aufgriff, die er selbst zuvor abgelehnt hatte, als sie von Kreisen vorgetragen wurden, die er nicht für vertrauenswürdig hielt.

Der informelle Vorschlag des Montini-Papstes erfährt einen unerwartet trockenen Verriß Hervé Legrands in einer Ausgabe von „Concilium". Der französische Dominikaner erachtet diesen päpstlichen Reformvorschlag als ungewollte Ausweitung einer universalistischen Ekklesiologie. (Eine solche liegt seiner Einschätzung nach auch dem Vorschlag Rahners zugrunde, in Rom eine ständige Synode als *board of directors* um den Papst herum einzurichten.) Die Tatsache, daß der Bischof von Rom, Bischof unter Bischöfen, universale Aufgaben wahrnimmt, hat nach Legrand negative Rückwirkungen auf den Wert der Gemeinschaft. Schließlich unterstreicht der Dominikanertheologe die Risiken, wenn der Petrusdienst zum Ausdruck und „Ersatz" der Vollmacht des Bischofskollegiums gemacht würde.[35]

Jenseits der pointierten theologischen Kritik erfährt die Theorie des Montini-Papstes keine Reifung. Die fast schon rituelle apostolische Konstitution zum Konklave, die 1975 erscheint, spiegelt diese Fragen nicht wider, sondern gießt die Bestimmungen von *Ingravescentem ætatem* in feste Form.

Die Konstitution „Romano Pontifici eligendo" Pauls VI. (1975)

Viele Jahrhunderte lang wurden die Ergänzungen der grundlegenden Bestimmungen des Konklaves aus Furcht vor äußeren Notfällen vorgenommen. Dagegen stellen die Bestimmungen von *Ingravescentem ætatem* (1970) den einzigartigen Fall einer innerkirchlichen Notsituation dar. Paul VI. hatte durch das Motu Proprio kurzerhand bestimmt, daß im Fall seines Ablebens einige seiner unbelehrbaren Widersacher und Verleumder – aufgrund der festgelegten Altersgrenze – dem Konklave fernbleiben mußten.

Die Altersgrenze konnte als eine von der Situation diktierte Norm erscheinen; doch sie wird zur allgemeinen Norm durch die Aufnahme in die apostolische Konstitution *Romano Pontifici eligendo* vom 1. Oktober 1975. Diese vervollständigt die Normen von 1970 und gibt ihnen einen weiteren Rahmen, wenn auch nicht *in concreto*, da sie im Singular von notwendigen Regelungen für die „electionem successoris" (Wahl *des* Nachfolgers) spricht.

Paul VI. erkennt in Pius XII. den Initiator einer gesunden Politik von Kardinalserhebungen, die „magis magisque varias orbis catholici Ecclesias variasque nationes repræsentarent". Er bekräftigt das Prinzip, daß die Wahl des Bischofs von Rom nicht den Repräsentanten der universalen Kirche zustehe, sondern der römischen

Kirche und dem Kollegium, das *diese* Kirche repräsentiert („penes Ecclesiam Romanam, scilicet penes Sacrum Collegium Cardinalium illam repræsentantium").

Die Konstitution gliedert sich in zwei Teile, einen zur Sedisvakanz und einen zur Wahl. Der erste Teil, der den Bestimmungen der Vorgänger Pacelli und Roncalli folgt, wiederholt die übliche Begrenzung der Kompetenzen des Kardinalskollegiums hinsichtlich des *regimen Ecclesiæ*. Wie in der ältesten Überlieferung ist alles, was das Verfahren beschleunigt, grundsätzlich positiv (sei es auch gefährlich für das „Wohlbefinden" der einzelnen oder der Kirchen). Paul VI. bekräftigt das Verbot, daß das Kardinalskollegium von sich aus die Modalitäten der Papstwahl verändern könne. Doch er gestattet den Kardinälen – die über 80-jährigen eingeschlossen – die Normen mit einfacher Mehrheit der Anwesenden in den täglichen Generalkongregationen zu „interpretieren".[36] Im Verlauf dieser Plenarsitzungen der Purpurträger, die auch schon dem Schweigegebot durch Eid unterliegen,[37] löst man die praktischen Fragen, u. a. auch die eventuell anstehende Überführung des Leichnams des Papstes von Castelgandolfo nach Rom (§ 29). Nicht diese außerordentliche Entscheidungsbefugnis zieht die Aufmerksamkeit Montinis auf sich, sondern die Bestimmungen zu den Kurienämtern für die Zeit der Vakanz. Das Ziel der Normen Montinis besteht darin, die Absetzung der gesamten Führung der römischen Kurie beim Tode des Papstes zu bekräftigen und im einzelnen zu regeln.[38] Nur drei unbedeutendere Ämter bleiben davon ausgenommen: der Pönitentiar, der Kardinalvikar von Rom und der Camerlengo (dessen Aufgaben können im Fall der Verhinderung oder Abwesenheit auf den Kardinaldekan übergehen).[39] Insgesamt gesehen will Paul VI. den Nachfolger von der Kurie seines Vorgängers befreien, diese in gewisser Weise entleeren. Er führt eine Art von vatikanischem *spoil system* ein, das dem zukünftigen Papst die Hände frei hält. Möglicherweise sind eine enttäuschte Sehnsucht zu Beginn seines Pontifikats oder die großzügige Geste des Papstes gegenüber seinem Nachfolger die Gründe für diese Regelung. Doch dieses System wird trotz aller Planung bis in die Einzelheiten nicht funktionieren.

Die traditionelle Regel, die einem tagenden Konzil untersagt, in die Papstwahl einzugreifen, wird vom Montini-Papst auch auf die Bischofssynode ausgedehnt (§ 33–34). Paul VI. bekräftigt erneut, daß nur die Kardinäle unter 80 Jahren das Recht haben, den Bischof von Rom zu wählen. Der Gewählte muß, um die Fülle seiner Vollmachten ergreifen zu können, die Bischofsweihe empfangen, falls er sie noch nicht besitzt. Die alten Normen Sixtus' V., welche die Mitglieder-Obergrenze des Kollegiums festlegen, werden erneuert und präzisiert: Das *plenum* wird auf 120 wahlberechtigte Kardinäle begrenzt.[40] Der Zahl der nicht wahlberechtigten Kardinäle (die der Papst auch bei schon vorgerücktem Alter erheben kann) wird keine Grenze gesetzt. Der Papst kann dabei das Verhältnis von aktivem zu passivem Teil des Kollegiums frei bestimmen. Zwischen dem Tod des Papstes und dem Konklave sind 15 bis 20 Tage des Wartens und der freien Beratung vorgesehen. Die Bestimmungen Montinis wiederholen die Strenge des 20. Jahrhunderts, um die Diskretion zu schützen und die Einflüsse von außen zu vermeiden.[41] Dem, der diese Normen verletzt, wird mit Ausschluß aus dem Konklave gedroht.

Die Modalitäten der Wahl bleiben jene des 20. Jahrhunderts: Akklamation (Inspiration), Kompromiß und Abstimmung.[42] Für die Abstimmung wird die Zweidrittelmehrheit *plus* eine Stimme verlangt. Es kehrt die Sorge des Pacelli-Papstes wieder, daß nach Aufhebung der Versiegelung der Stimmzettel jemand dem Papst vorwerfen könnte, unentbehrlicher Bestandteil seiner Mehrheit zu sein.[43] Um Behinderungen und Verzögerungen der Wahl zu unterbinden, legt Paul VI. fest, daß das Kollegium nach drei Zyklen von sieben Wahlgängen, d. h. am 12. Tag, für den Kompromiß, für eine Wahl mit einfacher Mehrheit oder für eine Stichwahl optieren kann.

Die Konklaven Johannes Pauls I. und II.

Die zwei Konklaven von August und Oktober 1978 sind die ersten und einzigen, die entsprechend den Normen Montinis ablaufen. Vor allem sind es die ersten beiden Konklaven des 20. Jahrhunderts, zwischen denen, wegen des kurzen Zeitraums, der sie voneinander trennt, weder normative Erneuerungen noch bedeutsame Veränderungen in der Zusammensetzung des Kollegiums stattfinden. Die Konklaven, aus denen Johannes Paul I. und II. hervorgehen, lassen wegen der Nähe der Ereignisse und der entsprechenden Unverfügbarkeit der Quellen nur manche vorsichtigen Überlegungen zu. Wenn sie etwa zu unterschiedlichen Ergebnissen kommen, so erscheint es ziemlich wahrscheinlich, daß die Mehrheit, die Luciani wählt, nicht die gleiche ist, die Wojtyła zum Papst macht.

Paul VI. starb am 6. August 1978, dem liturgischen Fest der Verklärung Christi. Bei der Wahl seines Nachfolgers fehlen drei der 115 wahlberechtigten Kardinäle (Kardinal Gracias von Bombay und der polnische Kurienkardinal Filipiak liegen im Sterben; Kardinal Wright von Boston befindet sich im Krankenhaus). Vor allem fehlen wegen des Überschreitens der Altersgrenze von 80 Jahren der Kardinaldekan Confalonieri und der Subdekan Marella. Der Camerlengo *und* Kardinalstaatssekretär Villot ist daher das einzige Mitglied des Kollegiums in voller Funktion, sowohl in der vorbereitenden Phase wie im Konklave. Bevor man in das Konklave einzieht, steht Villot am 25. August der Messe zum Hl. Geist vor und hält in Italienisch die Ansprache *de eligendo*.[44] Im Konklave erfüllt Villot sowohl die eigenen Aufgaben als auch in Vertretung die des Dekans.

Schon im Augenblick des Todes Pauls VI. ist klar, daß nur wenige Führungspersönlichkeiten des Konzils die Sixtinische Kapelle betreten werden. Die Kardinäle von Genua, Warschau und der Emeritus von Montreal – Siri, Wyszyński und Léger – haben schon am Konklave Johannes' XXIII. teilgenommen. Acht Kardinäle – Suenens, Alfrink, König, Rugambwa, Bueno y Monreal, Silva Henriquez, Quintero und Landazuri Ricketts – waren am Konklave Pauls VI. beteiligt.

123

In diesen turbulenten Tagen erlebt man eine veränderte Funktion der Neuntagefrist. Es sind Tage der Trauer – aber auch Tage starker Medienpräsenz. Der objektive und an sich legitime Druck der öffentlichen Meinung auf die Kardinäle wird in bisher nie gekannter Weise ausgeübt.[45] Die Ansprache *de eligendo pontifice*, formell einem Prälaten der Kurie vorbehalten, wird in vielen Artikeln und Kommentaren öffentlich vorweggenommen. Am 10. August veröffentlicht P. Congar in „La Croix" den Artikel „Un pontificat. Une suite?". Er schlägt darin die Kandidatur eines Vorkämpfers der katholischen Ökumene wie den holländischen Kardinal Johannes Willebrands oder eines Vorzeigebischofs der Kirche der Armen wie den Brasilianer Paulo Evaristo Arns vor. Am 16. August veröffentlicht die gleiche Zeitung einen von mehreren Theologen unterschriebenen Appell für einen „charismatischen" Papst (unter ihnen Congar, Chenu, Schillebeeckx, Hourdin und Küng). Es ist nicht schwer, die Unterstützung für Suenens herauszuhören, gegen die Kardinal Siri[46] in einer Predigt reagiert. In den USA veröffenlicht ein *Committee for a responsible election of the pope* unter dem Titel *The Inner Elite* eine Art von *Who's Who* des Kollegiums.

In Italien erzielt der Botschafter am Hl. Stuhl, Cordero di Montezemolo, mit einem aufsehenerregenden, falschen Schritt große Medienöffentlichkeit. Am 23. August 1978, am Vorabend des Einzugs der Kardinäle in die Sixtinische Kapelle, veröffentlicht die Tageszeitung „La Repubblica" seinen Bericht an den Außenminister Arnaldo Forlani über das Konklave.[47] Der Botschafter schreibt den Kardinälen Sebastiano Baggio und Paolo Bertoli Ansehen und auf die Stimmen bezogen einen Vorsprung zu. Dagegen verreißt er die Kandidaturen zweier Vertrauter von Papst Paul VI., Giovanni Benelli und Sergio Pignedoli. Der italienische Diplomat beruft sich auf Informationen, die er am 8. August während eines Abendessens in der Botschaft erhalten hatte. Seine Gäste und Gesprächspartner waren Gabriele De Rosa, ein der Democrazia cristiana angehörender Leitartikler von „Il Tempo", der Korrespondent der „Agence France Press" und der korsische Ökumeniker Arrighi, Untersekretär am Sekretariat für die Einheit der Christen. De Rosa erwähnt in seinem Tagebuch[48] die Aussagen Arrighis: Dieser habe erklärt, daß Bertoli „ein Mann der Mitte sei, der im Innern der Kurie die harte Hand zu gebrauchen imstande ist". Außerdem sei es notwendig, die finanziellen Probleme einer Institution zu lösen, „die bis auf die Knochen verschuldet ist". Arrighi ging von der Annahme aus, daß der Papst „nur ein Kurialer und ein Italiener sein kann". Daher schloß er aus, daß Raum bliebe „für Ausländer, die sich nicht zu bewegen wüßten". Der italienische Botschafter berichtet dies alles in einer Depesche, die durch seine Indiskretion oder durch Bosheit des italienischen Außenministeriums in den Zeitungen landet. Doch seltsamerweise vergißt man zu berichten, daß Arrighi bekannte, „sich nicht erklären zu können, warum die Kardinäle der Dritten Welt und die Lateinamerikaner, die nach Rom zum Konklave kommen, vor allem Nachrichten über Luciani forderten"[49].

Der Vorfall signalisiert weniger ein Problem der Zurückhaltung als ein Problem der Benutzung der Presse (durch den Botschafter oder den Minister). Doch im Grunde ist dies der Spielraum, den die Normen der Diplomatie gelassen haben.

Nicht alle suchen in den Zeitungen ein Manövergelände. Umgekehrt haben nicht alle Zeitungen daran ein Interesse. In Italien verfolgt der „Corriere della Sera", obgleich er sich in einer dunklen Phase seiner Geschichte befindet, eine neutrale Informationspolitik. Er überläßt Giuseppe Alberigo, einem Historiker aus Bologna, der Dossetti sehr nahe steht, die Aufgabe, einen *status ecclesiæ* zu zeichnen. „Il Tempo" des Gianni Letta nimmt eine vorsichtige Position ein, dank der Leitartikel von Gabriele De Rosa, der „das Drama des Ökumenismus" ins Gedächtnis ruft und „neue Worte, neue Glaubensimpulse" erwartet. Die französische und die deutsche Presse geben mehr den Theologen und ihren Forderungen Raum als Vorhersagen. In Madrid präsentiert „Blanco y Negro" eine Liste von Papstkandidaten, die dem 58-jährigen Polen Karol Wojtyła geringe Chancen einräumt (er ist der letzte auf ihrer Liste der „papables").[50] Die Aktion laikaler römischer Kreise, die – karikierend – eine Kandidatur des Kardinalvikars Poletti unterstützen, hat auch in der Presse kein Glück. Die Presse erinnert nur daran, daß der Vikar von Rom seit den Tagen Leos XIII. kein natürlicher

Kandidat auf die Nachfolge sei (Leo XIII. wies ein ganz anderes *curriculum* auf …).

Am 25. August 1978 um 16.30 Uhr beginnen die Kardinäle das Konklave und wählen innerhalb von nur 26 Stunden.[51] In vier Abstimmungen sammelt sich die Mehrheit um den Patriarchen von Venedig, Albino Luciani, der seit fünf Jahren Kardinal ist.[52] Er nimmt den bisher nicht verwendeten Doppelnamen Johannes Paul I. an. Manch einer aus der großen Zahl der Kardinäle behauptet, den Papst vorhergesagt zu haben; aber das zählt nicht.[53] Die ersten Handlungen des Gewählten offenbaren, wie immer, etwas Objektives darüber, wie sich die Mehrheit zusammensetzte. Johannes Paul I. trifft eine sich überstürzende Fülle von Entscheidungen. Die erste betrifft das Ende des Konklaves (im Jargon, der manchmal zweideutig ist, die *Öffnung*). Luciani bittet, daß diese auf Sonntagmorgen verschoben wird, um eine Ansprache vor den Wählern halten zu können. Er bestimmt zudem, daß zu diesem Zeitpunkt auch die älteren Kardinäle hinzukommen, die nicht an den Abstimmungen teilgenommen hatten. Auf diese Weise werden sie würdig in die Gehorsamsriten gegenüber dem neuen Pontifex einbezogen. Ferner verkündet der Neugewählte ohne Zögern pauschal die Bestätigung der gesamten Kurienverwaltung *ad quinquennium* (auf fünf Jahre). Er verzichtet entschieden darauf, sich des von Paul VI. vorbestimmten Mechanismus des *spoil system* zu bedienen. Doch keine Quelle klärt, warum der Luciani-Papst dies tut. Erfüllt er eine Vereinbarung der Neuntagefrist oder eine Absprache des Konklaves? Will er schlicht mit dem Regieren warten oder beurteilt er das System Montinis negativ? Anstelle der Liturgie der Krönung feiert Johannes Paul I. schließlich eine Eucharistiefeier ohne Tiara und ohne Thron. In seiner Ansprache verzichtet er auf den „Pluralis maiestatis". So macht er deutlich, den Petrusdienst von den Zeichen der päpstlichen Macht reinigen zu wollen.

Es ist sicher, daß Johannes Paul I. in dem kurzen Monat seiner Regierung Vorstellungen eines Wandels entwirft und umsetzt. Eine wichtige Quelle dafür sind die Tagebücher des venezianischen Ökumenikers Don Germano Pattaro, der dem Papst nahesteht. Sie dokumentieren dessen Ideen in einer gewissen Breite. Doch niemand ist in der Lage zu sagen, ob und wie sie ausgeführt worden wären, und noch weniger, ob und wie diese die Normen des Konklaves betroffen hätten.[54] Am 29. September 1978 findet man Johannes Paul I. tot in seinem Bett auf. So beginnt ein zweites Konklave, das von den gleichen Normen bestimmt ist, zu dem fast die gleichen Kardinäle zusammenkommen, Kardinal Villot eingeschlossen, der sich in der gleichen Häufung von Aufgaben wiederfindet, die er schon im Konklave des August ausgeübt hatte.[55]

Der Druck der Medien hat nicht wirklich nachgelassen. Er hat sich nur auf das Problem verlagert, die Gründe für den plötzlichen Tod des Papstes zu erörtern. Ebenso will man vermeiden, dieselben allgemeinen Überlegungen des zurückliegenden August vorzutragen.[56] Trotzdem kommt es zu einer Reihe von Vorfällen. Am Morgen des Einzugs in das zweite Konklave des Jahres veröffentlicht die „Gazzetta del Popolo" ein langes Interview von Gianni Licheri mit Kardinal Giuseppe Siri. Siri kritisiert darin Luciani und seine Politik bei der Besetzung des Staatssekretariats. Das Interview sollte ursprünglich am 15. Oktober, nach Beginn des Konklaves, erscheinen. Doch die Zeitung zieht die Veröffentlichung vor. Manche meinen, Gegenspieler Siris wie Kardinal Pellegrino oder Kardinal Benelli hätten die vorzeitige Veröffentlichung veranlaßt. Andere Stimmen sagen, die Entscheidung sei in der Redaktion eigenständig gefallen.[57] Tatsächlich beschert Siris Kritik ihm einen Makel der Arroganz, der nicht weggewischt werden kann.[58] Sie spaltet die Gruppe der Kardinäle, die sich den pessimistischen Tönen Pauls VI. gegen Ende seiner Amtszeit angeschlossen und sich auf Siris Namen verständigt hatte.[59]

In der Presse erscheint eine Erklärung der deutschen Kardinäle gegen den Marxismus, verfaßt von dem Theologen Joseph Ratzinger. Die Erklärung stellt eine Öffnung gegenüber den Kardinälen Osteuropas dar. Gegenüber dem Konklave wird diese Öffnung in einem grundsätzlichen Thema verschlüsselt. Doch das Ziel der Erklärung liegt weniger in programmatisch-politischen Grundsätzen als in einer Orientierung für die Wähler des Nachfolgers Johannes Pauls I.

Die katalanische Ausgabe von „Blanco y Negro" bringt eine der üblichen Aufteilungen des Kollegiums in Fraktionen. Interessant ist, daß sie die relative Mehrheit (42 Stimmen) einer nicht gut faßbaren Gruppe von „rechten Anhängern Montinis" zuschreibt. Ein rein konservativer Kandidat könnte 28 Stimmen erhalten; der letzte auf der Kandidatenliste dieser Fraktion wäre der Erzbischof von Krakau. Den „linken Anhängern Montinis" – die sich in Willebrands wiederfänden – geben sie 27 Stimmen. Zusammen mit den 14 Reformern sind sie weit von den 70 oder 75 Stimmen entfernt, die für die Wahl notwendig wären. Der Artikel schließt seine sorgfältigen Ausführungen mit der Wiedergabe der Prognose Samorés, des Substituten des Staatssekretariats: „Im August gab es zwei Papstkandidaten, über die die Presse niemals sprach: Luciani und Wojtyła. Luciani ist tot. Also …".[60]

Nach Kardinal Villots neuer Ansprache *de eligendo pontifice* ist der Einzug ins Konklave für den zweiten möglichen Tag vorgesehen, den 14. Oktober 1978. In die Sixtinische Kapelle ziehen 111 Kardinäle ein.[61] Nach acht Wahlgängen wird am 16. Oktober die Vorhersage Samorés Wirklichkeit. Kardinal Pericle Felice verkündet das *habemus papam*: Es ist Johannes Paul II., der Mann aus Polen, der die jahrhundertealte Liste der italienischen Päpste unterbricht.[62]

Trotz der Fortführung des Namens ist es schwer vorstellbar, daß der Wojtyła-Papst von der gleichen Mehrheit gewählt wurde wie Johannes Paul I. Wie von verschiedenen Seiten bestätigt wurde, spielten die deutschsprachigen Kardinäle eine entscheidende Rolle. Kardinal König hatte sich schon im August für einen nichtitalienischen Papst ausgesprochen (auch wenn er damals an einen Afrikaner dachte). Ratzinger hatte durch die oben erwähnte Erklärung für sich und die eigenen theologischen Sorgen einen Raum geschaffen. Ebenso sicher ist, daß der Fauxpas Siris wertvolle konservative Stimmen wieder in Bewegung brachte. Doch man kommt über Klatsch und vermutete Selbstverständlichkeiten nicht hinaus.[63] Für den Leser von heute, der von einer Leseweise *a posteriori* geprägt ist, kann die Rekonstruktion der Ereignisse hier nur stehenbleiben und die Unüberbrückbarkeit der aktuellen, dokumentarischen Situation anerkennen.

Achtes Kapitel

Die Konklaveregelungen Johannes Pauls II.
„Universi dominici gregis" (1996)

Johannes Paul II. hat sich der Gewohnheit des 20. Jahrhunderts nicht entzogen, neue Bestimmungen für die Wahl des eigenen Nachfolgers zu treffen. Doch er hat dies mit einiger Verzögerung erst im 18. Jahr seines Pontifikats getan, 15 Jahre, nachdem ein Verrückter im Sold von Unbekannten versucht hatte, ihn umzubringen, 13 Jahre nach der Reform des *CIC* und acht Jahre nach der Reform der römischen Kurie. Die apostolische Konstitution *Universi dominici gregis* vom 22. Februar 1996 ist also alles andere als ein übereiltes oder von Emotionen des Augenblicks geprägtes Schreiben.[1]

Die Bestimmungen des Wojtyła-Papstes sind also die derzeit gültigen. Sie verknüpfen Bestätigungen und Neuerungen, Details und Grundsätze, leiten sich zum einen aus der unmittelbaren, zweimaligen Konklaveerfahrung Johannes Pauls II. her, zum anderen verdanken sie sich der Ausarbeitung in römischen und nichtrömischen Gremien. Sie spiegeln ferner die inzwischen dreißig Jahre dauernde Rezeption des Konzils wider.

Die Konstitution *Universi dominici gregis* gliedert sich in die inzwischen üblichen zwei Teile – die Bestimmungen zur Sedisvakanz und jene zur Wahl. Sie enthält durchaus bedeutsame Bestätigungen, Veränderungen und Grundsatzbestimmungen.

Die beständige Erneuerung des Konklaves

Im Vorwort erklärt Johannes Paul II., warum die Wahl seines Nachfolgers neuer Regelungen bedarf. Er begründet die neuen Bestimmungen einerseits mit dem „Bewußtsein der veränderten Situation, in der die Kirche lebt"², andererseits mit der Promulgierung des neuen *CIC* im Jahr 1983, insbesondere can. 335 des *CIC*,³ der dazu verpflichtet, „besondere Gesetze für den Fall zu erlassen, daß der römische Bischofsstuhl, aus welchem Grund auch immer, vakant sein sollte, und diese Gesetze beständig zu erneuern"⁴.

Der *CIC* hatte für einen Rahmen gesorgt. Die Konstitution Johannes Pauls II. liefert eine authentische Interpretation, die den Horizont der Kanones maximal ausweitet.⁵ *Universi dominici gregis* legt apodiktisch den Grundsatz fest, daß eine *accomodatio* der Gesetzgebung zur Sedisvakanz und zur Wahl des Papstes immer, nicht nur bei großen historischen Umwälzungen, vorzunehmen sei. Zuweilen versieht Johannes Paul II. als Gesetzgeber seine päpstlichen Entscheidungen mit dem Vorbehalt innerer Selbstreform. So auch hier: Er setzt seine Bestimmungen nachfolgenden Korrekturen oder Bestätigungen aus. Das Kriterium, Gesetzesbestimmungen gemäß der jeweiligen Situation zu regeln, legitimiert im voraus alle Änderungen.

Das Konklave nach einem Rücktritt

Ein anderer charakteristischer Punkt der Konstitution *Universi dominici gregis* betrifft die Bestimmung zur Sedisvakanz, näherhin die Weise und den Augenblick, in dem diese in Funktion treten. Der Linie des *CIC* von 1983 folgend, wird festgehalten, daß die römische Kirche für den Fall vorsorgen müsse, daß der Bischofsstuhl unbesetzt sei, *quavis ratione*, d. h. aus welchem Grund auch immer. Letzteres signalisiert, daß der römische Bischofsstuhl nicht nur aufgrund des Todes des Amtsträgers vakant werden kann, sondern auch aus anderen Gründen. Diese Sicht spielt auf mehrere, leicht erkennbare Situationen an und will einen Fall ausdrücklich zulassen, nämlich den Fall des freien Verzichts des Papstes auf sein Amt.⁶ Auch wenn ein solcher Rücktritt völlig ungewohnt scheint, ist er doch eine vom Kirchenrecht vorgesehene Option. Schon Pius XII. hatte angesichts seiner schweren Erkrankung einen Rücktritt in Betracht gezogen. Aus verschiedenen Quellen weiß man, daß Paul VI. darüber nachgedacht hat. Es ist fast zu banal zu sagen, daß auch Johannes Paul II. schon über einen Rücktritt nachgedacht haben oder darauf zurückkommen könnte. Ein freier Akt kann durch nichts anderes als den gesunden Menschenverstand dessen bestimmt werden, der ihn trifft. Wenn also jemand daran erinnert, daß der Papst zurücktreten könnte, ist Empörung nicht angebracht.[7] In der Geschichte des Papsttums hat es seit Jahrhunderten keinen Rücktritt mehr gegeben. Doch ist es verständlich, daß die Konstitution Johannes Pauls II. ihn vorsieht:[8] Den 80-jährigen Kardinälen verbietet man die Teilnahme am Konklave mit dem Grund, daß sie ihr hohes Alter nicht noch mit der Last der Papstwahl beschweren. Alle Diözesanbischöfe der lateinischen Kirche müssen bei Vollendung des 75. Lebensjahrs ihren Rücktritt anbieten. Dagegen kennt der Papst keine Altersgrenze, nach deren Überschreiten er die Seelsorge einem jüngeren Bischof übergibt.[9] Es ist es schwer vorstellbar, daß diese Praxis ewig fortbesteht.

Die Konstitution *Universi dominici gregis* bezieht sich nicht nur auf den freien Verzicht auf das Petrusamt, der streng genommen nur *ein* Grund ist. Ein anderes klassisches Motiv erwähnt *Universi dominici gregis* nicht einmal: das des Papstes *a fide devius*. Der vom Glauben abweichende Papst ist gemäß der mittelalterlichen, kirchenrechtlichen Lehre durch die Tatsache selbst abgesetzt, sich außerhalb des Glaubens zu befinden, auf den der Nachfolger des Petrus gegründet ist. Nach Torquemada und Bellarmin ist ein solcher Papst unmittelbar von Gott abgesetzt, nach Cajetan und Suárez durch die Bischöfe, die ihm den Prozeß machen. Allerdings ist der Papst *a fide devius* sicher kein Fall, den man in das positive Recht über den vakanten Bischofsstuhl einschließen müßte, eher ein Lehrbeispiel oder eine unvorhersehbare Tragödie.

Dagegen läßt die moderne Geriatrie für die Zukunft andere Situationen plausibel erscheinen. Der römische Bischofsstuhl könnte durch einen Papst blockiert werden, der nicht mehr fähig ist, mit den Gläubigen zu kommunizieren, und auch nicht mehr fähig ist, jenen freien Verzicht auszuüben, der den Weg für ein Konklave ebnen würde.

Der *CIC* legt fest, daß man im Fall einer solchen *sede impedita* nach den Bestimmungen eines Partikularrechts vorgehen solle, das jedoch bisher nicht promulgiert wurde. Eine scharfsinnige Analyse von James Provost hat schon vor einigen Jahren aufgezeigt, daß diese Lücke in den Vorschriften mit Hilfe anderer Bestimmungen geschlossen werden könnte: Zu den Aufgaben des Camerlengo gehört es, den Tod des Papstes zu diagnostizieren und zu bestätigen. Diese Aufgabe könnte analog auch auf den Fall angewandt werden, eine unumkehrbare Unfähigkeit zur Leitung der Kirche festzustellen. Auch wäre die Bestimmung über die Behinderung des Diözesanbischofs, die sich darauf bezieht, daß ein Bischof nicht mehr in der Lage ist, „schriftlich mit den Diözesanen in Verbindung zu treten" (*CIC*, Can. 412), auf die Kirche von Rom anwendbar. Hier könnte der Kardinalvikar von Rom im Auftrag des Kardinalskollegiums die Aufgabe erfüllen, die dem Generalvikar jeder katholischen Diözese zukommt.[10]

Johannes Paul II. zeigt mit diesem *quavis ratione* eine ruhige und gelassene Haltung angesichts einer an sich schmerzhaften Situation. Ihr Eintreten kann für die Zukunft sicher nicht ausgeschlossen werden. Für diesen Fall will die apostolische Konstitution nicht fromme Allgemeinplätze bieten, sondern wirksame Normen aufstellen.

Bestätigte Grundsätze und Normen

Neben diesen neuen Elementen bekräftigt *Universi dominici gregis* auch bewährte Grundsätze und Überzeugungen. So hält Johannes Paul II. fest, daß Einigkeit über die Tatsache besteht, daß es dem Papst zustehe, die Modalitäten der Papstwahl zu bestimmen, „in Übereinstimmung mit dem Wandel der Zeit". Gemäß dem Erbe der Überlieferung obliegt den Kardinälen die Papstwahl. „Durch die Annahme der rechtmäßig erfolgten Wahl zusammen mit der

Bischofsweihe" (Can. 332, §1 des *CIC*) erhält der Gewählte jene Vollmacht, die von Christus selbst kommt, dessen Vikar auf Erden der römische Pontifex ist. Das ausschließliche Wahlrecht der Kardinäle leitet man aus der Tatsache ab, daß die Kardinäle – wie der Papst – römisch und universal definiert sind: Der Bischof von Rom wird von den Kardinälen mit römischem und suburbikarischem Titel gewählt; er ist gleichzeitig Hirte der universalen Kirche, dessen Wahlkollegium sich aus Kardinälen aller Kontinente zusammensetzt. Die wechselseitige Bezogenheit zwischen Kollegium und Primat, auf die seinerzeit Paul VI. angespielt hatte, wird endgültig fallengelassen.

Die zwei grundlegenden Neuerungen Pauls VI. zu Zahl und Alter der Mitglieder des Kardinalskollegiums werden wiederholt und als weise, aber nicht unveränderbare Maßnahmen bezeichnet. Die Repräsentativität des Kollegiums werde „heute" von den 120 Wählenden gut zum Ausdruck gebracht. Vom Konklave ausgeschlossen bleiben die Kardinäle, die das 80. Lebensjahr vollendet haben. Man begründet dies weiterhin damit, daß man dem *onus* (der Last) des Alters nicht die Verantwortung des Wählens hinzufügen solle.[11]

Die Sixtinische Kapelle als ständiger Sitz

Bezüglich der Einzelheiten des Wahlverfahrens werden zwei Entscheidungen getroffen, die trotz ihrer Revidierbarkeit einen Sensibilitätszuwachs im Bewußtsein katholischer Institutionen anzeigen.

Die Konstitution *Universi dominici gregis* legt fest, daß die Wahl des Bischofs von Rom immer und auf jeden Fall im Vatikan, immer und auf jeden Fall in der Sixtinischen Kapelle stattfinden müsse, „wo alles dazu dient, das Bewußtsein für die Gegenwart Gottes zu nähren", und wo das Fresko Michelangelos die Wähler an das Gericht erinnert, das jeden erwartet.

Diese Sakralisierung des Sitzungsortes ist ein völlig neues Faktum.[12] Der angegebene Grund läßt die tiefere Bedeutung der Entscheidung nur ahnen. Wie beim Ausschluß der 80-jährigen von der Wahl der wirkliche Grund nicht die genannte Müdigkeit des Alters ist, sondern die erforderliche Sensibilität des Gewählten für die Kultur der Zeit, so ist die Fixierung eines festen Wahlortes unabdingbar für einen Papst, der Mobilität zu einem Kennzeichen seiner Regierung gemacht hat. Dank dieser Fixierung kann er reisen, ohne sich ständig der Problematik stellen zu müssen, was geschehen könnte, wenn die Kardinäle gemäß der alten Regelung, das Konklave am Sterbeort des Papstes abzuhalten, in einem entfernten oder feindlichen Land zur Wahl schreiten müßten. Die alte Regelung sollte die Wähler einst vor dem Druck derer schützen, die sie an einen für sie günstigen Ort versammeln wollten. Die Festlegung des Sitzungsortes im Vatikan will das Gleiche in einem veränderten Kontext. Sie bringt zum Ausdruck, daß Johannes Paul II. seinen Stil als reisender Prediger des Evangeliums nicht einzuschränken gedenkt und auch seinem eigenen Nachfolger die Möglichkeit offenhalten will, sich diesen nomadischen Zug des Petrusamtes anzueignen. Johannes Paul II. hat diesen Stil von den politischen Autoritäten überstaatlicher Organisationen (wie UNO oder EU) entlehnt und ihm durch jahrelange Praxis sakralen Charakter verliehen.

Die Demokratisierung des Wahlsystems

Schon im Vorwort kündigt *Universi dominici gregis* die formale Aufhebung einiger Wahlverfahren an, welche die Tradition bewahrt hatte, obgleich sie seit Jahrhunderten nicht mehr angewandt wurden. Johannes Paul II. streicht die Wahl durch Inspiration und die Wahl durch Kompromiß. Er läßt nur Platz für die Abstimmung (zunächst mit qualifizierter Mehrheit, dann nach einem gewissen Zeitraum mit einfacher Mehrheit[13]). Das demokratische System der geheimen Wahl scheint ihm „für die aktuellen, kirchlichen Bedürfnisse" und „angesichts der Orientierung der modernen Kultur" geeigneter.

Die Erklärungen für die Aufhebung ehrwürdiger Wahlverfahren sind interessant. Die Wahl per Akklamation, die *quasi ex inspiratione* geschehen mußte, wird gestrichen, weil sie ungeeignet scheint, die Gedanken eines so weit gefächerten und so verschiedenartigen *collegium electivum (sic!)* wiederzugeben. Noch stärker ist das Argument, mit dem Johannes Paul II. die Wahl durch Kompromiß abschafft. Zunächst wendet er ein, daß die unentwirrbare Anhäufung der Normen („normarum cumulus inextricabilis") die Anwendung erschwere;[14] dann macht er geltend, daß bei der Wahl durch Kompromiß die persönliche Verantwortung eines jeden wählenden Kardinals verdunkelt wird. Daher legt Johannes Paul II. fest, daß der Bischof von Rom *forma una* gewählt wird, d. h. nach dem einzigen Verfahren der geheimen Abstimmung.

Die ausschließliche Anwendung des Abstimmungsverfahrens zur Erforschung des allgemeinen Wählerwillens ist bedeutsam. Irgendwie war die Wahl durch Inspiration als Sehnsucht nach einem direkten Eingreifen Gottes im Recht verblieben.[15] Die Wahl durch Kompromiß konnte verhindern, daß ein Konflikt im Konklave unendlich andauerte, und bot der Minderheit einen würdevollen Weg an, sich der siegreichen Gruppe anzuschließen. Diese war jedoch verpflichtet, die kritische Schwelle der Zweidrittelmehrheit zu erreichen. Johannes Paul II. beschränkt die Verfahren der Papstwahl auf die Abstimmung und legt fest, daß im Falle eines langen Patts das *quorum* automatisch herabgesetzt wird. Dies bedeutet, daß die kirchliche Institution sich von der politischen nicht durch eigene institutionelle Verfahren unterscheidet, sondern durch den spezifischen Wesenskern und Inhalt.

Die Einzelbestimmungen

Auf dieser Grundlage wiederholt die Konstitution *Universi dominici gregis* sodann fast wörtlich die schon im Laufe des 20. Jahrhunderts erlassenen Bestimmungen. Unbedeutende Neuerungen passen die Verbote dem neuesten Stand der Technologie an. Den wahlberechtigten Kardinälen wird untersagt, mithilfe elektronischer Mittel nach Beginn des Verfahrens mit Personen außerhalb des Konklaves zu kommunizieren. Das gemeinschaftliche Leben wird bewahrt, aber weniger beschwerlich gestaltet. Im Sommer 1978 hatten über 100 Kardinäle und Hunderte von Konklavemitarbeitern im Umfeld der Sixtinischen Kapelle zusammengedrängt gelebt. Johannes Paul II. bestimmt nun, daß die Kardinäle in angemessenen Quartieren auf der westlichen Seite des Vatikan wohnen können, wie in dem jüngst errichteten Hospiz Santa Marta. Diese vernünftigere Unterbringung erleichtert die Kontakte. Sie führt auch zu einem bisher unbekannten Detail: zwei oder drei Busse müssen die Wählenden unter die gewaltige Farbenpracht Michelangelos transportieren.

Auf verschiedene Bestimmungen zur Sedisvakanz verweist Wojtyła nicht einfachhin, sondern er wiederholt sie (auch im Blick auf die *Verlesung* dieses Dokuments im Augenblick der Vakanz). Die Bestimmungen betreffen die Beschränkung der Vollmachten des Kollegiums, die täglichen Generalkongregationen aller Kardinäle, die besonderen Kongregationen, an denen weiterhin nur der Camerlengo und seine drei Assistenten teilnehmen, die durch Los unter den Wahlberechtigten bestimmt werden zur Wahrnehmung exekutiver Aufgaben zur Erledigung der ordentlichen Geschäfte.[16]

In der vorbereitenden Phase entscheidet das Kardinalskollegium mit Mehrheit der Anwesenden. Es kann niemanden von Entscheidungen ausschließen, noch jemanden daran hindern, „Vorschläge" zu machen.[17] Die durch Eidesleistung geschützte Geheimhaltungspflicht beginnt mit der ersten Generalkongregation. In dieser Zeit gemeinsamer Beratung gibt es einige feste Punkte, etwa die Verlesung der vom verstorbenen Papst hinterlassenen „Akte", die Erledigung der zum Konklave gehörenden Aufgaben, die Ankündigung seines Beginns, die Feier der Bestattung des Papstes, die Ansprache *de eligendo pontifice.* Danach beginnt der Einzug der wahlberechtigten Kardinäle in die Sixtinische Kapelle.

Johannes Paul II. übernimmt von Paul VI. die peinlich genaue Überprüfung des Ablaufs und die komplette Aussetzung der Kurienämter während der Vakanz. Es bleiben vier Ämter aktiv (der

Camerlengo, der Pönitentiar, der Vikar von Rom und der Vikar des Vatikanstaates), drei davon mit symbolischem Charakter. Die kluge Fortdauer im Amt des Pönitentiars dient den kanonischen Erfordernissen, die sich während der Sedisvakanz ergeben könnten. Die zwei Vikare für Rom und den Vatikan bleiben wegen der Notwendigkeit im Amt, sowohl die Leitung der Diözese wie auch die interne Verwaltung des Vatikan sicherzustellen. Ohne Selbstständigkeit in der Rechtssprechung haben die beiden Vikare, auch wenn sie mit dem Kardinalspurpur bekleidet sind, nicht einmal alle Verantwortlichkeiten eines Generalvikars einer Diözese. Ihre Aufgabe ist nicht nur geteilt, sondern auch durch Privilegien der Exemption eingeschränkt, die der Papst jahrhundertelang frei gewährt hat.

Davon zu unterscheiden ist die Aufgabe des Camerlengo. Er erfüllt die wichtigen Aufgaben, den Tod des Papstes festzustellen, die Sterbeurkunde zu unterschreiben oder das medizinische Gutachten entgegenzunehmen, das die fortdauernde Unfähigkeit festgestellt hat.[18] Dem Camerlengo, der mit einfacher Mehrheit von den Kardinälen mit aktivem Stimmrecht gewählt wird, fallen alle Aufgaben und Verantwortlichkeiten der normalen Verwaltung zu. Dagegen führt der Substitut die Arbeit des Staatssekretariats weiter und ist dem gesamten Kollegium gegenüber verantwortlich.

Die Bestimmungen erinnern daran, daß nicht eher als 15 und nicht später als 20 Tage nach dem Tod des Papstes das Konklave beginnt. Von Abweichungen abgesehen betreten es die 120 vorgesehenen Wähler, welche die Altersgrenze von 80 Jahren noch nicht überschritten haben. Weder ein mögliches Konzil, noch eine Bischofssynode können eine Rolle bei der Wahl spielen (Nr. 34). Dagegen ist das verspätete Eintreffen oder das Wiederbetreten der Unterkünfte von Santa Marta nicht verboten, sondern ausdrücklich erwünscht für Kardinäle, die nicht rechtzeitig nach Rom gekommen sind oder die aus schwerwiegenden Gründen das Konklave verlassen mußten (Nr. 37–40).[19]

Die Geheimhaltung, die alle Wahlhandlungen betrifft, wird beibehalten (ebenso die Möglichkeit, daß der neue Papst die Kardinäle davon befreien kann). Die Kontrollen gegen Eindringversuche oder gegen die Überwachung des Konklaves durch Außenstehende mittels hochtechnischer Geräte werden präzisiert.[20] Private Notizen über den Ausgang der Abstimmungen müssen am Ende des Konklaves verbrannt werden.

Das Verbot, das Konklave auszuspionieren, ist verständlich, aber nicht unbedingt wirksam. Die Konstitution sorgt sich darum, auch den passiven Zugang zu den Medien zu unterbinden (Nr. 57). Die Kardinäle und ihre Mitarbeiter, die nach gängiger Praxis keine Korrespondenz mit Außenstehenden führen dürfen (mit Ausnahme des Pönitentiars, des Vikars von Rom und des Vikars des Vatikanstaates), dürfen weder Zeitungen lesen noch TV sehen. Mögliche Sondererlaubnisse erteilt nicht mehr der Sekretär des Konklaves (wie in den Normen Montinis), sondern eine Sonderkongregation (Nr. 44). Die Bediensteten des Konklaves, gleich welchen Titels, unterliegen der Pflicht zur Geheimhaltung gegenüber denen, die nicht dem Kardinalskollegium angehören. Diese Formulierung bewahrt den Konklavemitarbeitern und Sekretären der Purpurträger ihre historische Rolle als Botschafter innerhalb des Konklaves.

Die anderen traditionellen Verbote werden mit der Geduld eines Lehrbuchs wiederholt: Verhandlungen oder Stimmenzusagen der Kardinäle untereinander vor dem Tod des Papstes sind nicht erlaubt, ebensowenig das Veto, die Wahlkapitulationen und jedes andere Versprechen. Es würde niemanden binden, andererseits die Wahl auch nicht ungültig machen.

Die Verfahrensnormen des 20. Jahrhunderts sind pragmatisch ausgerichtet: Die Wahl ist in jedem Fall gültig. Weder die Stimmabgabe für sich selbst noch die Simonie vermögen eine Wahl ungültig zu machen. Regelverstöße, sollten sie vorkommen, würden insofern niemandem gestatten, sich der Autorität des neugewählten Papstes zu entziehen.

„Quorum" und Tage

Die Wahlmodalitäten – so das Vorwort der Konstitution – werden auf die Abstimmung begrenzt. Bevor man zur Wahl schreitet, ist ein Eid vorgesehen. Das „Sakrament der Macht", so eine schöne Definition von Paolo Prodi,[21] ist im Konklave wirksam geblieben. Durch einen merkwürdigen *lapsus* werden die Kardinäle (die einen jeden Christen wählen könnten) schwören:

„Wer auch immer von *uns* durch göttliche Bestimmung zum römischen Pontifex gewählt wird [...] verpflichtet sich, das *munus petrinum* treu zu verwalten" (Nr. 53).

Das *quorum* kehrt, gemäß der schon besprochenen Linie Johannes' XXIII., zur reinen Zweidrittelmehrheit zurück. Für den Fall, daß die Zahl der Wahlberechtigten nicht durch drei teilbar ist, wird aufgerundet.[22]

Johannes Paul II. legt fest, daß man in Zyklen abstimmt. Am ersten Nachmittag des Konklaves findet nur eine Abstimmung statt, die eine erste realistische Orientierung geben soll. In den nächsten drei Tagen werden, nach den Regelungen Pius' X., vier Wahlgänge pro Tag durchgeführt. Nach einem ersten Zyklus von 13 Abstimmungen (Johannes Paul II. ist beim achten Wahlgang gewählt worden ...) ist ein ganzer Tag Pause zum freien Gespräch vorgesehen (hier erscheint erstmalig das Adjektiv *liberum*). Dann folgen weitere sieben Abstimmungen. Die Abfolge von einem Tag Pause und sieben Abstimmungen wird zwei weitere Male wiederholt und schafft so insgesamt vier Zyklen von Abstimmungen:

1. Tag	2. Tag	3. Tag	4. Tag	5. Tag	Abstimmungen
1	4	4	4	Pause	13+
6. Tag	7. Tag	8. Tag			
3	4	Pause			7+
9. Tag	10. Tag	11. Tag			
3	4	Pause			7+
12. Tag	13. Tag	14. Tag			
3	4	Pause			7=
15. Tag					
Wechsel zu anderem					
Abstimmungssystem					34

Wenn dieser Zeitraum ausgeschöpft ist (wir befinden uns zwischen dem 30. bis 35. Tag der Sedisvakanz) erobert die einfache Mehrheit das Konklave. *Universi dominici gregis* bestimmt, daß die Kardinäle nach 14 Tagen und 34 ergebnislosen Wahlgängen mit einfacher Mehrheit über den weiteren Modus des Abstimmens entscheiden können. Sie können weder durch Kompromiß noch durch Akzess noch durch Inspiration wählen. Es bleibt ihnen die Wahl zwischen einem Modus zeitlich unbegrenzter Abstimmungen und der Stichwahl zwischen den beiden meistgewählten Kandidaten, die zu einer absoluten Mehrheit führen müßte. Der Verfahrensablauf ist scheinbar sehr beruhigend, denn seit ein paar Jahrhunderten gab es nicht mehr so viele Abstimmungen ... Und doch ist die Aussicht auf eine Lösung, die sich damit abfindet, den Bischof von Rom als gewählt zu proklamieren, ohne daß dieser eine Zweidrittelmehrheit erreicht hat, unbefriedigend. Allerdings dürfte – in einer von CNN geprägten Welt – schon am Abend des vierten Abstimmungstages in den Kardinälen die Befürchtung wachsen, weltweit als von Disharmonie zerfressen zu erscheinen. Dies „bedroht" sie mehr als die alten Bestimmungen über das Eingesperrtsein bei Wasser und Brot, mehr als der politische Druck der katholischen Mächte früherer Jahrhunderte.

Neuntes Kapitel

Die Zusammensetzung des Kardinalskollegiums

Die vorangegangenen Kapitel haben das Bild eines Wahlverfahrens gezeichnet, das im Laufe des 20. Jahrhunderts bei acht Konklaven angewendet wurde. Seine Bestimmungen werden durch die Vermittlung einer konkreten Gruppe, des Kardinalskollegiums, aktiviert und bleiben auch im neuen Jahrhundert dank dieser Vermittlung wirksam. Doch die Zusammensetzung des Kollegiums verändert sich ständig, entsprechend den freien Entscheidungen des Papstes. Neben den Bestimmungen ist es die konkrete Verbindung von Lebenswegen, Empfindlichkeiten, Absichten und Erfahrungen der Mitglieder des Kollegiums, die im Konklave entschieden hat und entscheiden wird. Es handelt sich hier um eine historische Wirklichkeit, bei der der Zugang des Forschers und der des Gläubigen nicht in Widerspruch stehen. Eine polemisch und ideologisch geprägte Sichtweise verweigert sich einer historischen Analyse, die das Kräfteverhältnis, das in einem Konklave entscheidet, in seiner politischen Dynamik darstellt. Sie unterstellt auch, daß die Aufdeckung solcher Dynamik antireligiöse Verleumdung sei. Der Beistand der göttlichen Vorsehung in diesen Vorgängen muß sich für die Gläubigen keineswegs in einer geheimnisvollen Form ausdrücken, die an Aberglauben grenzt. Der Wissenschaftler braucht die Tatsache nicht verdrängen, daß die im Konklave versammelten Menschen den Wunsch haben, in Übereinstimmung mit der eigenen Glaubensüberzeugung zu handeln. Nichts hindert also an einer ebenso rücksichtsvollen wie scharfsinnigen Analyse, auch dann, wenn es darum geht zu verstehen, wie sich die Zusammensetzung des Kardinalskollegiums entwickelt hat. Wir werden dazu auf die Kriterien zurückgreifen, die schon in den vorangegangenen Kapiteln hilfreich waren.

Nationalität, Sprache, Gruppenzugehörigkeit, Streitpositionen,

Alter und Aufgaben der Kardinäle sind die Parameter, mit denen sich zeigen läßt, wie sich im Laufe der Zeit das Profil des Kardinalskollegiums entwickelt hat, gleichsam als Spiegel und Werkzeug eines bestimmten Selbstbewußtseins. Eine schon an verschiedenen Perioden der Kirchengeschichte erprobte Analyse kann Hinweise geben, wie dieses Wahlorgan sich darstellt und weiter entwickelt. Natürlich haben während des 20. Jahrhunderts solche Quantifizierungen und Klassifizierungen oft dazu gedient, das wechselnde Ergebnis der Papstwahlen zu verstehen, vorherzusehen und zu erklären. In den wahrgenommenen Veränderungen des Kollegiums hat man die Gründe für die unterschiedlichen Ergebnisse gesucht: warum nach sieben italienischen Päpsten ein polnischer gekommen ist, warum Männer der Diplomatie oft Männer der Pastoral abgelöst haben, warum auf in jungem Alter gewählte Päpste mit einer langen Regierungszeit oft ältere Päpste mit kurzen Pontifikaten folgten etc.[1]

Ich glaube, daß die Rekonstruktion der Zusammensetzung des Kardinalskollegiums erkennbare Rhythmen nur *a posteriori* erklärt und sicher nicht das Ergebnis eines Konklaves vorhersehen läßt. Die Analyse der Zusammensetzung des Kollegiums bietet nicht diese Möglichkeit, verfolgt daher weder den Zweck noch das Interesse das Ergebnis einer Abstimmung im voraus zu erraten, das der weiße Rauch aus dem Kamin der Sixtinischen Kapelle in die Nachrichten der ganzen Welt tragen wird. Eine solche Neugier soll zurückgestellt werden, sie ist verständlich, aber geradezu banal gegenüber dem Anspruch, den historischen Verlauf der Konklaven des letzten Jahrhunderts in all seinen Verflechtungen zu verstehen. Die Frage nach der Zusammensetzung reicht weit über die Frage hinaus, wer die erste Papstwahl des 21. Jahrhunderts „gewinnen" wird. Sie zielt vielmehr auf die Notwendigkeit einer ökumenischen Erneuerung des Papstamtes und eruiert, wie die Wählenden und der Gewählte diese Notwendigkeit aufgreifen.

Die folgende Darstellung erlaubt es nicht, die Verschiebungen und Bewegungen in der Zusammensetzung des Kollegiums als Aufstieg oder Niedergang zu sehen. Ungeachtet dessen macht es Sinn, die Zugehörigkeit der Wähler zu bestimmten Kategorien anteilig zu bestimmen. So kann man die vielfältigen Kräfte erfassen, welche eine lange Periode der Kirche geprägt haben. Dem Papst, der durch seine Ernennungen diese Bewegungen und Gegenbewegungen verursachte, waren sie vielleicht nicht immer bewußt. Sie sind aber deshalb nicht weniger real. Die Analyse der Zusammensetzung des Kollegiums sagt etwas darüber aus, wie sich die Aufgaben des Bischofs von Rom und die des Hirten der universalen Kirche in den Kardinalserhebungen verbinden.

Bezugspunkt unserer Darstellung ist das Kollegium am Ende des 20. Jahrhunderts. Wägt man die „menschliche" Seite bei den acht Wahlzusammenkünften seit 1903 ab, lassen sich durchaus einige Betrachtungen zu Dynamik und Zugehörigkeit aufstellen. Diese Betrachtungen sind zum Teil durch die Tatsache beeinträchtigt, daß seit einiger Zeit das Profil des Kardinalskollegiums nicht mit dem des Wahlkollegiums übereinstimmt. Die Obergrenze ist von 70 auf 120 Mitglieder angehoben worden. Drei Päpste haben sich die Freiheit genommen, sie zu durchbrechen. Die Regelungen zum Alter schließen aber die über 80-jährigen unerbittlich aus dem aktiven Kollegium aus. Alle diese Fakten führen dazu, daß sich die abzuwägenden Daten ständig verändern. Die Bezugnahmen *a quo* und *ad quem* sind daher konventionell, aber deswegen nicht weniger aussagekräftig.[2]

Das Profil des Kollegiums am Ende des 20. Jahrhunderts

Das Kardinalskollegium des 20. Jahrhunderts wurde von insgesamt 570 Kardinälen gebildet, die 79 verschiedenen Nationen angehörten (einige Nationen waren zwischenzeitlich von der Landkarte verschwunden und sind wieder aufgetaucht). Am Ende des 20. Jahrhunderts setzte es sich aus 142 Mitgliedern zusammen: 98 Wahlberechtigte und 44 die Altersgrenze Überschreitende (die Zahl stieg im Februar 2001 auf 135 Wahlberechtigte, denen 50 Nicht-Wahlberechtigte gegenüberstehen).

Jeder Papst konnte die Anzahl von Kardinälen erheben, die der

Zahl derer entsprach, die durch Tod, oder seit 1970 auch durch Erreichen der Altersgrenze, ausschieden. Das Verhältnis zwischen neu ernannten und verstorbenen Kardinälen ist von Pontifikat zu Pontifikat sehr verschieden.

Nur Pius XI. und Johannes Paul II. haben eine größere Zahl von Kardinälen erheben können als dem *plenum* des Kollegiums angehören. Der Ratti-Papst erlebte den Tod von 73 Kardinälen, unter Johannes Paul II. verstarben bisher 133 Kardinäle. Pius XII. (während dessen Pontifikat 65 Kardinäle gestorben sind) und Paul VI. (96 Todesfälle) haben diese Grenze fast erreicht. Eine geringere Zahl an Todesfällen unter den Kardinälen gab es in den anderen Pontifikaten, auch wenn sie nicht kurz waren: 48 Kardinäle starben unter Pius X., 35 unter Benedikt XV., 22 unter Johannes XXIII. und einer unter Johannes Paul I.

Die Kardinalserhebungen reflektieren spiegelbildlich diese Todesfälle, mit manch bedeutsamer Abweichung. Wie schon angemerkt wurde, ließ Pius XII. zu, daß sich in seinen letzten fünf Regierungsjahren die Zahl des Kollegiums verringerte, ohne daß er eine Erhebung vornahm. Johannes XXIII. erhob 52 Kardinäle (mehr als das Doppelte der Todesfälle), weil er entschieden hatte, die Normen von *Postquam verus* auszusetzen, welche die Obergrenze des Plenums auf 70 festlegten. Im Pontifikat Pauls VI. war die Anzahl der Erhebungen um ein Drittel höher als die Zahl der verstorbenen Kardinäle. Die Normen von *Ingravescentem aetatem* gestatteten es dem Montini-Papst, die Titel der über 80-jährigen neu zu vergeben und daher Neuernennungen in berechenbaren Fristen vorzunehmen. Seit 1978 muß Johannes Paul II. dafür Sorge tragen, das Kollegium funktionsfähig zu erhalten. In seiner Amtszeit ist das jährliche Mittel der Todesfälle gestiegen. Inzwischen hat das Kollegium der Purpurträger eine Gesamtzahl erreicht, die fast dreimal so hoch ist wie die vor fünfzig Jahren.

Johannes Paul II. hat in dem im 20. Jahrhundert liegenden Teil seines Pontifikats 159 Kardinalserhebungen vorgenommen. Nimmt man die 44 Kardinalserhebungen vom Februar 2001 dazu, hat er inzwischen über 200 Kardinäle kreiert und dabei sowohl eigene Maßstäbe wie auch Druck von außen zur Geltung gebracht.

	verstorbene Kardinäle	kreierte Kardinäle	Jahre des Pontifikats	Konsistorien	Durchschnittliche Todesfälle pro Jahr
Pius X.	48	50	11	7	4,36
Benedikt XV.	35	32	8	5	4,38
Pius XI.	73	76	17	17	4,29
Pius XII.	65	56	19	2	3,42
Johannes XXIII.	22	52	5	5	4,40
Paul VI.	96	143	15	6	6,40
Johannes Paul I.	1	0	0	0	0,00
Johannes Paul II. (1978–)	133	203	23	8	6,00

Schon am Ende des 20. Jahrhunderts ist das Kollegium wieder einmal Abbild des regierenden Papstes. Lediglich zwei Kardinäle wurden noch von Roncalli und 25 von Montini erhoben. Die Erhebungen Johannes Pauls II. stiegen von weniger als 100 bis zum Jahr 1993 auf 127 bis zum Jahr 1999. Das bedeutet, daß ein Achtel der lebenden Kardinäle an beiden Konklaven 1978 teilgenommen hat.

Das Kollegium hat, wie bereits erwähnt, eigene Aufgaben. Die Aufgaben des Kardinaldekans des Kollegiums bleiben auch bei Sedisvakanz erhalten. Der Kardinal Camerlengo hat notarielle und praktische Aufgaben; ihn unterstützt der Sekretär des Kollegiums. Der Substitut des Staatssekretariats bleibt auch während eines Konklaves im Amt und ist dem Kollegium gegenüber verantwortlich. Diese Aufgabe wurde im Herbst 2000 Leonardo Sandri übertragen. Der Vikar für Rom, derzeit Camillo Ruini, stellt die Kommunikation zwischen Diözese und Kardinälen sicher.

Die Verbindungslinien in diesem Meer von Purpur sind vielfältig und oft unentzifferbar. Jeder Kardinal ist Teil der „plenaria" einer oder mehrerer Kongregationen, den Aufsichtsräten der kirchlichen Regierung in Rom. Doch in diesen Gremien ist der tatsächliche Grad an Kommunikation eher gering, da im Vordergrund die Verantwortlichkeit des Präfekten oder Vorsitzenden einer Kongregation steht. Keine dieser langen Listen von Zugehörigkeiten sagt aus, ob und wann feste Freundschaften oder erbitterte Feindschaften entstehen. Manch festere Beziehung kann vielleicht in weniger bekannten, aber nicht weniger wichtigen Regierungsorganen entstehen, wie etwa im Rat der Kardinäle und Bischöfe für die Richtlinien des Staatssekretariats oder in den Präfekturen für die wirtschaftlichen Belange, die über alle finanziellen Angelegenheiten und Vermögensfragen Aufsicht führen, vor allem aber im Sekretariat der Bischofssynode. Zwar besitzt die Synode „nur beratende" Rolle, aber ihr Sekretariat ist inzwischen durch die ständige Abfolge von ordentlichen Sitzungen und außerordentlichen oder kontinentalen Versammlungen eine Schlüsselstelle im Vatikan, hat mehr als das Kardinalskollegium das Ohr am Puls der Kirche, um zu erspüren, was dem Wohle der Kirche und der *communio ecclesiarum* dient. Dieses gewählte Sekretariat der Bischofssynode hat in der Vergangenheit schon sein Gewicht spüren lassen: So schlug Paul VI. 1973 vor, daß es in das Wahlkollegium aufgenommen werden solle. Im Oktober 1978 wurde Kardinal Wojtyła gewählt, der ihm selbst angehörte. Auch durch die Erhebung seines Generalsekretärs Jan Schotte in den Kardinalsstand wuchs sein Ansehen, da auf diese Weise die Aufgabe des Sekretariats auf eine Stufe mit denjenigen Ämtern gestellt wird, die aufgrund ihrer Bedeutung die Kardinalserhebung ihrer Amtsträger erwarten (die Präfekten der Kongregationen, die Erzbischöfe der Hauptstädte und der größeren Metropolen, usw.).

Die Existenz solcher Verbindungen soll zumindest ins Bewußtsein gebracht werden. Sie können nicht bis ins letzte durchleuchtet werden. Im Kardinalskollegium gibt es bei Abstimmungen keine Parteien im ideologischen Sinn. Die feinen Drähte, welche zu Mehrheiten führen, sind oft ganz anderer Natur. Unzweifelhaft erfordert die Wahl des Bischofs von Rom Kommunikation und Kenntnis, analog jedem „parlamentarischen" Wahlprozeß. Darum liefern die folgenden Unterteilungen zumindest manchen Stoff zum Nachdenken.

Alter der Kardinäle

Die erste überprüfbare Unterteilung betrifft die Altersstruktur des Kollegiums. Sie sagt etwas aus über die Dauer des aktiven Wahlrechts der Kardinäle und ihre Position im Prozeß der Mehrheitsbildung. Über ein Drittel des Kollegiums war im Jahr 2000 wegen Überschreitens der von Paul VI. festgelegten Altersgrenze vom Konklave ausgeschlossen.[3] Fünf Jahre vorher war es ein Viertel. Von den Konklaven des Jahres 1978 war nur ein Neuntel der Kardinäle wegen Überschreitens der Altersgrenze ausgeschlossen. Das ist ein Trend, den die Geriatrie quantitativ gesehen nur vergrößern kann (qualitativ gesehen wird sie den Älteren ein immer höheres Niveau ermöglichen). Die von Johannes Paul II. zum Konklave erlassene Konstitution legt fest, daß das *quorum* der Zweidrittel nach zwei Abstimmungswochen verlassen wird und daß nach diesem Zeitraum die einfache Mehrheit genügt. Das bringt die Möglichkeit mit sich, daß ein ungewöhnlich und unvorhersehbar umkämpftes Konklave seinen Abschluß findet in einem Papst, der mit 61 Stimmen gewählt ist, den aber 59 wahlberechtigte Kardinäle ablehnen und den die Nichtwahlberechtigten nicht gewählt haben (die zahlenmäßig genauso viele oder mehr sein könnten). Das Privileg des aktiven Wahlrechts, das den noch nicht 80-jährigen zuerkannt wird, ist bewährt, in den CIC aufgenommen und innerhalb wie außerhalb des Kollegiums niemals angefochten worden. Insofern gibt es kein kanonisches Problem eines Minderheiten-Papstes. Sollte der oben beschriebene Fall eintreten, könnte sich aber zeigen, daß die kleinlichen Verfahrensregeln des Konklaves der Wirklichkeit der Fakten möglicherweise nicht gewachsen sind. Denn die Zahl der über 80-jährigen hat sich in den letzten Jahrzehnten verdreifacht. Das Kollegium hat ein höheres Durchschnittsalter als die aktiven Bischöfe, es liegt bei über 77 Jahren, zwei Jahre über der Grenze, die can. 411 des CIC für die Ausübung der bischöflichen Leitung in den lateinischen Diözesen vorsieht. Wenn man nur die wahlberechtigten Kardinäle berücksichtigt, liegt das Durchschnittsalter ge-

Altersgruppen des Kardinalskollegiums am Ende des 20. Jahrhunderts

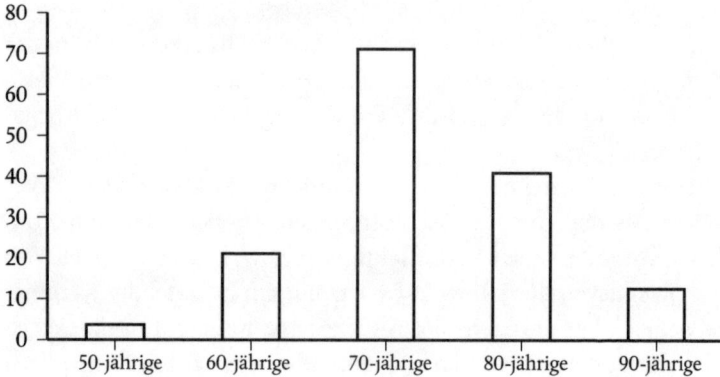

ringfügig über 73 Jahren. Das sind Werte, die das Kollegium mit der sozialen Zusammensetzung der Kirchen und Gesellschaften der G-7-Staaten in Einklang sehen. Zwischen dem Durchschnittsalter der Kardinäle und dem der Bischöfe, Gläubigen und Bewohner der armen Länder tut sich dagegen eine breite Kluft auf. Daher ist die Gestalt des Kardinalskollegiums als eines Senats der Kirche *de facto* durch Fernsehbilder von einem Kreis von Greisen ersetzt worden.

Dies ist ein Anzeichen dafür, daß Absichten und Wirkungen des geltenden Rechts bezüglich Kollegium und Konklave auseinanderbrechen. Die Normen sehen die Kardinäle als Wähler für eine Übergangsperiode an. Realistisch gesehen sind die derzeitigen Purpurträger älter als der Durchschnitt des römisch-katholischen Bischofskollegiums. Über die Hälfte von ihnen dürfte keine Diözese mehr leiten. Die Besetzung des Papstamtes wird also von Menschen entschieden, deren theologische und kulturelle Bildung in einer weit zurückliegenden Zeit erfolgte. Allerdings ist es ebenso eine Tatsache, daß das Gremium, das Roncalli wählte, ein Durchschnittsalter von 77 Jahren besaß; und dennoch optierte damals die Mehrheit nicht für einen der Älteren. Heute sind über 100 Purpurträger älter als 75 Jahre, ein Drittel der Wählenden liegt zwischen 70 und 75 Jahren, ein Viertel ist weniger als 70 Jahre alt und nur fünf Kardinäle haben das gleiche Alter oder sind jünger als Kardinal Wojtyła damals zum Zeitpunkt seiner Wahl.

Nationalitäten

Die Zugehörigkeit zu bestimmten Nationalitäten hat mittelfristig einige Trends im Kollegium verstärkt, welche den Bruch mit den vergangenen Jahrhunderten betonen. Die Entwicklung des letzten Jahrhunderts hat manch originelles Element eingeführt, doch besonders kraß ist auf einen langen Zeitraum hin gesehen der Einbruch der italienischen „Quote" im Kardinalskollegium, der auch Auswirkungen auf die Zahl der europäischen Kardinäle hat. Die Italiener verloren die absolute Mehrheit im „päpstlichen Senat", als Pius XII. im Konsistorium von 1946 die Internationalisierung des Kollegiums festlegte. Während des Pontifikats Pauls VI. sank der Anteil der Italiener auf ein Drittel, während des Pontifikats Johannes Pauls II. auf ein Viertel. Am Ende des Jahrhunderts gibt es 17 wahlberechtigte italienische Kardinäle (und ebensoviele über 80-jährige), eine Halbierung in wenigen Jahrzehnten. Die Kreierung vom Februar 2001 hat sieben Italiener hinzugefügt, doch das Gewicht der Gruppe blieb unverändert. Die einzige Fraktion, die einen noch größeren Rückgang erlitten hat, ist die der römischen Kardinäle: Kein Kardinal stammt mehr aus der Stadt Rom.

Anscheinend sind also die kühnsten Bestrebungen des 15. Jahrhunderts erhört worden. Diese hatten sich die Reform des Kollegiums als Vervielfältigung der Kulturen und Herkunftsnationen und als Aufbrechen des in sich geschlossenen politischen Klimas des päpstlichen Hofs und seiner Familien vorgestellt. Doch sind diese Bestrebungen tatsächlich erfüllt worden?

Das Gewicht der Italiener ist fraglos gewaltig, wenn man die Zersplitterung der Anteile anderer Nationen bedenkt. Denn die wahlberechtigten Kardinäle verteilen sich auf 48 verschiedene Länder (Ende des Jahrhunderts waren im *plenum* 57 Länder reprä-

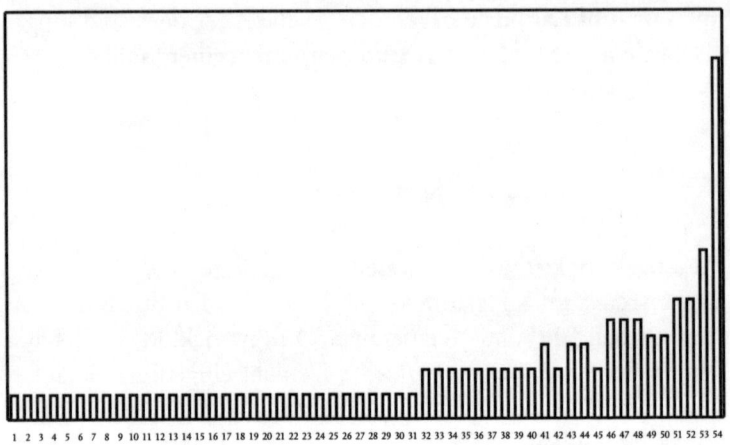

1 2 3 4 5 6 7 8 9 10 11 12 13 14 15 16 17 18 19 20 21 22 23 24 25 26 27 28 29 30 31 32 33 34 35 36 37 38 39 40 41 42 43 44 45 46 47 48 49 50 51 52 53 54

Kardinäle nach Nationen am Ende des 20. Jahrhunderts

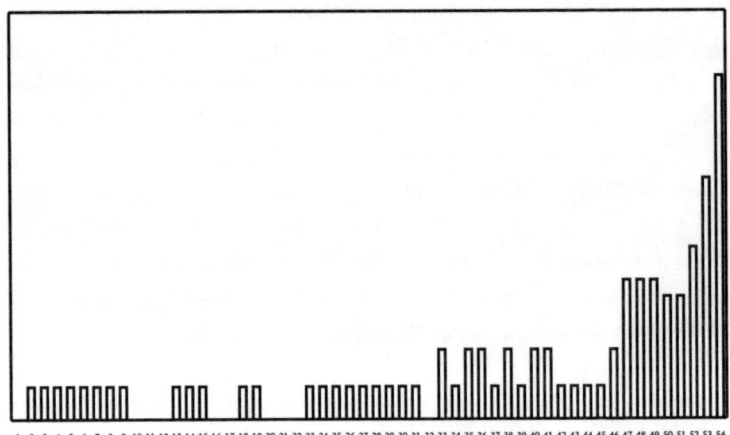

1 2 3 4 5 6 7 8 9 10 11 12 13 14 15 16 17 18 19 20 21 22 23 24 25 26 27 28 29 30 31 32 33 34 35 36 37 38 39 40 41 42 43 44 45 46 47 48 49 50 51 52 53 54

Wähler nach Nationen am Ende des 20. Jahrhunderts

Legende: 1: Libanon; 2: Neuseeland; 3: Nigeria; 4: Uganda; 5: Nicaragua; 6: Kongo; 7: Äthiopien; 8: Mosambik; 9: Tansania; 10: Ukraine; 11: Bosnien; 12: Vietnam; 13: Dominikanische Republik; 14: Samoa; 15: Kenia; 16: Kroatien; 17: Rumänien; 18: Ungarn; 19: Angola; 20: Irland; 21: Kamerun; 22: Südkorea; 23: Thailand; 24: Großbritannien; 25: Indonesien; 26: Japan; 27: Madagaskar; 28: Senegal; 29: Kuba; 30: Benin; 31: Puerto Rico; 32: Argentinien; 33: Kolumbien; 34: Venezuela; 35: Slowakei; 36: Belgien; 37: Niederlande; 38: Schweiz; 39: Tschechische Republik; 40: Australien; 41: Philippinen; 42: China; 43: Indien; 44: Österreich; 45: Chile; 46: Kanada; 47: Deutschland; 48: Polen; 49: Frankreich; 50: Mexiko; 51: Spanien; 52: Brasilien; 53: USA; 54: Italien.

150

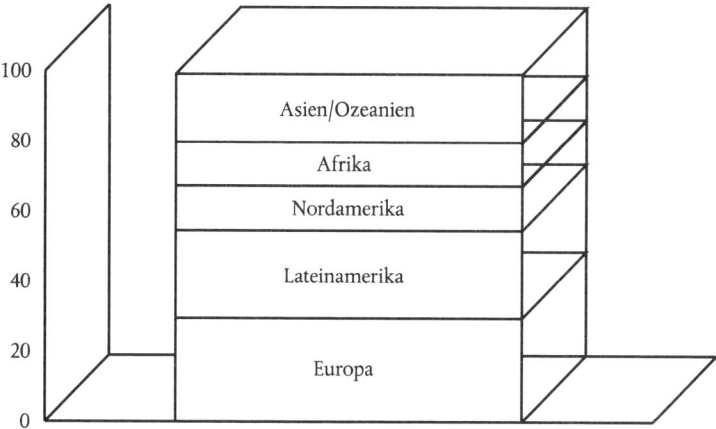

sentiert, seit 2001 sind es 61). Das Kollegium ist das treue Spiegelbild einer wirklichen Weltgemeinschaft und gleichzeitig Spiegel
der schnellen Vermehrung der diplomatischen Beziehungen des
Vatikanstaates (von 85 am Ende des Pontifikats Pauls VI. auf heute
173). Die Purpurträger verteilen sich in ungleicher Weise auf eine
Vielzahl von Nationen: 36 Länder mit einem einzigen Kardinal, 11
mit zwei Kardinälen, fünf mit drei Kardinälen, zwei mit vier Kardinälen, drei mit fünf Kardinälen, zwei mit sechs Kardinälen, eines
mit neun Kardinälen – und die Italiener mit 17.[4] Ungefähr sechzig
Länder stellen am Ende des 20. Jahrhunderts drei Viertel des Kollegiums, das letzte Viertel stellt Italien, und damit annähernd dop-
pelt so viele Kardinäle wie das am zweitstärksten repräsentierte
Land, die USA mit neun Kardinälen.

Das italienische Gewicht, das zwar in absoluten Zahlen abge-
nommen hat, bleibt auf diese Weise beträchtlich im Vergleich zu
anderen Gruppierungen. Das gilt auch dann, wenn man nur ima-
ginäre politische Grenzziehungen vornimmt: Zählt man etwa die
Kardinäle der G-7-Staaten (es sind 63) oder die 74 Kardinäle aus
Ländern der NATO, entdeckt man, daß die Italiener wenig mehr
oder geringfügig weniger als die Hälfte stellen. In einer Liste der
„Europurpurträger" stünden am Ende des 20. Jahrhunderts 56 Na-

	Ozeanien	Afrika	Asien	Nord-amerika	Latein-amerika	Europa
Im 20. Jahrhundert	9	26	36	51	58	389
Kard. im Jahr 2000	4	13	13	15	22	85
% von 570	0,02	0,05	0,06	0,09	0,10	0,68
Wähler im Jahr 2000	4	12	9	11	17	45
% von 570	0,04	0,12	0,09	0,11	0,17	0,46

men, davon zwei Drittel Italiener (und vier deutsche, die sich nach dem Jubiläumsjahr 2000 auf acht erhöhten).

Einige Länder sind im Vergleich zu ihrer jüngsten Geschichte und der Entwicklung des Katholizismus noch immer unterrepräsentiert (Nigeria und der gesamte afrikanische Kontinent). Andere Länder sind durch bestimmte Umstände überrepräsentiert (Polen, Kolumbien, Ukraine). Unter diesem Gesichtspunkt ist der Fall Deutschlands aufsehenerregend gewesen. Trotz seines finanziellen, kulturellen, theologischen und politischen Gewichts erhielt es in den letzten 15 Jahren des 20. Jahrhunderts keine neuen Kardinäle. Dagegen wurden 2001 in zwei Anläufen vier deutsche Kardinäle kreiert, die nun das wiedervereinigte Land im Kollegium repräsentieren.[5]

Wenn man den Blick auf die kontinentalen Zahlenverhältnisse ausweitet, zeigt sich, daß auch noch am Ende des Jahrhunderts die Kardinäle (und die Wähler) in ihrer Mehrheit europäischer Kultur sind: Zum alten Kontinent gehören 85 Purpurträger, davon 45 Wähler; die Lateinamerikaner stellen 22 Kardinäle, davon 17 Wähler; die Nordamerikaner 15, davon 11 Wähler; die Afrikaner 13, davon 12 Wähler; aus Asien und Ozeanien stammen 13 bzw. 4 Kardinäle, davon jeweils 9 bzw. 4 Wähler. Die Zahlen haben sich am Ende des 20. Jahrhunderts verändert, jedoch nicht prozentual, wie die Tabelle zeigt.

Eine Übersicht über die im gesamten 20. Jahrhundert kreierten Kardinäle dokumentiert, daß es im Grunde weniger tiefgehende Veränderungen gab, als man erwarten könnte.

Von allen 570 Kardinälen des 20. Jahrhunderts stammen neun

aus Ozeanien (aus drei Nationen), 26 aus Afrika (aus 19 Ländern), 36 aus Asien (aus 15 Ländern), 51 aus Nordamerika (aus zwei Staaten), 58 aus Lateinamerika (aus 15 Ländern) und 389 Kardinäle aus 26 europäischen Ländern. Im Vergleich zeigt sich, daß die Europäer, die in absoluten Zahlen zwischen 1939 und 1978 halbiert wurden, prozentual einen weniger deutlichen Rückgang erlitten haben.

Die Dominanz des alten Kontinents ist noch auf andere Weise ausgedehnt worden. Die Erfahrung des polnischen Papstes hat die geistigen Landkarten des religiösen Raumes korrigiert. Bis zur Wahl des Kardinals aus Krakau zum Papst und bis zur Auflösung des Warschauer Paktes galten die wenigen Kardinäle aus dem Osten irgendwie als „Nichteuropäer". Die bekannte Bezeichnung Johannes Pauls II. als „slawischer Papst" drückt dies ungewollt aus. Dies hat sich geändert durch die wiederbelebte Betonung der von De Gaulle formulierten Grenzen Europas („vom Atlantik bis zum Ural") sowie durch die Pläne der Erweiterung der Europäischen Union und der NATO.

Das Kollegium ist sehr viel pluraler als vor einem halben Jahrhundert, aber weniger international im Blick auf die große kulturelle und politische Bedeutung des Adjektivs. Die Zahl der Kardinäle aus Lateinamerika ist prozentual von 11 % des Konklaves Roncalli auf 17 % des Konklaves Wojtyła gestiegen. Auf diesem Stand ist Lateinamerika stehengeblieben. Auch die afrikanische Quote – die, daran sei erinnert, bis 1963 nicht existierte – ist seit einem Vierteljahrhundert unverändert. Die Nordamerikaner, deren Zahl sich während des Pontifikats Johannes' XXIII. verdoppelte, haben seit 1963 zahlenmäßig ihr Gewicht nur gering gesteigert.

Sprachgruppen

Eine der sichtbarsten und tiefgreifendsten Veränderungen im Laufe des 20. Jahrhunderts betrifft die Sprachen. Theoretisch war und ist Latein die Sprache der Kommunikation in Kurie und Kirche.

Doch das Italienische wurde die vorrangige moderne Sprache (begleitet vom Französischen, der Bildungssprache einer ganzen Klasse von Führungspersonen und Intellektuellen), sind doch die Italiener in der Kurie überproportional vertreten. Ein Grund dafür ist, daß die päpstliche Diplomatie der am wenigsten internationalisierte Bereich der römischen Kurie ist. Dennoch sei daran erinnert, daß zu Beginn des Jahrhunderts Italienisch die Muttersprache von zwei Dritteln der Kardinäle war; heute ist ihr Anteil viel geringer. Global gesprochen ist das Englische mit 26 Muttersprachlern die Mehrheitssprache der wahlberechtigten Kardinäle. Die Englischsprachigen stiegen in den Jahren des Konzils von einem Zehntel auf ein Viertel der Wähler und sind bei diesem Anteil stehengeblieben. Die spanisch-portugiesische Sprachgruppe zählt 22 Kardinäle; ihre Präsenz stieg in den Jahren zwischen Pius XI. und Paul VI. von 13 % auf 23 %, um dann ein wenig zu fallen. Die französische Sprachgruppe blieb während des gesamten 20. Jahrhunderts auf gleichbleibendem Anteil (zwischen 13 % und 16 %).

Unter den „kleineren" Sprachgruppen, die in einer „zweiten Sprache" neben ihrer Muttersprache kommunizieren müssen, finden sich über 20 Kardinäle, die slowakisch, tagallo (philippinisch), niederländisch, polnisch und andere osteuropäische Sprachen sprechen.[6] Auch das Deutsche ist auf einen sehr kleinen Anteil begrenzt.

Ordensleute und Anhänger religiöser Bewegungen bzw. Gruppierungen

Die Mitglieder von Ordensgemeinschaften und Kongregationen nehmen im Kollegium ab. Im Laufe des 20. Jahrhunderts waren oder sind nur 90 von 570 Kardinälen Mitglieder von Ordensgemeinschaften und Kongregationen. Die Jesuiten stellten 17 Kardinäle, gefolgt von den Dominikanern mit 10, den Benediktinern und Franziskanern mit jeweils neun, den Salesianern mit acht und den Sulpizianern mit vier. Die eine oder andere Kongregation schmückt sich im 20. Jahrhundert mit drei Kardinälen, verschiedene Gemeinschaften hatten nur einen einzigen Kardinal in ihren Reihen. Keiner von diesen wurde im Laufe des Jahrhunderts zum Papst gewählt.

Der Anteil der Kardinäle aus Ordensgemeinschaften erlebte im Laufe des 20. Jahrhunderts starke Schwankungen. Am Ende des Jahrhunderts scheint sich die Zeit dem Ende zuzuneigen, in der große Persönlichkeiten aus Ordensgemeinschaften zu Kardinälen erhoben wurden, um wichtige Diözesen zu leiten (wie London oder Mailand). Auch scheinen die Zeiten vorbei zu sein, in denen Theologen aus Ordensgemeinschaften (wie Henri de Lubac oder Yves Congar oder Hans Urs von Balthasar) der Kardinalspurpur als Wiedergutmachung für erlittene Schikanen oder verdienten Forschern (wie Jérome Hamer und Alois Grillmeier) als Anerkennung zugestanden wurde.

Diese Beobachtungen müssen mit Vorbehalt gemacht werden, da auf diesem Gebiet auch gewaltige Veränderungen in kurzen Zeiträumen geschehen können (die 13 Ordensleute von 1993 erhöhten sich 1997 auf 20, waren zwei Jahre später nur noch 11 und stiegen im Jahr 2001 auf 25). Die Zahl der im Kollegium vertretenen Gemeinschaften hat sich im Laufe des Jahrhunderts nicht sehr verändert: Benediktiner, Franziskaner und Dominikaner, Jesuiten und Salesianer sind quasi konstante Größen. Beachtlich hoch bleibt die Zahl der Kardinäle aus dem Jesuitenorden: Von zwei Mitgliedern des Kollegiums 1993 stieg die Zahl 1998 auf sechs, davon vier wahlberechtigte, und 2001 auf sieben, davon fünf wahlberechtigte. Auch die franziskanische Familie ist gut repräsentiert, im Durchschnitt mit vier Kardinälen, davon drei Wählern. Das Mönchtum ist im Kollegium dagegen bescheiden vertreten; heute sind es nur zwei, nicht mehr wahlberechtigte Benediktiner. Wenn man diese Angaben mit den Aufteilungen nach Nationen vergleicht, stellt man fest, daß einige Ordensgemeinschaften – Franziskaner und Jesuiten – als „Gruppe" stärker vertreten sind als viele Nationen.

Die Zahl der Ordensleute im Kardinalsstand darf nicht übersehen lassen, daß es noch weitere Zugehörigkeiten gibt. Für die Zusammensetzung des Kollegiums haben die Anhänger von – offenkundigen oder geheimen – religiösen Bewegungen bzw. Gruppierungen große Bedeutung gewonnen. Dies ist das wirklich Neue am Ende des Jahrhunderts.

Die Gruppe der römischen Kurienkardinäle war bis zum Zweiten Vatikanischen Konzil neben den Ordensgemeinschaften die einzige größere zusammengehörende Gruppierung. Wir werden auf sie zurückkommen. Am Ende des 20. Jahrhunderts kommt aber eine neue Gruppe von Kardinälen ins Spiel, die den neuen kirchlichen Bewegungen verbunden sind. Diese Bewegungen bzw. Gruppierungen sind schon gut im Klerus vieler lokaler Kirchen verankert, manche Stimmen fürchten, daß sie eine wachsende Zahl von Bischöfen stellen werden, da die Diözesen Schwierigkeiten haben, im zahlenmäßig stark sinkenden „normalen" Klerus Kandidaten für das Bischofsamt zu finden. Noch gehören wenige Kardinäle solchen Bewegungen bzw. Gruppierungen an – soweit sie sich überhaupt dazu äußern. Sicher hat die Unterstützung, die diese Bewegungen in den letzten 20 Jahren erfahren haben, ihnen eine Sichtbarkeit verliehen, die größer ist als ihre Macht im Konklave. Doch im Augenblick des Wechsels eines Pontifikats entscheidet eine Tagesordnung, die die Probleme, die diese Bewegungen bzw. Gruppierungen aufwerfen, sichtbar macht. Die Kardinäle solcher Bewegungen bzw. Gruppierungen haben in der Öffentlichkeit oder im Kollegium nicht immer ihre Anhängerschaft erklärt. Die Zugehörigkeit von Purpurträgern zum *Opus Dei* war z. B. lange durch offizielle Geheimhaltung gedeckt.[7] Die Formen der Anhängerschaft, sei es Mitgliedschaft oder schlichte Sympathie der Kardinäle für einige Bewegungen (wie Focolari, Comunione e Liberazione, Neokatechumenat, Cursillos, Sant'Egidio und charismatische Erneuerung) sind fließend und auch nicht immer letztgültig auszumachen. Auch ist der Grad an Sympathie residierender Kardinäle für diese Gruppen nicht näher bestimmbar. Die Bedeutung „traditionalistischer" Kreise dürfte in diesem Zusammenhang eher bescheiden und symbolisch sein.

Diese Formen der Anhängerschaft können im Konklave zwei

Reaktionen hervorrufen, die sich gegenseitig ausgleichen: Bei Sympathisanten werden sie Zustimmung auslösen, bei Wählern, die den überlieferten Grundsatz vertreten, daß man im Konklave eine Person wählt und keine Partei, werden sie Mißtrauen wachrufen.

Hirten und Kuriale

Es wäre nützlich, die jeweilige Zusammensetzung des Kardinalskollegiums nach Gemeinsamkeiten in den Ausbildungswegen zu untersuchen. Doch dafür fehlen die Quellen. Die Verbindungen durch ein römisches Kolleg[8], durch eine theologische Fakultät[9] oder eine römische Kongregation hätten große Bedeutung so wie auch in späteren Lebensphasen der mögliche Übergang auf Lehrstühle der päpstlichen oder katholischen Universitäten. Da eine Analyse dieser Daten nicht zur Verfügung steht, muß man sich auf eine Unterteilung der Kardinäle auf Basis der von ihnen ausgeübten Tätigkeiten beschränken. Hierzu wird im 20. Jahrhundert in den Quellen über die Konklaven häufig zwischen Hirten und Kurialen unterschieden.

Die Kardinäle, die als Hirten in Ortskirchen aktiv, nicht aber in Kurienämtern, in Aufgaben der Bischofskonferenzen oder in der Diplomatie eingesetzt waren, stellten im Laufe des letzten Jahrhunderts nie weniger als die Hälfte der Mitglieder des Kollegiums. Der Anteil der Kurialen schwankte zwischen einem Drittel bis fast der Hälfte der Wähler (so im Konklave von 1939). Während des Pontifikats Pius' XII. sank ihre Zahl auf ein Fünftel. Doch ungeachtet ihrer nicht enden wollenden Meinungsverschiedenheiten und manchmal sogar Gegensätze sind die Kurialen wieder eine erfahrbare „Familie" geworden, die bis zu den letzten Konsistorien Johannes Pauls II. ungefähr ein Viertel der Wähler stellte. Heute bilden die Männer, die für eine gewisse Zeit mit der römischen Kurie verbunden waren bzw. sind, wieder die relative Mehrheit.

Memoiren und diplomatische Quellen über ein Konklave über-

Kardinalskollegium und Wähler: Die Konklaven des 20. Jahrhunderts und heute

	1903	%	1914	%	1922	%	1939	%	1958	%	1963	%	1978a	%	1978b	%	2000	%	2001	%
Kollegium	64	1,00 (= 100%)	65	1,00	61	1,00	64	1,00	55		82	1,00	129		126		156	1,00	184	
Wahlberechtigte	64	0,97	65	0,88	61	0,87	64	0,98	53	0,96	82	0,98	114	0,88	111	0,88	106	0,68	135	0,73
Teilnehmer am Konklave	62		57		53		63		51	0,96	80		111	0,97	111	1,00				

Muttersprache der wahlberechtigten Kardinäle in den verschiedenen Jahren

	1903	%	1914	%	1922	%	1939	%	1958	%	1963	%	1978a	%	1978b	%	2000	%	2001	%
Italienisch	39	0,61	33	0,51	31	0,51	34	0,53	17	0,32	29	0,35	29	0,25	28	0,25	17	0,16	23	0,17
Französisch	8	0,13	9	0,14	7	0,11	9	0,14	8	0,15	10	0,12	15	0,13	15	0,14	13	0,12	15	0,11
Deutsch	8	0,13	8	0,12	5	0,08	4	0,06	2	0,04	3	0,04	8	0,07	8	0,07	5	0,05	8	0,05
Spanisch	5	0,08	5	0,08	6	0,10	4	0,06	9	0,17	17	0,21	17	0,15	17	0,15	17	0,16	24	0,19
Portugiesisch	1	0,02	3	0,05	2	0,03	2	0,03	5	0,09	5	0,06	6	0,05	6	0,05	8	0,08	11	0,08
Osteuropäische Sprachen	0	0,00	1	0,02	4	0,07	6	0,09	6	0,11	6	0,07	7	0,06	7	0,06	11	0,10	17	0,13
Englisch	3	0,05	5	0,08	5	0,08	5	0,08	5	0,09	11	0,13	26	0,23	27	0,24	29	0,27	33	0,24
Andere	0	0,00	1	0,02	1	0,02	0	0,00	1	0,02	1	0,01	3	0,03	3	0,03	6	0,06	4	0,03
Gesamt	64		65		61		64		53		82		111		111		106		135	

Herkunftskontinente der wahlberechtigten Kardinäle in den verschiedenen Jahren und Zahl der in der römischen Kurie tätigen Kardinäle

	1903	%	1914	%	1922	%	1939	%	1958	%	1963	%	1978a	%	1978b	%	2000	%	2001	%
Europa	62	0,97	61	0,94	57	0,93	57	0,89	38	0,72	57	0,70	56	0,49	54	0,49	46	0,43	65	0,45
Afrika	0	0,00	0	0,00	0	0,00	0	0,00	0	0,00	1	0,01	12	0,11	12	0,11	12	0,11	13	0,10
Nordamerika	1	0,02	3	0,05	3	0,05	4	0,06	2	0,04	7	0,09	14	0,12	15	0,14	12	0,11	13	0,10
Lateinamerika	0	0,00	1	0,02	1	0,02	2	0,03	9	0,17	11	0,13	17	0,15	17	0,15	18	0,17	27	0,21
Asien u. Ozean.	1	0,02	0	0,00	0	0,00	1	0,02	4	0,08	6	0,07	12	0,11	13	0,12	15	0,14	17	0,13
Kurie	21	0,33	24	0,37	19	0,31	28	0,44	10	0,19	22	0,27	28	0,25	27	0,24	31	0,29	40	0,23

Zahl der Konklaven, an denen die Kardinäle in dem angegebenen Zeitraum teilgenommen haben,
Zahl der Wahlgänge, Zeitraum und Zahl der Generalkongregationen und weitere Informationen zu den einzelnen Konklaven

	1903	1914	1922	1939	1958	1963	1978 (Aug.)	1978 (Okt.)	2005
3		/ 0,00	/ 0,00	/ 0,03	/ 0,01	/ 0,01	/ 0,03	/ 0,07	0 / 0,00
2		/ 0,00	/ 0,14	/ 0,25	/ 0,35	/ 0,55	/ 0,81	/ 0,90	18 / 0,17
1		/ 0,00	/ 0,81	/ 0,79	/ 0,55	/ 0,88	/ 1,00	/ 0,00	0 / 0,00
Wahlgänge	7	10 / 1,71	12 / 0,86	14 / 6,67	5 / 1,55	5 / 3,40	4 / 4,75	8 / 2,00	18
Generalkongreg.	20.–31.7.	20.–31.8.	12 / 22.1.–2.2.	12 / 10.2.–1.3.	17 / 9.–25.10.	17 / 3.–19.6.	19 / 6.–25.8.	19 / 29.9.–14.10.	16
Abwesende	2 / 0,03	5 / 0,09	5 / 0,09	1 / 0,02	1 / 0,02	1 / 0,01	3 / 0,03	/ 0,03	/ 0,00
Verhinderte		3 / 0,05	3 / 0,06	1 / 0,00	1 / 0,02	1 / 0,01	/ 0,00	/ 0,00	
Dekan	Oreglia	V. Vannutelli	V. Vannutelli	Granito	Tisserant	Tisserant	Confalonieri	Confalonieri	Gantin
Subdekan	S. Vannutelli	de Lai	de Lai	Sbarretti	Micara	Micara	Marella	Marella	Ratzinger
Camerlengo	Oreglia	della Volpe	–	Pacelli	Aloisi M.	Aloisi M.	Villot	Villot	Martínez Somalo
Sekretär	M. del Val	Boggiani	Sincero	Santoro	di Jorio	Carpino	Civardi	Civardi	Monterisi
Über 80-jährige	5 / 0,08	/ 0,00	9 / 0,15	11 / 0,17	11 / 0,20	/ 0,00	13 / 0,10	13 / 0,10	50 / 0,32 · 50 / 0,27

bewerten die Kurie, dieses Geflecht von Macht und Konflikten, und halten sie für fester und geschlossener, als sie in Wirklichkeit ist. Doch sie haben Recht in der Annahme, daß die Kurie insgesamt die verschiedenen Richtungen ausgeglichen widerspiegelt und Bewegungen und Bündnisse erklärt, die das notwendige Gewebe für die Mehrheit im Konklave liefern.

Eindeutige Zugehörigkeiten zu Hirten oder Kurialen sind stark im Abnehmen begriffen. Es gibt Kardinäle, die von der Kurie in Diözesen gegangen sind und umgekehrt.[10] Andere wechselten von Lehrstühlen in die Pastoral. Wieder andere hatten lange Erfahrungen in nationalen oder kontinentalen Bischofskonferenzen hinter sich und übernahmen dann andere Aufgaben. Nicht gering ist die Zahl der Kardinäle, die beide Erfahrungen mitbringen, die Leitung einer Diözese und den Dienst in der römischen Kurie.[11] Die Zahl derer also, welche die deutsche Diplomatie immer und in jedem Fall zu den *Kurialisten* gerechnet hat, scheint heute auf unerhörte Proportionen anzuschwellen.

Zehntes Kapitel

Beständigkeit und Veränderung

In den vorangegangenen Kapiteln wurden Bestimmungen und Zusammensetzung, Vorgehensweisen und Profil der Hauptpersonen des Konklaves im 20. Jahrhundert in den Blick genommen. Unterschiedliche Impulse und Prioritäten wurden dabei erkennbar, die Beständigkeiten und Veränderungen widerspiegeln.

Die Unterteilung in Alter, Sprache, Nationalität, Kultur und Ordensgemeinschaft läßt unzweifelhaft Entwicklungen im Kardinalskollegium des 20. Jahrhunderts erkennen, die zeigen, daß es an Repräsentativität *sui generis* gewonnen hat. Seine Katholizität ist immer vielgestaltiger geworden. Im Zweiten Vatikanischen Konzil beschreibt die katholische Kirche ihr Selbstverständnis, Zeichen der Einheit des Menschengeschlechts zu sein. Diese Berufung hat – bei aller Undurchlässigkeit ihrer Institution – sämtlichen Dimensionen der katholischen Kirche neue Bedeutung verliehen, den Kreis derjenigen eingeschlossen, die einen Nachfolger für den römischen Pontifex zu bestimmen haben. Der Einsatz für eine Kirche, die den Glauben als einen Ort der Begegnung zwischen Kulturen und Völkern sieht, verleiht dem *munus petrinum* des Bischofs von Rom neue Bedeutung. Das ihn wählende Kollegium bringt diese Pluralität und den sie kennzeichnenden Wandel zum Ausdruck.

Zugleich verlieren die Konklave-Bestimmungen überflüssige Dramatisierungen wie Sakralisierungen – ob gewollt oder nicht – und werden schlichter und geradliniger. Eine solche Vereinfachung dient der Notwendigkeit, dem unwiderruflichen, ökumenischen Einsatz der Kirche von Rom Gestalt zu geben. Die Sehnsucht nach einer umfassenden und oft schon vergessenen Gemeinschaft der Kirchen ist eine lebendige Kraft. Sie hat erreicht, daß die „Suche nach Formen des Petrusdienstes" nicht allein der Traum manches

161

Theologen ist, sondern mit der Enzyklika *Ut unum sint* Johannes Pauls II. in die Tagesordnung der päpstlichen Regierung Eingang gefunden hat.[1] Trotz ihrer zum Teil divergenten und abwägenden Signale schafft diese Enzyklika unumkehrbare Fakten. Auf dieser Ebene der Betrachtung ist die Art und Weise, wie der Nachfolger des Petrus gewählt wird, nicht entscheidend. Die Sorge des Papstamtes besteht darin, daß dieser Übergang offen und durchschaubar abläuft, damit das Ansehen des Gewählten nicht beschädigt und atavistisches Mißtrauen zwischen den Konfessionen nicht gefördert werden.

Das Aufeinandertreffen von Wahlnormen und kirchlichen Strömungen schafft offensichtlich Widersprüche. Der Papst regelt frei die Zugehörigkeit zum Kollegium. Er kann von den Regeln abweichen, die er sich gegeben hat,[2] und stellt sicher, daß die Vertretung der Kardinäle ihre Aufgabe erfüllen kann. Das Kollegium, das die universale Kirche widerspiegelt, wählt den Bischof von Rom mit der gleichen Legitimität, mit welcher der Patriarch des Westens die Bischöfe der lateinischen Kirche ernennt. Es ist nicht leicht zu verhindern, daß Reibungen bei jeder neuen Erhebung von Kardinälen zu einer wachsenden Zersplitterung führen. Im Kollegium von heute fehlt jene Vorherrschaft einer Nation, wie sie noch die Gegenreformation kannte.[3] In ihm sind auch nicht jene kleineren, aber geschlossenen, nationalen Gruppen vertreten, die das Wechselspiel zwischen Kulturen und politischen Mächten begünstigten. Im Augenblick sind keine auffälligen Tendenzen erkennbar.[4] Formal gesehen ist der Papst bei den Ernennungen niemandem verpflichtet. Doch im Konkreten ist es historisch dokumentiert, daß er bei den Ernennungen auf Strömungen, Vetos und Druck Rücksicht nimmt, schon weil er im Blick auf eigene pastorale, geistliche oder institutionelle Ziele nicht davon absehen kann.

Die Einzelbestimmungen, deren Schicksal im letzten Jahrhundert wir verfolgt haben, haben bis ins Kleinste Rechte bzw. Pflichten bezüglich der Papstwahl geregelt. Der *CIC* von 1983 erkennt an, daß die Papstwahl die institutionelle Identität des Kardinalskollegiums ausmacht. Diese Bestimmungen haben jedoch weder die Aufsplitterung in der Zusammensetzung des Kardinalskollegiums verhindert noch der Reibung bei Kardinalserhebungen abhelfen können. Gerade die mittelfristigen Beobachtungen erlauben die Feststellung, daß die Ergebnisse der unzähligen Reglementierungen, besonders aus den 60er bis 80er Jahren, nicht immer den ursprünglichen Absichten entsprochen haben:

Absichten und Ergebnisse: Die Wirklichkeit und die Normen

Die apostolischen Konstitutionen Johannes' XXIII. und Pauls VI. zum Konklave hatten ein zweifaches Ziel. Das Kollegium der Purpurträger sollte einerseits der Lehre nach die Repräsentanten der Kirche von Rom darstellen und andererseits die veränderten und die veränderbaren Grenzen des zeitgenössischen Katholizismus beispielhaft zum Ausdruck bringen. Um dies zu erreichen, wählte man ein einfaches Mittel: das Kollegium ausweiten, die Zahl der „Ausländer" vergrößern und schließlich eine Altersgrenze einführen, um einen schnellen Wechsel sicherzustellen, der eine ständige Anpassung zwischen dem Bild der Welt und ihrer Abbildung im Wahlgremium ermöglicht.

Was mit dem ersten Konklave von 1978 begann, trifft nicht vollständig dieses Bestreben. Auch für das 20. Jahrhundert läßt sich gut dokumentieren, daß die apostolischen Konstitutionen zum Konklave sich nicht nur den Kanonisten des päpstlichen Hofs verdanken, sondern auch der unmittelbaren Erfahrung, die jeder Papst bei der Wahl gemacht hat. Daher kann man als Arbeitshypothese vortragen, daß die von Johannes Paul II. erlassenen Normen einem Problem vorbeugen wollen, dessen gerade er sich bewußt wurde und das durch die kanonischen Normen über Zahl, Herkunft und Alter der Papstwähler nicht gelöst worden war. Pius X. hatte den Mechanismus des Vetos gestoppt, Pius XII. das *quorum* um eine Stimme erhöht, um Anfechtungen der Mehrheitsverhältnisse zu vermeiden. Johannes XXIII. setzte die Bestimmungen außer Kraft, die dem Ansehen des Kardinalskollegiums schaden konnten. Johannes Paul II. will vermeiden, daß die Normen und die zukünftige Wirklichkeit unbemerkt auseinandertriften. Warum sollte ein künftiges Konklave nicht ebenfalls – wie seit Jahrhunderten – ohne Betrug ablaufen und ebenso friedlich und ernsthaft, wie oft geschehen? Der Wojtyła-Papst wollte in erster Linie verhindern, daß der nächste Papst a) außerhalb des Konklaves und seiner Liturgie, b) durch ein allzu aufgesplittertes Kollegium von fast parlamentarischer Dimension, und c) aufgrund eines Zustimmungsnetzes gewählt würde, das einige mächtige „Wahlmänner" geknüpft haben. Der verantwortliche und freie Akt eines jeden Purpurträgers darf nach Johannes Paul II. nicht verdunkelt werden.

Wer die Vorbereitungsphasen und den Ablauf der Konklaven des 20. Jahrhunderts betrachtet, dem ist einsichtig, daß diese Möglichkeiten ernst zu nehmen sind. Im Gegensatz zu einer Zeit vor noch wenigen Jahrzehnten ist im 21. Jahrhundert jeder Kardinal imstande, Rom innerhalb weniger Stunden zu erreichen, wenn die Nachricht vom Tod oder vom Rücktritt des Papstes[5] eintrifft. Dies bedeutet angesichts der einzuhaltenden Frist, bevor die Wähler die Sixtinische Kapelle betreten dürfen und das *extra omnes* angeordnet wird, daß die Kardinäle (in Theorie alle, auf jeden Fall aber mehr als die wahlberechtigten Kardinäle) ungefähr zwei Wochen miteinander verbringen. Es ist offensichtlich, daß in diesen Tagen[6] ein sehr breites Kollegium agiert, in dem sich feste und klare Mehrheiten oder Spaltungen bilden können.

Die Kanones verbieten nichts von alledem. Einer der historisch besonders herausragenden Aspekte bei der Wahl des Bischofs von Rom, die Schnelligkeit, ist ohne weiteres erfüllbar. Es besteht allerdings das Risiko, daß sich Sitzung und Abstimmung des Konklaves auf einen notariellen Akt bzw. auf eine leere Zeremonie verkürzen, nämlich dann, wenn die Fähigkeit weniger Kardinäle, im voraus Stimmabsprachen zu organisieren, das Ergebnis stärker bestimmt als die gemeinsame Verantwortlichkeit aller.

Der Ausschluß der über 80-jährigen Kardinäle vom Konklave würde unter diesen Umständen seiner ursprünglichen Absicht entleert, der „schnelle Wechsel" unter den Wählern würde zu einem gescheiterten Versuch, eine große und einflußreiche Gruppe an den Rand zu drängen. Vage erkennen die bestehenden Normen das Problem, wenn sie erklären, daß der Ausschluß der Älteren von der Wahl im Blick auf ihre „Schwäche" erfolgt. Doch die Normen sind nicht konsequent, auch den daraus folgenden Grundsatz der Unwählbarkeit der über 80-jährigen abzuleiten sowie den Rücktritt des Papstes bei Erreichen dieser Altersgrenze zu fordern. Daher macht der Ausschluß der „Älteren" von der Wahl nur Sinn, wenn man eine Begrenzung der *Zahl* der Wähler erreichen möchte, um die persönliche Verantwortung eines jeden Wählers zu betonen. Dies will Johannes Paul II. mit *Universi dominici gregis* erreichen, aber es ist nicht möglich zu sagen, ob er darin erfolgreich sein wird. Ist es doch fraglich, ob das Ansehen einiger über 80-jähriger, die für ganze zwei Wochen keinen Einfluß geltend machen dürfen, eine verantwortliche Wahl zwischen Gleichen wirklich verhindert.

Unter diesem Blickwinkel haben auch die Änderungen an den Wahlmodalitäten eine besondere Bedeutung und ihre Schwäche. Die Abstimmung unterstreicht den paritätischen Wert aller Stimmen. Wenn *Universi dominici gregis* die Abstimmung zum einzig gültigen Instrument der Papstwahl bestimmt, will sie dies besonders unterstreichen. Darin scheint auf den ersten Blick ein Risiko zu liegen für den Fall eines unerwartet gespaltenen Kollegiums. Das Wahlkollegium wird von den Normen unausweichlich dahin geführt, den Papst mit einfacher Mehrheit zu wählen. Und es ist nicht zu vermeiden, daß die Mehrheitsverhältnisse bekannt werden. Wäre es in einem solchen Fall nicht sinnvoller, daß die Normen – wie früher – am *quorum* festhalten, um so mehr, wenn sein Erreichen von einer widerspenstigen Minderheit verhindert wird? Johannes Paul II. kehrt diese Erwartung und dieses Kriterium um. Er folgt dem Modell vieler parlamentarischer Regelungen, die eine Absenkung des *quorum* festlegen, gerade um Obstruktionen zu unterbinden. Denn ihm scheint heute nicht die Solidität der Mehrheit in Gefahr zu sein, sondern der Wert der (einzelnen) Stimmen.

Trotzdem ist es allein mit Verfahrensregeln nicht möglich, eine Entartung der Wahl zu einer bloßen Machtvereinbarung zu verhindern. Die Wahl des Papstes könnte durch eine Vereinbarung von *king makers* schon vor dem Konklave in den Generalkongregationen entschieden werden.[7] Eine solche Wahl käme dann nicht durch freie und geheime Abstimmung zustande, die auf die Stimme eines jeden Wählers gründet. Die Aufwertung der Abstimmung verhindert nicht, daß sich die Zustimmung einer inhomogenen Versammlung ohne Wahlgänge auf eine Person vereinigt. Um das Petrusamt, seine Authentizität und seine Reform zu sichern, müßte man vermeiden, daß einige wenige Purpurträger mit politischer Raffinesse vor dem Konklave eine Absprache über die anstehende Wahl erreichen.[8]

Hierin liegt der heikle Punkt. Denn dieser Situation, die sich im 20. Jahrhundert zumindest als Möglichkeit angedeutet hat, entkommt man nicht durch Normen. Vielmehr ist hier eine bewußte und unmittelbare Verpflichtung der Kardinäle von Beginn der Sedisvakanz an gefordert. Eine solche ist sicherlich mit der Konstitution Johannes Pauls II. vereinbar. *Sede vacante* versammelt sich ein großes und komplex zusammengesetztes Kollegium von Purpurträgern. Könnte ein solches Gremium, dem die Älteren zunächst noch angehören, die Wahl der Person hintanstellen und sich der Diskussion über die Probleme der Kirche widmen? Die Generalkongregationen könnten der Ort für eine Debatte über den *status ecclesiæ* werden.[9] Sie wären durch das verpflichtende Schweigen geschützt und könnten gleichzeitig – ungeachtet der Flut von Druckerschwärze und Fernsehbildern, welche die Medien über die Sitzungen ausgießen – die tiefsten Erwartungen der Kirchen, der Christen und der Welt wahrnehmen.

Dies ist im Grunde der eigentliche Übergang und die wirkliche Wahl, die nicht den Papst als Gesetzgeber, sondern das Kollegium als kollektiv handelndes fordert. Dies wird umso wichtiger, wenn ein Pontifikat durch den freien Verzicht auf das päpstliche Amt enden sollte. Der Tod eines Papstes schafft immer einen Mindestraum des Abstandnehmens vom Erbe eines Pontifikats. Ohne peinliche Akte des Bruchs vollziehen zu müssen, kann das Kollegium in diesem Fall den Blick nach vorne richten. Im Fall eines freien Rücktritts muß dagegen das Wahlkollegium erst seine Freiheit und seine eigene Verantwortlichkeit finden, auch gegenüber einem Papst, der zwar auf sein Amt verzichtet hat, dessen fortdauernde Anwesenheit jedoch auf dem Wahlverfahren lastet.[10] Offen, gelassen und frei von Ideologien können sich das „Wohl" der universalen Kirche und das der Kirche von Rom verbinden.

Wichtiger als die klassischen Unterscheidungsmerkmale des zu wählenden Papstes (Diplomat oder Hirte, Italiener oder Nichtitaliener, Konservativer oder Reformer) ist daher unter historischem Blickwinkel die für die moderne Welt typische und zugleich tief traditionelle Fähigkeit auf Seiten der Wählenden, dem *status ecclesiæ* in all seinen pastoralen, ökumenischen, geistlichen, institutionellen und politischen Aspekten differenziert Rechnung zu tragen. Über Jahrhunderte hat die langsame Entwicklung der Kulturen und Institutionen eine solche differenzierende Handlungsweise verwässert. In der Vorbereitung der Konklaven und vor allem im Ablauf der Pontifikate wird sie heute jedoch sehr viel zügiger umgesetzt.

Schon auf die kurze Zeitspanne hin ist es offensichtlich, daß das Papstamt, wie es seit dem Konzil gestaltet wurde,[11] aller Nostalgie zum Trotz sichtbare und unumkehrbare Spuren hinterlassen hat. Johannes Paul II. hat in der Konstitution *Universi dominici gregis* eine notwendige, beständige Erneuerung der Gesetzesbestimmungen zur Wahl des Bischofs von Rom festgeschrieben. Dies ist eine offene Tür für Widersprüche,[12] welche die Bestimmungen im Augenblick nicht zu lösen wissen und die doch aufgegriffen werden müssen, um einen Ausgleich zu finden zwischen Instanzen, Gremien und Mächten, die bei der Wahl des Bischofs von Rom agieren.

Einfluß von „Vertrauten"

Es gibt Veränderungen, die man einführen wollte oder mußte. Daneben läßt das Wechselspiel von Bestimmungen und Realität im 20. Jahrhundert einen gänzlich anderen Prozeß hervortreten:

167

Veränderungen, die aufgrund des Nicht-Veränderns von Bestimmungen entstehen (ob gewollt oder ungewollt, kann man beim augenblicklichen Stand der Quellen nicht sagen). Eine solche Veränderung großen Ausmaßes betrifft die vorrangigen Mitarbeiter des Bischofs von Rom und ihr legitimes Streben, als mögliche Erben des Papstes zu erscheinen und es zu sein.

Die Normen zur Sedisvakanz sind sehr genau bezüglich der Begrenzung eines Pontifikats: der Tod oder der Rücktritt, die Unfähigkeit oder die Abweichung im Glauben – nichts Ordentliches und nichts Außerordentliches bleibt im Unklaren. Ebenso ist klar, daß Machenschaften und Versprechen unter den Wählern hinter dem Rücken des Papstes verboten sind. Darin spiegelt sich die alte Wachsamkeit gegen Verschwörungen wider. Doch Veränderungen anderer Art sind eingetreten. Der Bischof von Rom hat wie alle Bürger der westlichen Welt seine Lebenserwartungen steigen sehen. Im Unterschied zu medizinisch weniger begünstigten Epochen ist die Wissenschaft seit Jahrzehnten imstande, das Leben, auch das Leben des Papstes, beträchtlich zu verlängern. Bei zunehmendem Altern des Inhabers des päpstlichen Amtes entstehen unter den Kardinälen Hoffnungen und Enttäuschungen. Diese verletzen zwar nicht die Regel der Zurückhaltung bezüglich der Zukunft des Papstamtes, aber sie bleiben irgendwie in der Schwebe und können nicht überprüft werden. Den „bedeutenden" Kardinälen mit Medienpräsenz fällt es zu, ihre Stimme zu auftauchenden Themen hören zu lassen und Kontinuität und Diskontinuität in der Regierung und in der Zukunft der Kirche zu problematisieren.[13] Sie können dabei den Gesetzen der Massenkommunikation nicht entrinnen.

Einige Kurienkardinäle haben in dieser Hebammenrolle einen historischen Vorteil. Es ist nicht neu, daß sich die Macht des Papstes auf Mitarbeiter stützt. Diese sind, weil Institutionen der Kollegialität fehlen, heute in Rom konzentriert, vor allem, wenn der Papst älter wird. In der Umgebung des Papstes erlangen Kardinäle häufig für eine gewisse Zeit stärkere Bekanntheit oder werden mit Vollmachten ausgestattet, die über ihre formalen Aufgaben hinausreichen. Das macht sie zu Favoriten eines Konklaves. Dies war die Stärke, aber auch das Handikap von Rampolla, dem vorgeworfen wurde, sich im Staatssekretariat ein Sprungbrett für das Papstamt geschaffen zu haben. Ähnliches ist auch am Ende des Pontifikats Pius' XII. anzutreffen. Man beklagte die Existenz eines „Pentagon" von Kardinälen um ihn, die seine Zustimmung zu jedem beliebigen Problem erhalten konnten. Auch die Entfernung einiger dieser Mitarbeiter aus Rom[14] beseitigt nicht ihre Aura von Kontinuität oder Diskontinuität. Das Konklave hat zuweilen diese stillen Hinweise aufgenommen, sie manchmal auch verworfen. Aber das Fehlen ständiger Leitungsorgane, die den Episkopat um den Papst repräsentieren, führt dazu, daß der Auswahlprozeß[15] dieser möglichen Erben ganz und gar innerhalb der Kurie abläuft. Vielleicht kann der Plan Montinis einer Führungsspitze neben dem Papst, die das gesamte Leben der Kirche mit Einfühlungsvermögen leitet, noch Wirklichkeit werden; vielleicht auch der Traum eines neuen Typs des *cardinal nepote*, der aber fähig ist, die Tiara zu erben.

Verschiedene Kardinäle und Theologen – unter ihnen Paul VI. – äußerten den Wunsch, die Vollmacht der Papstwahl auf ein gemischtes Kollegium zu übertragen (unter Einschluß des Synodensekretariats oder der Vorsitzenden der Bischofskonferenzen). Diesem Wunsch hielt man entgegen, daß die Wahl des Nachfolgers des hl. Petrus nichts mit der demokratischen Vorstellung von Repräsentativität zu tun habe, sondern dem Bedürfnis und der Tradition der Kirche von Rom und den besonderen Aufgaben und Vorrechten ihres Bischofs entspreche.[16] Doch die Hervorhebung von Personen, die in Rom an der zentralen Leitung der Kirche beteiligt sind, sichert nicht hinreichend den „römischen" Charakter. Die alte Struktur des Konklaves, das Erneuerung wie Kontinuität sicherstellen wollte, riskiert in dieser Hinsicht, ungewollten Prozessen freies Spiel zu lassen.

Gibt es trotz unveränderter Bewahrung der Tradition Veränderungen? Ja, und nicht nur bei den soeben zitierten Problemen. Dieses Paradox gilt auch für die Regelung der Geheimhaltung und für das Verbot der Kommunikation zwischen Wählern und externer Welt nach dem Schließen der Pforten der Sixtinischen Kapelle. Die Einhaltung der Geheimhaltungspflicht hatte historisch nicht die Absicht, die Abstimmung, die den Beginn eines neuen Pontifikats markierte, zu verschleiern. Das Verbot der Kommunikation war vielmehr entstanden, um die Kardinäle daran zu hindern, während eines Konklaves ihren Geschäften nachzugehen. Es „bestrafte" Obstruktion bei der Wahl und wendete die Gefahr ab, daß sich das Kollegium von der Idee versuchen ließe, ohne Papst zu regieren. In moderner Zeit erfüllte die Geheimhaltung die zusätzliche Aufgabe, die Kardinäle vor der Kontrolle ihrer Handlungen durch politische Mächte zu schützen, die ihnen Aufträge erteilt hatten.

Die heutige Praxis der Geheimhaltung hat sich im Laufe des 20. Jahrhunderts mit einer Aura von Sakralität umgeben. In Wirklichkeit aber setzt sie die Kardinäle dem Druck der Medien aus. Die Presse hat auch schon in anderen Geschichtsepochen Einfluß ausgeübt: Bei der Wahl Pius' X. hatte der „Corriere della Sera" unmittelbar vor Schließung der Pforten der Sixtinischen Kapelle über das zu erwartende Veto informiert. Auch die erwähnte vorgezogene Veröffentlichung eines Interviews scheint die Stimmen derer, die sich auf den Kardinal von Genua, Giuseppe Siri, festgelegt hatten, beeinflußt zu haben. Er wird aus diesem Grund von seinem Biographen ironisch als „der nicht gewählte Papst" bezeichnet.[17]

Heute könnte die Schnelligkeit der Kommunikation vergleichbare Situationen entstehen lassen. Es genügt, sich auszumalen, was geschehen könnte, wenn CNN oder ein anderes *network* der Information wenige Minuten vor dem *Veni creator* der Eröffnung des Konklaves eine aufsehenerregende Nachricht über den Gesundheitszustand oder den Lebenslauf eines wahlberechtigten Kardinals verbreitete (ob zutreffend oder falsch, spielt im Grunde eine geringe Rolle). Wegen der fehlenden Kontakte nach Schließung der Pforten der Sixtinischen Kapelle und der *residence* Santa Marta befände sich das Kollegium dann unter einem Veto der Medien, dem es sich nur schwer entziehen könnte. Das letzte Vierteljahrhundert hat neue Möglichkeiten hervorgebracht, Druck durch das Informationssystem auszuüben. Das Weiterbestehen der im Augenblick gültigen Normen erhöht noch deren Gewicht.[18]

Die im voraus Ausgeschlossenen

Schließlich ist ein besonders subtiler Widerspruch in den Bestimmungen zu den verschiedenen Altersgrenzen enthalten. Die Normen zum Recht der Kardinäle, den Papst zu wählen, und die Normen zum Rücktritt der katholischen Diözesanbischöfe sind, was die Altersgrenze betrifft, nicht aufeinander abgestimmt worden. Sie schaffen eine eigene Wählerschicht: Kardinäle, die als Bischöfe wegen Überschreitens der Altersgrenze von 75 Jahren die Leitung ihrer Diözese abgegeben haben. Diese Kardinäle unter 80 Jahren besitzen zwar das aktive Wahlrecht im Konklave, sind aber gleichsam unwählbar geworden und im Vergleich zu den Kardinälen der Kurie im Nachteil, da der Papst deren Aufgaben bis zum Erreichen des 80. Lebensjahres bestätigen kann. Sie erleben sich in ihrer Aufgabe als Hirten bestraft im Vergleich zu den Mitgliedern der vatikanischen Exekutive. Es wäre in der Tat einzigartig, daß ein Kardinal, der aufgrund des bestehenden Kirchenrechts keine Diözese mehr leiten darf, dazu berufen werden könnte, die Diözese Rom zu leiten. Auch die Position dessen ist privilegiert, der sein Amt weiterhin ausübt, weil er dem can. 411 *CIC* nicht nachkommen mußte.[19] Die Rolle dieser nicht wählbaren Wähler ist historisch der Rolle der Jesuitenkardinäle vergleichbar. Diese wurden in der Vergangenheit mit einem gewissen Argwohn betrachtet. Man fürchtete, daß der Kurzschluß weißer Papst/schwarzer Papst politisch unselige Konsequenzen haben könnte. Die nicht wählbaren Wähler vergrößern nur die Reihen derer, die in der Vorbereitungsphase und im Konklave selbst einzig nach der Rolle der *king makers* streben und daher in den neun Tagen und während des Konklaves in einer Weise aktiv sein könnten, die von den geltenden Normen nicht vorgesehen ist und auch nicht erwünscht sein kann.

Elftes Kapitel

Allgemeine Überlegungen

Es ist Pflicht und Bestreben Johannes Pauls II., durch Neuernennungen die Zahl der 120 Wähler im Kardinalskollegium sicherzustellen (auch wenn sie gelegentlich überschritten wird und schon die 135 erreicht hat). Je länger die Zeit zwischen einer Kardinalserhebung und der nächsten voranschreitet, entfernt sich die tatsächliche Zahl der wahlberechtigten Kardinäle in natürlicher Weise von dieser Sollzahl.[1] Nach fast einem Jahrtausend an Überlegungen und Erfahrungen, an Lehren und Theologien ist das spezifische Kennzeichen des Kardinalsstandes die Aufgabe der Papstwahl. Teil des päpstlichen Hofes, Nachfolger der Apostel, Senat des Papstes, Organ der Mitregierung sind Beschreibungen ihrer Aufgabe in der Geschichte. Heute wird das Kardinalskollegium als der Kreis identifiziert, der den Bischof von Rom wählt. So besagt es can. 349 des neuen *CIC* und so wiederholt es die Konstitution *Universi dominici gregis*, die diesen minimalen Überrest antiker Vorstellungen und Vollmachten verteidigt.

Das Papstamt begründet den Kardinalsstand mit seiner Funktion. Es übernimmt damit die Entscheidungen des Zweiten Vatikanischen Konzils zur bischöflichen Kollegialität, die dem gesamten Kollegium der Bischöfe die Qualifikation als Nachfolger der Apostel zuerkennt. Gregor VII. hatte im 11. Jahrhundert die Kardinäle als Erben der Zwölf bezeichnet, die den Papst, den Stellvertreter Jesu Christi auf Erden, umgeben. Das Konzil des 20. Jahrhunderts stellt alle Bischöfe vereint in die Nachfolge der Apostel. Dem Kardinalskollegium verbleibt als eigene ekklesiologische Begründung nur, in bewährter Weise dem Anspruch gerecht zu werden, den Bischof des ersten Rom in geheimer Abstimmung zu wählen.

Erfahrungswissen des Vatikans? Sicher besagt der Verlauf der Konklaven im 20. Jahrhundert, daß zwischen Bestimmungen und Realität, zwischen Widersprüchen und zukünftigen Entwicklungen eine Dialektik besteht. Diese betrifft nicht so sehr das Verfahren, als vielmehr die Konzeptionen. Daher liegt die Lösung nicht in einer Vervollkommnung der Verfahrensabläufe, sondern in der Unterscheidung der Zeichen der Zeit. Das Konklave ist der Ort – Suenens hat auf der Synode 1969 dieses Problem angesprochen –, um sich tiefgehenden Fragen zum Petrusdienst zu stellen. Nur wenn man sich der Notwendigkeit stellt, den Petrusdienst neu zu bestimmen, vermag sich seine Lebenskraft zu zeigen.

Im Blick auf einen derartig weiten Horizont und auf die Neugestaltung des Pontifikats im 20. Jahrhundert stellen sich einige besondere Probleme, die zum Abschluß der Analyse, gleichsam als Ertrag der bisherigen Beobachtungen, in den Blick genommen werden sollen.

Ein offener Punkt ist weiterhin die Zusammensetzung des Kardinalskollegiums. Dieses Problem wird seit Jahrhunderten diskutiert. Heute hat es eine eigene Konnotation. Johannes Paul II. hat nicht nur die Internationalisierung des Kollegiums fortgesetzt, sondern er hat darin auch Länder repräsentiert, die ihm durch seine Reisen vor Augen kamen. Durch seine Besuche angestoßen, hat er mittels Kardinalserhebungen diesen Ländern die Möglichkeit zugesprochen, an einem Augenblick höchster Verantwortlichkeit in der katholischen Kirche teilzunehmen, wie sie die Wahl seines Nachfolgers darstellt. Diese Länder erfahren eine starke und ungekannte Aufwertung. In keiner internationalen Organisation besteht eine solche Parität zwischen reichen und armen Ländern wie im Kardinalskollegium. Dies hebt das Konklave von neuem auf eine politische Ebene und stellt eine besondere Herausforderung dar. Diese Entwicklung ist sehr interessant, bedarf aber der Überprüfung und einer Relativierung. Obwohl arme Kardinäle (oder aus armen Ländern stammende) und reiche Kardinäle (oder aus reichen Ländern stammende) bei der Wahl gleich sind, ist der

Grad des Ansehens der Purpurträger mit den größeren Mitteln offensichtlich ein anderer als der ihrer bedürftigeren (und häufig finanziell unterstützten) Mitbrüder, die ihren Dank durch Anerkennung abstatten. Die ökonomische Ungleichheit[2] ist ein unbewältigtes Problem für die Konsensbildung, das weder durch einen utopischen finanziellen Ausgleich noch durch die Konzentration der Finanzen in Rom gelöst werden kann (wie es Benedikt XV. und Pius XI. in den 20er Jahren versuchten). Es handelt sich dabei nicht um eine technische Frage – noch weniger um eine wahltechnische –, sondern um das Problem, ob und inwieweit die Wahl des neuen Papstes für die Welt und für die Kirche einen *kairós* darstellt.

Ebenso spürt die katholische Kirche, daß sie bei der Wahl des Papstes sich selbst und den anderen ihre eigene ökumenische Verantwortung beweisen muß. Denn das Verfahren, das den Amtsträger des Petrusdienstes hervorbringt, besteht aus sehr anpassungsfähigen Elementen. Eine scheinbar unveränderliche Überlieferung hat sehr tiefgreifende Veränderungen erfahren, und wie es scheint, hat dieser Prozeß noch kein Ende gefunden. Das hat seinen Grund darin, daß das Schiff Petri durch Zeit und Geschichte navigiert und kein schwimmendes Museum ist. Das Kirchenrecht legt nur durch die Kraft der Worte fest, daß das Kardinalskollegium am besten Rombezug und Universalität garantiert. Doch die Entwicklung des Systems hat immer mehr auf das Ergebnis als auf das Verfahren an sich geachtet. Hervé Legrand hatte den Einwand vorgebracht, daß die von verschiedenen Seiten zwischen 1969 und 1973 gewünschte Einbeziehung der Bischöfe bei der Wahl des Papstes den Charakter des römischen Papstes als „Superbischof" betonen und dadurch den ökumenischen Dialog behindern würde. Seine Sorge war intellektuell richtig, aber zu theoretisch. Ob ein Pontifikat historisch die Ökumene hemmt oder fördert, entscheidet sich nicht am Beginn seiner Regierungszeit, sondern in ihrem Verlauf. Es sind Inhalte und Entscheidungen eines Pontifikats, seine Weise, Autorität und Verantwortung auszuüben, die letztendlich über seine ökumenische Bedeutung entscheiden. Das Papstamt einer Kirche, die nicht nur über Einheit spricht, sondern sie auch umsetzt, darf in den Erwartungen der anderen Christen nicht eine taktische Begrenzung sehen, sondern einen Ansporn, unerwartete Tiefen des eigenen Seins zu entdecken. Dies kann zu anderen Formen und Weisen führen, das Papstamt auszuüben, und zu anderen Zugangswegen. Ansonsten bleibt die Kirche in konfessioneller Selbstgenügsamkeit stecken, einer Haltung, die das Geheimnis und den Dienst des Petrus in Unfehlbarkeit und Primat erschöpft sieht.

Unter diesem Gesichtspunkt haben die von Johannes Paul II. in den letzten Jahren gegebenen Impulse (nicht normativ, sondern erfahrungsmäßig) ein großes Gewicht für die Reform des Papstamtes. Er hat bei verschiedenen Gelegenheiten auch den Wählern seines Nachfolgers manche erste Diskussion über den *status ecclesiæ* zugemutet. Dies ist auf den Synoden geschehen, bei der Veröffentlichung von Verlautbarungen, die im Klerus und unter den Gläubigen zustimmendes oder ablehnendes Interesse erregt haben, und auf einigen Konsistorien. Johannes Paul II. fordert mit seinen Impulsen die Kirche heraus, sich künftig mit dem auseinanderzusetzen, wessen der *Katholizismus* wirklich bedarf, und nicht nur mit der Zahl der Stimmen, die ein *Kandidat* benötigt, um diese Spitzenposition in der römisch-katholischen Kirche zu erreichen.

Die Zukunft

Die kommenden Konklaven werden weniger vor das Problem stellen, wann das Konklave und ob es zu einem Ergebnis kommt, als vielmehr folgende Fragen aufwerfen: Wird der Einfluß der Medien auf die Wahl des Papstes gleich oder größer sein? Wird es zu einer Umkehrung der Tendenz kommen? Wird man zu einem italienischen Papst zurückkehren und für wie lange? Wird er, in der politischen Logik der Massenkommunikation gesprochen, *tory* oder *whig* sein, Falke oder Taube? Oder um es in der Sprache des Konklaves auszudrücken, wird er Pius XIII., Paul VII., Leo XIV., Johannes XXIV. heißen? Oder eher Johannes Paul III.? Oder wird ein Mutiger den Namen behalten, den ihm seine Mutter gegeben hat?

Der Geschichtsverlauf des 20. Jahrhunderts belegt, daß die in diesen Optionen bezeichneten Kräfte real sind. Der Großteil der Mehrheiten, die *letztlich* die Konklaven entschieden haben, verdankt sich dieser vereinfachenden Logik.[3] Und dennoch findet sich die Tagesordnung, die eine Mehrheit zustande bringt und dem Pontifikat eine tiefgehende Ausrichtung gibt, anderswo. Nach ihr sollte man Ausschau halten.

In verschiedenen Augenblicken eines Pontifikats tauchen Forderungen und Ängste auf, welche die päpstliche Nachfolge betreffen. Sie sind eine Herausforderung, auf das Morgen der Kirche und der Welt zu blicken. Auch im Pontifikat Johannes Pauls II. gab es Signale, die manch einer als Manöver und Positionsbestimmungen im Blick auf das Konklave gedeutet hat. Mehrmals kehrte das Gerücht wieder, Johannes Paul II. könnte seinen Pontifikat mit der (aufsehenerregenden, aber rechtlich vorgesehenen) Geste eines freien Verzichts auf das Amt beschließen. Auch hat der Papst inzwischen ein solches Alter erreicht, daß Krankheiten mit tödlichem Verlauf oder schwerer Invalidität keine Überraschung wären. Doch Klatsch und Kampf um die Macht können nicht verhindern, daß in solchen Augenblicken grundlegende Themen auftauchen, welche die gleichzeitig legitime wie unnütze Neugierde über den Ausgang der Wahl weit hinter sich lassen.

Kardinal Martini hat die Notwendigkeit angemahnt, die konziliare Erfahrung für die Bischöfe wieder zu beleben. Ein Konzil wäre der Ort wirklicher Kollegialität und würde der christlichen Gemeinschaft neue Lebendigkeit verleihen. Der Präfekt der Glaubenskongregation, Kardinal Ratzinger, betont oft die Notwendigkeit, die katholische Identität durch eine Reihe von „definitiven" Stellungnahmen zu verteidigen, die die Diskussion zu theologischen, ökumenischen, sakramentalen, bioethischen und moralischen Fragestellungen entscheiden, als sei die entsprechende Forschung nicht notwendig, sondern grundsätzlich gefährlich. Andere, wie der Kardinalstaatssekretär Sodano versuchen, die ganze Kirche in privaten Frömmigkeitsformen zu beheimaten (wie denen von Fatima), die durchaus mit impliziten, politischen Zusätzen befrachtet sind. Die in allen derartigen Äußerungen enthaltenen Erwartungen bereiten, in einem weiten und grundlegenden Sinn des Wortes, ein Konklave vor. Und es ist legitim, dies alles in Beziehung zu dem zu setzen, was Normen und Geschichte zu tun versucht haben. Es wäre unsinnig, in einer frommen Aufwallung zu denken, dies gehöre nicht zum „Fleisch" der Kirche.[4]

Das Konklave, das der Diözese Rom einen Bischof und der unwiderruflich zur Ökumene verpflichteten katholischen Kirche einen Hirten gibt, ist Teil der erlösten Geschichte, ebenso wie das Papstamt selbst. Auch nach einem Zeitraum von fast tausend Jahren sind es die gleichen Päpste, die (bei all ihrer permanenten Erneuerung der Gesetzesbestimmungen) betonen, daß die Wahl des Nachfolgers mit den Zeichen der Zeit in Einklang stehen muß. Und es sind die gleichen Kardinäle, die (bei all ihrer persönlichen und sachlichen Vorbereitung auf diese Aufgabe) betonen, daß nicht alles durch ihr Recht bzw. ihre Pflicht, zu wählen und schnell zu handeln, gelöst ist. Ein Problem besteht darin, daß das Kollegium der Bischöfe noch keine Institution hat, in der es seine Stimme angemessen zum Ausdruck bringen kann. Auch andere Stimmen suchen noch nach Ausdrucksmöglichkeiten: die verschiedenen Kirchen auf der Suche nach Einheit; die weite Welt der internationalen Beziehungen, die auf das anachronistische *Veto* bei der Papstwahl verzichtet hat und nach Wegen sucht, wie sie sich im Augenblick des Regierungswechsels der katholischen Kirche verhalten soll; die große Schar von Männern und Frauen in ihrem stummen Schrei nach Frieden und Hoffnung.

Andere Mechanismen und Vorstellungen könnten das Konklave ersetzen, um das Gleichgewicht zwischen Rombezug und Universalität sicherzustellen. Die christlichen Institutionen würden dies verkraften. Nur eine Rhetorik der Unbeweglichkeit rühmt die Festigkeit, Beständigkeit und vollkommene Wirksamkeit des Konklaves. De facto könnte sich das Konklave gerade durch seine Anpassungsfähigkeit noch lange erhalten und sich als langlebiger erweisen als die weltlichen Mächte und die konfessionelle Spaltung, die es auf einer sehr langen Wegstrecke seiner Geschichte begleitet haben.

Im 20. Jahrhundert hat das Konklave so gelebt und überlebt: nicht als perfektes System, unerläßlich für eine bedrohte Kirche, sondern als diskutierbares und plausibles Instrument, um die Kirche des Petrus und des Paulus mit einem Bischof auszustatten. Am Ende dieses Jahrhunderts von Regelungen und Veränderungen stehen das Papsttum und das Gremium, das dessen Fortbestand sicherstellt, unverändert vor der grundlegenden Frage, die im Hier und Jetzt den Glauben als Glauben und das Evangelium als Evangelium begründet: Wie kann der Mensch an Gott glauben? Wie kann Gott an den Menschen glauben?

Anmerkungen

Einleitung

[1] Vgl. H. W. BEYER, Art. *episkopos*, in: ThWNT II 604–619.

[2] Vgl. J. DELORME (Hg.), *Il ministero e i ministeri secondo il Nuovo Testamento*, Milano 1977.

[3] Vgl. Y. CONGAR, *Titel, welche für den Papst verwendet werden*, in: Concilium 11 (1975) 538–544; weiterhin nützlich M. MACCARRONE, *Vicarius Christi. Storia del titolo papale*, Rom 1952, und G. CORTI, *Il papa Vicario di Pietro. Contributo alla storia dell'idea papale*, Rom 1966.

[4] K. SCHATZ, *Der päpstliche Primat. Seine Geschichte von den Ursprüngen bis zur Gegenwart*, Würzburg 1990; weitere Hinweise in der Einführung zur *Enciclopedia dei papi*, Bd. I, von M. SIMONETTI.

[5] W. ULLMANN, *The Growth of Papal Government in the Middle Ages: A Study in the Ideological Relation of Clerical to Lay Power*, London 1965.

[6] Zur mittelalterlichen Diskussion hinsichtlich seiner Zuständigkeiten, vgl. R. BENSON, *The Bishop-Elect*, San Diego 1995.

[7] Vgl. die alten Studien von S. KUTTNER, *Cardinalis: The History of a Canonical Concept*, in: Traditio 3 (1945) 129–214, und M. ANDRIEU, *L'origine du titre de cardinal dans l'église romaine*, in: Miscellanea Giovanni Mercati, V, Città del Vaticano 1946, 113–144; Aktuellere bibliographische Angaben, in: J. GAUDEMET, *Église et Cité. Histoire du droit canonique*, Paris 1994, 318–366.

[8] A. ACERBI, *Due ecclesiologie al Vaticano II. Ecclesiologia giuridica ed ecclesiologia di comunione nella „Lumen Gentium"*, Bologna 1975, 389.

[9] Vgl. z. B. das Erscheinen, kurz nach dem Tod von Paul VI., von G. ZIZOLA, *Quale papa?*, Rom 1977, ferner *Il conclave. Storia e segreti. L'elezione papale da San Pietro a Giovanni Paolo II*, Rom 1993 und *Le successeur*, Paris 1995. Von dem unbedeutenden Traditionalistenblättchen Sì sì no no, 18 (1992), Nr. 20, bis zur New York Times, die dem Thema im Dezember 1995 eine Sondernummer, *This Pope and the Next*, gewidmet hat, folgten verschiedene Beiträge zum Thema des Konklaves. Es handelt sich dabei nicht nur um ein zeitgenössisches Phänomen, wie z. B. – von einem antiklerikalen Standpunkt aus – O. PIO, *Storia segreta dei conclavi*, Milano 1876, belegt.

[10] Vgl. jetzt die Biographie von G. WEIGEL, *Testimone della speranza*, Milano 1999.

[11] Vgl. A. RICCARDI, *Il Vaticano e Mosca 1940–1990*, Roma – Bari 1992; K.-J. HUMMEL (Hg.), *Vatikanische Ostpolitik unter Johannes XXIII. und Paul VI. 1958–1978*, Paderborn 1999, und A. MELLONI (Hg.), *Vatican II at Moscow*, Leuven 1997. Ein direktes Zeugnis in A. CASAROLI, *Il martirio della pazienza. La santa Sede e i paesi comunisti (1963–89)*, Torino 2000.

181

¹² A. RICCARDI, *Le politiche della S. Sede*, Cinisello Balsamo 1998. Zum Hintergrund: A. MELLONI, *L'altra Roma. Politica e S. Sede durante il Vaticano II (1959–1965)*, Bologna 2000.

1. Kapitel

¹ Die klassische Anthologie, erläutert durch Quellen und eingeführt durch kurze, aber präzise Anmerkungen, wurde erstellt von J. GAUDEMET (unter Mitarbeit von J. DUBOIS, A. DUVAL und J. CHAMPAGNE), *Les élections dans l'église latine des origines au XVIᵉ siècle*, Paris 1979; zur langen Wirksamkeit der These, daß Petrus Clemens ernannt habe, vgl. D. WOOD, *The Pope's Right to Elect his Successor: The Criterion of Sovereignty?*, in: D. WOOD (Hg.), *The Church and Sovereignty, c. 590–1918, Essays in Honour of Michael Wilks*, Oxford 1991, 233–244.

² Die Rolle des Volkes wurde auf dem Konzil von Ankyra, can. 18 bestimmt. Im Jahr 417 bekräftigt dies auch Zosimus gegenüber dem Bischof von Karthago (Corpus Scriptorum Ecclesiasticorum Latinorum 35, 1:100–101); Coelestin I. in *ep.* 7 (Patrologia Latina 50, 431 = Decretum Gratiani, Distinctio 61.1), Leo I. in *ep.* 10 und 14 (Patrologia Latina 54, 634 und 673 = Decretum Gratiani, Distinctio 63.27.19) und in *ep.* 40 (Patrologia Latina 54, 815). Im Jahr 445 erwähnt Valentinian III. (Nov. 17) die Notwendigkeit der Bewerbung der Laien.

³ Zu vielen Elementen, insbesondere zur *vexata quaestio* des Papstes, der eingreifen kann, um seinen Nachfolger zu bestimmen, vgl. T. ORTOLAN, Art. *Élection des Papes*, in: *Dictionnaire de théologie catholique*, IV, Paris 1911, Sp. 2282–2319.

⁴ So das Fragment 4 von Gelasius (Decretum Gratiani, Distinctio 63.11), vgl. J. GAUDEMET, *L'église dans l'empire romain (IV–V siècles)*, Paris ²1989, 331 u. 333, zu der von Apollinaris Sidonius in *ep.* 4,25 erzählten Episode der Wahl von drei Bischöfen von Châlon. Zum Aspekt der Rechtslehre: P. G. CARON, *L'intervention de l'autorité impériale romaine dans l'élection des évêques*, in: Revue de Droit Canonique 28 (1978) 76–83.

⁵ Der Fall des Ambrosius, der vom Volk gefordert und dann vom Klerus gewählt wird, noch bevor er getauft und geweiht wurde, ist beispielhaft. Vgl. den Artikel von M. G. MARA, in: *Patrologia*, III, Genova 1975, 135–169, und L. PIZZOLATO (Hg.), *Nec timeo mori. Studia patristica mediolanensia*, Milano 1998; zu dieser und den vorhergehenden Epochen, vgl. die Aufsätze von R. GRYSON, *Les élections ecclésiastiques au IIIᵉ siècle*, in: Revue d'histoire ecclésiastique 68 (1973) 353–404, mit einer umfangreichen Bibliographie, und DERS., *Les élections épiscopales en Orient au IVᵉ siècle*, in: Revue d'histoire ecclésiastique 74 (1979) 301–345.

⁶ Zwischen 352 und 496 ist das der Fall bei Liberius, Damasus, Siricius, Bonifatius I., Leo I., Hilarus, Felix III. und vielleicht Gelasius.

⁷ Z. B. Silvester, Marcus, Julius I., Liberius, Felix II., Siricius, Anastasius I., Bonifatius I., Sixtus III., Felix III.

⁸ Coelestin I. kam aus Kampanien, Leo I. aus der Toskana, Hilarus aus Sardinien, Simplicius aus Tivoli. Zu diesen Personen und zu denen der vorausgehenden Anmerkungen, vgl. die entsprechenden Artikel in: *Enciclopedia dei papi*.

[9] CH. PIETRI, *Roma christiana. Recherches sur l'église de Rome, son organisation, sa politique, son idéologie de Miltiade à Sixte III (311–440)*, Roma 1976, 1627–1651.

[10] G. ARNALDI, *Le origini dello Stato della Chiesa*, Torino 1987, 29–53.

[11] PH. DAILAEDER, One Will, One Voice and Equal Love. Papal Elections and the Liber Pontificalis in the Early Middle Ages, in: Archivum historiæ pontificiæ 31 (1993) 11–31, beobachtet (S. 13), daß insbesondere über die Weihe berichtet wird; zu diesen Passagen verweist Dailaeder auf F. WASNER, *De consecratione, inthronizatione, coronatione Summi Pontificis*, in: Apollinaris 8 (1935) 86–125, 249–281, 428–439.

[12] GAUDEMET, *L'église dans l'empire* 333.

[13] Vgl. *Corpus Scriptorum Ecclesiasticorum Latinorum* 35, 1,1–4.

[14] So zwingt im Jahr 366 Valentinian I. den Gegner von Damasus I., den Diakon Ursinus, ins Exil zu gehen; im Jahr 418, beim Tode des Zosimus, als die Diakone einen anderen Griechen, Eulalius, wählen, und die Priester Bonifatius, wird der Kaiser Honorius in den Streitfall hineingezogen: zunächst ordnet er, gestützt auf einen Bericht des Symmachus, von Ravenna aus die Entfernung des Bonifatius an; doch dann stellt er sich, vom kaiserlichen Hof zu einer erneuten Überprüfung gedrängt, auf die Seite des Kandidaten der Priester.

[15] *Epistula VII* (*Patrologia Latina* 20, 765 = Decretum Gratiani, Distinctio 97.1).

[16] Vgl. J. RICHARDS, *The Popes and the Papacy in the Early Middle Ages (476–752)*, London – Boston 1979.

[17] Diese Zahlung vergrößert den Zeitraum zwischen Wahl und Weihe, vgl. P. LLEWELLYN, *The Popes and the Constitution in the Eighth Century*, in: English Historical Review 101 (1986), Nr. 398, 42–67, zur Berechnung der Vakanz, siehe S. 43. Zur Synode von 499, vgl. CH. PIETRI, *Le sénat, le peuple chrétien et le partis du cirque à Rome sous pape Symmaque*, in: Mélanges d'archéologie et d'histoire 78 (1966) 123–139.

[18] Die Wahl Eugens I., noch zu Lebzeiten Martins, läßt letzteren als ersten in der Reihe zurückgetretener Päpste ansehen: Nach ihm werden folgende Päpste, die am Vorabend der Absetzung oder mitten im Streit zurücktreten, als abgesetzt betrachtet: Benedikt V. 964, Johannes XVIII. 1009, Silvester III. und Benedikt IX. 1045, und Gregor XII. 1415. Der Rücktritt von Coelestin V. 1294 hat spontanen Charakter; zu ihm s. u.

[19] DAILAEDER, *One Will, One Voice* 21, und ARNALDI, *Le origini dello Stato della Chiesa* 65–66.

[20] Zur Herabsetzung der Steuern: LLEWELLYN, *The Popes and the Constitution* 44; zur Datierung, vgl. H. MORDEK, *Rom, Byzanz und die Franken in 8. Jahrhundert: zur Überlieferung und kirchenpolitischen Bedeutung der Synodus Romana Papst Gregors III. vom Jahre 732 (mit Edition)*, in: G. ALTHOFF (Hg.), *Person und Gemeinschaft im Mittelalter. Karl Schmid zum fünfundsechzigsten Geburtstag*, Sigmaringen 1988, 123–146; zum Gebrauch von *sedes apostolica* N. GUSSONE, *Thron und Inthronisation des Papstes von den Anfängen bis zum 12. Jahrhundert*, Bonn 1978, bes. 185–187.

[21] ARNALDI, *Le origini dello Stato della Chiesa* 109; vgl. auch D. H. MILLER, *The Roman Revolution of the Eighth Century: A Study of the Ideological Background of the*

Papal Separation from Byzantium and the Alliance with the Franks, in: Medieval Studies 36 (1974) 79–133.

²² DAILAEDER, *One Will, One Voice* 17.

²³ Das passive Wahlrecht wird 769 festgelegt, vgl. *MGH Concilia II* (hg. von A. Werminghoff), 86/18–24 und 88/5–10. Was die Formeln betrifft, vgl. TH.-F.-X. NOBLE, *The Republic of St. Peter*, Philadelphia 1984 und GUSSONE, *Thron und Inthronisation*. Stephan III., gewählt 768, wird von denjenigen als Stephan IV. gezählt, die Stephan (II.), gewählt 752 und nach vier Tagen ohne Weihe verstorben, in der offiziellen Papstliste mitzählen.

²⁴ DAILAEDER, *One Will, One Voice* 17, betont den Übergang zum Passiv *electus est* als einem rhetorischen Instrument, um die antikanonische Vorgehensweise zu sanieren; darauf hatte schon J. HALLENBECK, *The Election of Pope Hadrian I*, in: Church History 36 (1968) 261–270, und DERS., *Paul Afiarta and the Papacy: An Analysis of Politics in Eighth Century Rome*, in: Archivum historiæ pontificiæ 12 (1974) 33–54, bestanden.

²⁵ H. FUHRMANN (Hg.), *Constitutum Constantini, MGH Fontes 10*, Hannover – München 1968, die Studien von W. POHLKAMP – K. ZEILLINGER – J. QUILLET, in: *Falsche und Fälschungen im Mittelalter, MGH Schriften*, II, Hannover 1988, und N. HUYGHEBAERT, *La Donation de Constantin ramenée à ses veritables dimensions*, in: Revue d'histoire ecclésiastique 71 (1976) 45–61, und DERS., *Une légende de fondation: le Constitutum Constantini*, in: Le Moyen Âge 85 (1979) 177–209.

²⁶ O. BERTOLINI, *Osservazioni sulla Constitutio Romana dell'824*, in: O. BANTI (Hg.), *Scritti scelti di storia medievale*, II, Livorno 1968, 705–738. Zum Abstand zwischen Theorie und Praxis, vgl. P. CLASSEN, *Karl der Große, das Papsttum und Byzanz: Die Begründung des karolingischen Kaisertums*, Sigmaringen, ²1985, 8–25.

²⁷ DAILAEDER, *One Will, One Voice* 23, beobachtet, daß der *Liber Pontificalis* kein einziges Mal im 8. Jahrhundert die Bekanntmachung einer päpstlichen Wahl an die Franken erwähnt.

²⁸ Hadrian II. ist der letzte Papst, von dem der *Liber Pontificalis* berichtet, daß er von allen, Frauen eingeschlossen, gewählt worden ist: „omnes urbis Romanae concives, simul et hi qui quos extrinsecos adesse contigerat, tam pauperes quam divites, tam clericalis ordo quam cunctum populi vulgus, omnis scilicet aetatis, professionis et sexus", *Vita Hadriani II*, in: *Liber Pontificalis*, hg. von L. Duchesne, II, 173–174.

²⁹ Das Konzil von Troyes hatte 878 unter dem Vorsitz von Johannes VIII. die antike Praxis der Unauflöslichkeit der Beziehung zwischen Bischof und Diözese wiederholt und die Versetzung eines Bischofs einer Kirche geringerer Bedeutung in eine bedeutendere verboten: Mit Marinus, der nicht geweiht werden muß, bekommt die Wahl noch größeres Gewicht.

³⁰ Vgl. H. ZIMMERMANN, *Der Bischof von Rom im Saeculum obscurum*, in: M. MACCARRONE, *Il primato del vescovo di Roma nel primo millennio. Ricerche e testimonianze*, Città del Vaticano 1991, 643–660. In einem guten Jahrhundert zwischen der Wahl Johannes' VIII. (872) und dem Tod Johannes' XIV. (984), wurden acht von 30 Päpsten ermordet.

[31] Vgl. noch CH. BAYET, *Les élections pontificales sous les Carolingiens au VIIIe et au IXe siècle*, in: Revue historique 24 (1884) 49–91; H. FUHRMANN, *Die Wahl des Papstes. Ein historischer Überblick*, in: Geschichte in Wissenschaft und Unterricht 9 (1958) 762–780.

[32] Vgl. einen Katalog der Quellen in: S. VACCA, *Prima sedes a nemine iudicatur. Genesi e sviluppo storico dell'assioma fino a Graziano*, Roma 1993.

[33] Die Krönung ist mindestens seit 847 datierbar, vgl. K. RICHTER, *Die Ordination des Bischof von Rom. Eine Untersuchung zur Weiheliturgie*, Münster 1976. Nikolaus I. setzt nach der „Scheidung" von Lothar II. die Bischöfe von Köln und Trier ab. Die Versuche, die Provinzen des Testaments Karls des Großen in apostolische Vikariate umzuwandeln, indem der jeweilige Papst Drogo von Metz zum Primas von Gallien und Deutschland (844), und später Ansegise zum Primas der fränkischen Kirche (876) ernennt, scheitern.

[34] Vgl. H. AUBIN, *Otto der Große und die Erneuerung des abendländischen Kaisertums im Jahre 962*, Göttingen 1962.

[35] Vgl. W. KÖLMEL, *Regimen Christianum. Weg und Ergebnisse des Gewaltenverhältnisses und des Gewaltenverständisses (8. bis 14. Jahrhundert)*, Berlin 1970, und die Beobachtungen von DAILAEDER, *One Will, One Voice* 22.

2. Kapitel

[1] GAUDEMET, *Les élections*.

[2] Vgl. G. ALBERIGO, *Le origini della dottrina sullo „ius divinum" del cardinalato*, in: E. ISERLOH u. K. REPGEN (Hg.), *Reformata reformanda. Festgabe für Hubert Jedin zum 17. Juni 1965*, Bd. I, Münster/Westf. 1965, 39–58, und DERS., *Lo sviluppo della dottrina sui poteri nella Chiesa universale. Momenti essenziali tra il XVI e il XIX secolo*, Roma 1964. Zur ambivalenten Ekklesiologie der Gregorianer, vgl. J. LECLERCQ, *Pars corporis papæ … Le sacré collège dans l'ecclésiologie médiévale*, in: *L'homme devant Dieu. Mélanges offerts au père Henri de Lubac*, Bd. II: *Du Moyen âge au siècle des lumières*, Paris 1964, 183–194, und G. ALBERIGO, *Cardinalato e collegialità. Studi sull'ecclesiologia tra l'XI e il XIV secolo*, Firenze 1969.

[3] L. MORTARI, *Consacrazione episcopale e collegialità*, Brescia 1969.

[4] Vgl. Y. CONGAR, *900 ans après le „Schisme oriental"*, Paris – Chevetogne 1954.

[5] Zum Dekret Nikolaus' II. *In nomine Domini* (1059) vgl. H.-G. KRAUSE, *Das Papstwahldekret von 1059 und seine Rolle im Investiturstreit* (Studi Gregoriani 7), Roma 1960, und weiterhin F. KEMPF, *Pier Damiani und das Papstwahldekret von 1059*, in: Miscellanea historiæ pontificiæ 2 (1964) 73–90.

[6] W. ULLMANN, *Law and Politics in the Middle Ages*, London 1975; P. GOLINELLI, *Sulla successione a Gregorio VII: Matilde di Canossa e la sconfitta del riformismo intransigente*, in: M. C. DE MATTEIS (Hg.), *A Ovidio Capitani. Scritti degli allievi bolognesi*, Bologna 1990, 67–86.

[7] G. MICCOLI, *Chiesa gregoriana*, Firenze 1966; O. CAPITANI, *Tradizione e interpretazione: dialettiche ecclesiologiche del secolo XI*, Roma 1990.

[8] J. LONGÈRE (Hg.), *Le Troisième concile de Latran (1179). Sa place dans l'histoire*, Paris 1982, 16.

⁹ Für die kanonistische Debatte zum Thema der Sedisvakanz ist die Bestandsaufnahme der Quellen von L. SPINELLI, *La vacanza della Sede Apostolica dalle origini al concilio Tridentino*, Milano 1955, zuverlässig.

¹⁰ A. ESMEIN, *L'unanimité et la majorité dans les élections canonique*, in: *Mélanges Fitting*, Bd. II, Montpellier 1907, 355–382.

¹¹ Das aktive Wahlrecht steht zuerst den Kardinalbischöfen zu, dann allen drei Ordines, um sich dann auf die Priester der Titelkirchen und Quasi-Pfarreien Roms auszudehnen, dann auf die Diakone der Region und des Palastes (6–7), dann auf die suburbikarischen Bischöfe (7). Über die Probleme der Anwendung hinaus, welche die gregorianische Geschichte betrifft, siehe zur einschränkenden Bedeutung der Verknüpfung von Kardinälen und Kollegium: B. TIERNEY, *Pope and Council: Some New Decretists Texts*, in: Medieval Studies 19 (1957) 197–218, und J. A. WATT, *The Constitutional Law of the College of Cardinals: From Hostiensis to Johannes Andreae*, in: Medieval Studies 33 (1971) 126–157.

¹² Zur Einsetzung nichtrömischer Geistlicher in das Kollegium, vgl. K. GANZER, *Die Entwicklung des auswärtigen Kardinalats im hohen Mittelalter. Ein Beitrag zur Geschichte des Kardinalskollegiums von 11. bis 13. Jahrhundert*, Tübingen, 1963. Zu den Entwicklungen: C. G. FÜRST, *I cardinali non romani*, in: *Le istituzioni ecclesiastiche della societas christiana dei secoli XI–XII*, Milano 1974, 185–201; W. MALECZEK, *Papst und Kardinalskolleg von 1191 bis 1216*, Wien 1984.

¹³ Y. CONGAR, *Quod omnes tangit ab omnibus tractari et approbari debet*, in: Revue historique de droit français étrangère 35 (1958) 210–259.

¹⁴ A. MELLONI, *Innocenzo IV. La concezione e l'esperienza della cristianità come regimen unius personæ*, Genova 1990.

¹⁵ In Geschichtsbüchern erinnert man an die Existenz eines Konklaves bei den Wahlen zum Dogen von Venedig, von dem jedoch (ich danke Giorgio Cracco für diesen Hinweis) weder M. FERRO, *Dizionario del diritto comune veneto*, 2 Bd., Venezia 1846–1847, noch G. ZORDAN, *Repertorio di storiografia veneziana: testi e studi*, Padova 1998, berichten. Auch der allgemeine und häufige Bezug auf „kommunale Vorläufer" findet keine Bestätigung.

¹⁶ Vgl. MELLONI, *Innocenzo IV* 65–79.

¹⁷ A. FRANCHI, *Il Conclave di Viterbo (1268–1271) e le sue origini: saggio con documenti inediti*, Ascoli Piceno 1993.

¹⁸ *La porpora. Realtà e immaginario di un colore simbolico. Atti del convegno di studi di Venezia (24–25 ottobre 1996)*, Padova 1998.

¹⁹ *Ubi periculum* wird Teil des Kirchenrechts mit dem *Liber Sextus*, 1.6.3 (hg. von E. Friedberg, Bd. II, 946–949, und *Conciliorum oecumenicorum decreta*, Bologna 1973, 314–318); vgl. E. PETRUCCI, *Il problema della vacanza papale e la costituzione „Ubi periculum" di Gregorio X*, in: P. BREZZI (Hg.), *Il VII centenario del I Conclave (1268–1271), Atti del convegno di studi*, Viterbo – Roma 1975, 69–96; B. ROBERG, *Der konziliare Wortlaut des Konklave-Dekrets „Ubi periculum" von 1274*, in: Annuarium historiæ conciliorum 2 (1970) 231–262, und DERS., *Das Zweite Konzil von Lyon*, Paderborn 1990, 293–309.

²⁰ Vgl. A. PARAVICINI BAGLIANI, *Il trono di Pietro. L'universalità del papato da Ales-*

186

sandro III a Bonifacio VIII, Roma 1996, 18–21, zur Bedeutung von Gregor X. bei der Erstellung eines Rituales zur Inthronisation des Papstes.

[21] Vgl. A. Paravicini Bagliani, *Il corpo del papa*, Torino 1994. Das Eingesperrtsein verhindert, den normalen Geschäften nachzugehen, und trägt so zur Beschleunigung bei. In gleicher Weise wollen die Bestimmungen, die den Zugang des Kollegiums zur päpstlichen Kasse verbieten und bei begonnenem Konklave die Einnahmen der römischen Kirche schützen, einen finanziellen Druck erzeugen.

[22] M. Bertram, *Die Abdankung Papst Cölestins V. (1294) und die Kanonisten*, in: Zeitschrift der Savigny-Stiftung für Rechtsgeschichte – kan. Abt. 56 (1970) 1–78.

3. Kapitel

[1] Die Wahlkapitulationen sind seit der Wahl Innozenz' VI. 1352 formalisiert und werden ab 1562 verboten. Zur ersten Wahlkapitulation, vgl. G. Mollat, *Les Papes d'Avignon 1305–1378*, Paris 1965.

[2] Vgl. B. Tierney, *Foundations of the Conciliar Theory. The Contribution of the Medieval Canonists from Gratian to the Great Schism*, Cambridge, Mass. ²1997.

[3] G. Alberigo, *Chiesa conciliare. Identità e significato del conciliarismo*, Brescia 1981; H. J. Becker, *Die Appellation vom Papst an ein allgemeines Konzil*, Köln – Wien 1988; E. Pásztor, *Onus apostolicae Sedis. Curia romana e cardinalato nei secoli XI–XV*, Firenze 1999.

[4] Alberigo, *Chiesa conciliare* 113.

[5] J. R. Eastmann, *Papal Abdication in Later Medieval Thought*, Lewiston, N.Y. 1991.

[6] Alberigo, *Chiesa conciliare* 226.

[7] Neue Quellen und die *narratio* der Wahl in: D. Girgensohn, *Berichte über Konklave und Papstwahl auf dem Konstanzer Konzil*, in: Annuarium historiæ conciliorum 19 (1987) 351–391.

[8] Vgl. G. Alberigo (Hg.), *Christian Unity 550 Years after the Council of Ferrara-Florence 1439–1989*, Leuven 1991. Die einzige Veränderung besteht darin, daß die Konklaven von 1431 und 1447 im Konvent der Minerva abgehalten werden.

[9] Schon die Bulle *Licet in constitutione* vom 6. Dezember 1351, mit der Clemens VI. die Normen über die Zulassung der Dienerschaft zum Konklave abschwächt, hatte keine Sanktion eines Konzils hervorgerufen. Im Grunde handelte es sich um einen Akt, der mit kleinen Verbesserungen Randfragen betraf.

[10] H. Jedin, *Proposte e progetti di riforma del collegio cardinalizio*, in: *Chiesa della fede, chiesa della storia. Saggi scelti*, hg. von G. Alberigo, Brescia 1972, 156–192.

[11] H. Jedin, *Proposte e progetti* 166.

[12] Jedin, *Progetti* 166: Die Ausgabe, in: *Concilium Tridentinum*, Bd. XII, 39–48. Bevor Clemens VII. nach Bologna aufbrach, um Karl V. zu krönen, legte er mit *Cum carissimus* vom 6. Oktober 1529 fest, daß das Konklave in jedem Fall in Rom abzuhalten sei.

[13] Vgl. W. Foerster, Artikel *klēros / klēroō*, in: ThWNT III 757–764.

[14] M. DYKMANS, *Le conclave sans simonie, ou la bulle de Jules II sur l'élection papale*, in: Miscellanea Bibliothecæ Apostolicæ Vaticanæ 3 (1989) 203–256.

[15] *In eligendis* legt auch die Durchführung eines Wahlgangs pro Tag fest und die Zulassung der Wahl durch Akzess ab dem ersten Tag; sie gibt auch andere praktische Normen (Verlosung der Zellen; Leerung der Häuser, die Fenster haben, die gegenüber denen der Zellen liegen; Hindernisse der Verwandtschaft oder des Berufs der Konklavemitarbeiter).

[16] P. HERRE, *Papsttum und Papstwahl im Zeitalter Philipps II.*, Leipzig 1907 [an. Aalen]. Zu den Konklaven während des Konzils und zu den Diskussionen über dieses Thema, vgl. H. JEDIN, *Geschichte des Konzils von Trient*, 4 Bd., Freiburg 1949–1975, Stichwort Konklave im Personen- und Sachregister (Bd. IV/2, 319).

4. Kapitel

[1] *Le Cérémonial papal de la fin du Moyen Âge à la Renaissance*, Bruxelles – Rome 1981–1985. Der Auseinandersetzung dient die Rekonstruktion der Formen des Konklaves zwischen 1305 und 1700 von Claude Vanel, Hendrik van Huyssen, Gregorio Leti und Casimir Freschot: *Histoire des conclaves depuis Clément cinq jusqu'à présent enrichie de plusieurs mémoires, qui contiennent l'histoire du pape et des cardinaux d'aujourd'hui, et celle des principales familles de Rome [...] avec un discours qui explique toutes les cérémonies qui s'observent depuis la mort du pape [...], 3ᵉ éd., augm. du Conclave de Clément XI et d'un Traité de l'origine des cardinaux et des légats*, Cologne 1700. Zu den Zeremonien des Konklaves erscheinen in kurzer Abfolge: *Osservazioni solite farsi dagli eminentissimi e reverendissimi Signori Cardinali subito seguita la morte del Papa avanti l'ingresso [...] in conclave e dentro aquello [...]*, Bologna 1724; dann: *Ceremoniale del conclave, o esposizione di ciò, che si suol practicare per l'elezione del sommo pontefice*, Verona 1758, bei Andreoni (40 S.). Im deutschsprachigen Raum erscheinen über das Konklave von 1724: *Gründliche Nachricht vom Conclave und der Wahl Benedicti XIII.*, Frankfurt ³1725; *Neueröffnetes römisches Conclave oder kurze historische Nachricht von dem Leben und Absterben Papsts Benedicti XIII. und der Ersetzung des erledigten Stuhls zu Rom*, [gleicher Ort] 1730; dann: *Gründliche Nachricht von denen Ceremonien, welche jederzeit nach dem Absterben eines Papstes außer und in dem Conclave [...] vorgehen ingleichen von dem Ursprung, Hoheit und Würde der Cardinäle*, Frankfurt 1769 (166 S.). Die moderne Entwicklung des 1271 von Gregor X. begonnenen Ritus der Inthronisation ist in bedeutenden Aufsätzen analysiert, in: M. A. VISCEGLIA – CH. BRICE (Hg.), *Cérémonial et rituel à Rome (XVIᵉ–XIXᵉ siècle)*, Roma 1997.

[2] Es ist bis 1667 der Gouverneur der Leostadt und dann bis 1732 ein vom Kardinalkollegium bestimmter Adliger; seit 1732 vereinigt Clemens XII. diese Rolle mit der des Haushofmeisters des Konklaves; der Fürstmarschall stammt bis 1712 aus dem Geschlecht der Savelli, danach ist es ein Fürst aus dem Geschlecht der Chigi; vgl. N. DEL RE, *Il Maresciallo di Santa Romana Chiesa, custode del Conclave*, Roma 1962.

[3] Die unter Pius IX. 1849 gewährten sind in einem Brief *(Nos volentes)* im einzelnen festgehalten. Ein Dossier zu historischen Nachrichten und Besonderheiten

über die Papstwahlen, das vom Pressedienst des Vatikans in den Jahren von 1939 bis 1945 verbreitet und von einem Teilnehmer an der Wahl Pius' XII. erstellt wurde, betont die Rolle dieser Bediensteten (Kammerdiener, Putzdienste, usw.). Die Kardinäle einigen sich auf ihre Ernennung, um den von den Normen gesetzten Begrenzungen zu begegnen. Das Dossier dokumentiert die Heftigkeit, mit der die Bediensteten ihre Löhne einfordern.

⁴ Vgl. A. EISLER, *Das Veto der katholischen Staaten bei der Papstwahl seit dem Ende des 16. Jahrhunderts*, Wien 1907.

⁵ Vgl. P. PRODI, *Il sovrano pontefice. Un corpo e due anime: la monarchia papale nella prima età moderna*, Bologna 1982.

⁶ M. FIRPO, *Il cardinale*, in: E. GARIN (Hg.), *L'uomo del Rinascimento*, Roma – Bari 1988, 75–131; E. REINHARD, *Struttura e significato del Sacro Collegio tra la fine del XV e l'inizio del XVI secolo*, in: *Città italiane del '500 tra Riforma e Controriforma*, Lucca 1988, 257–265. Seit dem 16. Jahrhundert gehören der Papst und sein Wahlkollegium wenigen Fürstenfamilien an. Ausnahmen bilden Gian Angelo Medici, 1559 als Pius IV. gewählt, und Lorenzo Ganganelli, der seit 1769 als Clemens XIV. regiert. Alle Päpste stammen aus der Aristokratie des Kirchenstaates. In diesem Zusammenhang sind die neun bekannten Söhne Alexanders VI. (die 2 von Innozenz VIII., von Pius II., von Julius II.) keine Ausnahme. Vgl. CH. WEBER, *Senatus Divinus. Verborgene Strukturen im Kardinalskollegium der frühen Neuzeit (1500–1800)*, Frankfurt a. M. 1996.

⁷ F. GUICCIARDINI, *Storia d'Italia*, Bd. 6, Kap. 4.

⁸ Während des Konklaves zur Nachfolge Urbans VIII. legt Spanien 1644 sein Veto gegen die Wahl von Francesco Barberini ein. Es ist jedoch nicht fähig, eine Mehrheit für seinen Kandidaten, den alten Kardinal Cennini, zu finden. Nach 37 Verhandlungstagen einigt man sich auf Kardinal Pamfili, der von Mazarin unterstützt wird. Vgl. H. COVILLE, *Études sur Mazarin et ses démêlés avec le Pape Innocent X*, Paris 1914.

⁹ Dies ist ein *Leitmotiv* der Werke der protestantischen Polemik, die das Konklave als Beispiel des degenerierten Papsttums anführen. Der bekannteste und fruchtbarste Autor ist G. LETI, *L'Idée du conclave présent de 1676 ou le pronostique du pape futur avec des reflexions sur la cour de Rome durant le siège vacant*, Amsterdam 1676; *Conclave fatto per la sede vacante del papa Alessandro VII nel quale fu creato Giulio Rospigliosi, detto Clemente IX*, [ungefähr 1667] und *Conclave fatto nella sede vacante seguita dopo la morte di Clemente X*, [ungefähr 1670]. Andere Chroniken der Zeit polemisieren über weitere Konklaven jener Epoche: für 1669–1670: *Relatione overo conclave per la morte della felice memoria di Clemente IX*, [ohne Ort], 1672; *Conclave di Clemente X diviso in sei discorsi curiosi e politici per maggiore intelligenza del lettore [...]*, Luzern 1672; für 1676 vgl. Abraham Nicolas Amelot DE LA HOUSSAIE, *Relation du conclave de MDCLXX*, Paris 1676, und *L'état de la cour de Rome en général et son vray caractère durant le siège vacant avec l'idée du conclave*, Amsterdam 1676. Die Bulle von 1732 wiederholte u. a. vergeblich das Verbot, Wetten abzuschließen, das schon 1591 in *Cogit nos* von Gregor XIV. erlassen worden war.

¹⁰ M. CAFFIERO, *Religione e modernità in Italia (secoli XVII–XIX)*, Pisa – Roma 2000,

151. Über das Ritual seiner Krönung erscheint sofort *Notizia esatta delle funzioni fatte nel Conclave, e nella Basilica Vaticana per la creazione del nuovo Sommo Pontefice Clemente XIV*, Roma 1769.

[11] Vgl. E. KOVÀCS, *Pius VI. bei Joseph II. zu Gast*, in: Archivum historiæ pontificiæ 17 (1979) 241–287.

[12] *Bullarium Romanum, Continuatio [...]*, Bd. 6, Nr. 2976 ff. und 3097 ff.

[13] L. VON PASTOR, *Storia dei papi dalla fine del Medioevo*, XVI/1, Roma 1933, 657.

[14] ABBAS PANORMITANUS, *Commentaria in decretales*, Venetiis 1571, I/1, ad 6.6.15; A. BARBOSA, *Collectanea doctorum tam veterum quam recentiorum in Ius pontificium universum*, Venetiis 1716–1719, I/1, Nr. 75; L. FERRARIS, Art. *Papa*, in: *Prompta Bibliotheca canonica, iuridica, moralis, theologica*, Neapolis 1885, Art. I, Nr. 44.

[15] Vgl. G. MARTINA, *Pio IX (1867–1878)*, Roma 1990. Der can. 229 des CIC hat keine andere Quelle als die Bulle *Cum romanis* und ihr Wiederaufgreifen durch Pius X.

[16] Die Aufhebung der Pflicht des Wartens auf abwesende Kardinäle für einen festgesetzten Zeitraum verhindert *de facto* die Teilnahme der Kardinäle, die sich beim Tod des Papstes außerhalb Europas befinden.

[17] Seit 1872 zeigte Pius IX. Zeichen von gesundheitlichem Verfall, vgl. C. M. FIORENTINO, *La malattia di Pio IX nella primavera del 1873 e la questione del conclave*, in: Rassegna storica del Risorgimento 78 (1991) 175–204.

[18] 1874 hatte der Abt von Montecassino, Simplicio Pappalettere, von Visconti Venosta den Auftrag erhalten, einen Bericht über mögliche *Papstkandidaten* unter den Kardinälen abzufassen. Er bezeichnete den Erzbischof Pecci als den wahrscheinlichsten Nachfolger von Mastai und ließ dem Kardinal 1878 seine Glückwünsche zur Wahl zum Papst schon während der neuntägigen Feiern zukommen, vgl. C. M. FIORENTINO, *Il p. Generoso Calenzio e il Diario del conclave di Leone XIII*, in: Archivio della Società Romana di Storia Patria 118 (1998) 187–278, bes. 207, und DERS., *Il conclave di Leone XIII ed alcuni momenti del suo pontificato nelle lettere del conte Ladislao Kulczycki a Cesare Correnti*, in: Rassegna storica del Risorgimento 84 (1997) 159–194.

[19] Der ehemalige Außenminister war (irrtümlicherweise) der Meinung, daß dies die These des Kardinalstaatssekretärs Antonelli sei. Vgl. Visconti Venosta an Di Robilant, Botschafter in Wien, 20. Mai 1873, in: *Documenti diplomatici italiani*, Serie II, Bd. 4, 508.

[20] Vgl. G. MANFRONI, *Sulla soglia del Vaticano 1870–1871*, Einführung von A. C. Jemolo, Milano 1971, 575, im Bericht über die von „Il Capitan Fracassa" gesammelten Indiskretionen.

[21] FIORENTINO, *Il p. Generoso Calenzio* 214. Das ist der Grund, daß Leo XIII. P. Calenzio auffordert, seine Erinnerungen R. DE CESARE, *Il conclave di Leone XIII con aggiunte e nuovi documenti per il futuro conclave*, Città di Castello 1888, zur Verfügung zu stellen. De Cesare wollte aufzeigen, daß ein Konklave niemals zuvor so viel Freiheit genossen hat. Jede Diskussion über die Möglichkeit, den Papst anderswo zu wählen, wird damit überflüssig (wir befinden uns in zeitlicher Nähe zum Versöhnungsversuch von 1887); aus diesem Grund stellt er die von

Mons. Nicolò di Marzo vermittelte Verbindung zwischen F. Crispi und Kardinal Bartolini heraus, der ein treuer und erfolgreicher Wähler Leos XIII. war. Auch E. SODERINI, *Il pontificato di Leone XIII*, I, Milano 1932, basiert auf dem Tagebuch des Calenzio, das auf Wunsch des Papstes selbst zugänglich gemacht wurde. Leo XIII. wollte damit aufzeigen, daß seine Mehrheit nicht durch die Liberalen, sondern durch die unnachgiebigen Mitglieder des Kollegiums zustande gekommen war.

[22] In: *Archivio Segreto Vaticano, Segreteria di Stato: Morte di Papi e Conclavi, Pio IX, Rubrica* 1, 0, b. 290–291.

[23] *Cærimoniale continens ritus electionis Romani Pontificis Gregorii Papæ XV, iussu editum, cum præfiguntur constitutiones pontificiæ et conciliorum decreta ad eam pertinentes. Cum appendici compendii cærimoniales eiusdem nec non constitutionum et reformationum Innocentii XII, et Clementis XII*, Romæ 1724, 120 S., versehen mit der kurzen Fassung des *Compendio delle cose principali di Gregorio XV de electione Romani pontificis per facilitare ai signori cardinali il nuovo modo di eleggere il papa e per istruire i maestri di cermonie*, Romæ 1724, 67 S., ebenfalls in: *Archivio Segreto Vaticano, Segreteria di Stato: Morte di Papi e Conclavi, Pio IX, Rubrica* 1.

[24] Calenzio, der die Quellen für Pecci gesammelt hat, hat ebenfalls die *Note storiche su antichi Conclavi* redigiert, die von FIORENTINO, *Il p. Generoso Calenzio*, eingesehen wurden und in der Biblioteca Nazionale Centrale „Vittorio Emanuele II", Fondo Vittorio Emanuele, ms 944: Sp. 78–105, aufbewahrt werden. SODERINI, *Il pontificato di Leone XIII*, 1, 6–7, behauptet, daß es auch Material zum Konklave von Venedig gibt und dies sich in dem *Studio delle calamitose vicende della S. Sede nei Pontificati di Pio VI e Pio VII in ordine all'allontanamento di questi Pontefici da Roma, all'eccezional modo di governare la Chiesa, ed alle provvidenze prese pel Conclave, con Appendice sui Pontificati di Gregorio XVI e Pio IX, parte I–II*, [Roma 1882], in: *Archivio della S. C. degli Affari Ecclesiastici Straordinari, Stati Ecclesiastici, Rubrica* 1, pos. 1032, fasc. 331–332, befinden könnte.

[25] Die Ernennung Peccis zum Camerlengo hat negativen Einfluß im Blick auf das Konklave, vgl. FIORENTINO, *Il p. Generoso Calenzio* 210.

[26] Di Pietro verweist auf einen Brief von Mancini vom 7. Februar 1878 mit einer solchen Verpflichtung, vgl. SODERINI, *Il pontificato di Leone XIII* 34.

[27] Kardinal Bartolini stellt seine Aufzeichnungen über die Generalkongregationen am Tag nach dem Tod Pius' IX. Calenzio zur Verfügung. Sie finden sich in dem Manuskript, das FIORENTINO, *Il p. Generoso Calenzio*, app. II, 271–278, herausgegeben hat.

[28] An jenem Tag schreibt der Präsident der französischen Republik, Mac-Mahon, dem Kollegium und wünscht, daß „es den verdienstvollsten wähle", Brief vom 8. Februar 1878, in: *Archivio Segreto Vaticano, Segreteria di Stato: Morte di Papi e Conclavi, Rubrica* 1, fasc. 5, b. 29.

[29] FIORENTINO, *Il p. Generoso Calenzio*, app. II, 272–273.

[30] *Diario del Conclave*, in: FIORENTINO, *Il p. Generoso Calenzio* 239. Der Artikel des Handbuchs über das Konklave gab den zeremoniellen Elementen weiten Raum. G. Moroni war 1829 und 1831 Konklavemitarbeiter des Kardinals Cappellari.

[31] Vgl. F. LEGRANGE, *Vie de Mgr Dupanloup*, III, Paris 1884, 445–449.

[32] *Diario del Conclave*, in: FIORENTINO, *Il p. Generoso Calenzio* 235.

[33] *Ebd.* 236.

[34] *Ebd.* 237.

[35] *Ebd.* 245 und 249.

[36] *Ebd.* 256.

[37] *Ebd.* 260–261. Die Stimmen, welche für Leo XIII. die Mehrheit ergaben, sind protokollarisch festgehalten, in: *Archivio Segreto Vaticano, Segreteria di Stato: Morte di Papi e Conclavi, Leone XIII, Rubrica* 2, fasc. 2 und 4. Vgl. auch R. DE CESARE, *Dal conclave di Leone XIII all'ultimo concistoro. Studi, ricordi, documenti*, Città di Castello 1899.

[38] Die Konstitution bildet einen Anhang zum *CIC* in den zwischen 1917 und 1946 erschienenen Ausgaben. Die Vorbereitung des Dokuments ist rekonstruiert in dem Faszikel *Sulle cautele da prendersi pel caso di uno sconvolgimento non previsto nel senso demagogico onde non esporre a repentaglio la S. Persona del S. Padre, e quant'altro può maggiormente interessare la S. Sede*, handgeschriebenes Protokoll Rampollas zu den Sitzungen über 16 Bedenken, abgehalten am 9. Februar, 5. und 10. April 1882, in: *Archivio della S. C. degli Affari Ecclesiastici Straordinari, Stati Ecclesiastici, Rubrica* 1, pos. 1033, fasc. 333–335 (aus dem Exzerpt Rampollas).

[39] C. SNIDER, *L'episcopato del cardinale Andrea C. Ferrari*, II, *I tempi di Pio X*, Vicenza 1982, 11–12. Wie man sehen wird, bleibt in den Jahren zwischen 1882 und 1884 ein Motu Proprio in Kraft, das an den Vikar des Kardinalvikars der Diözese Rom gerichtet ist und festlegt, daß im Fall einer Entführung des Papstes dieser wegen Unerreichbarkeit als des Amtes enthoben erachtet wird.

[40] Die Unterbrechung muß zumindest von einem Viertel der Kardinäle angenommen werden. In den Normen Pius' IX. war dagegen die Mehrheit der größten Gruppe ausreichend, ohne Begrenzungen irgendwelcher Art.

[41] Vgl. die Korrespondenz von Georges Goyau mit dem französischen Botschafter in Rom: J.-PH. HEUZEY-GOYAU, *Dieu premier servi. Georges Goyau, sa vie, son oeuvre*, Paris 1946; P. BLET, *La diplomatie française et l'élection de Pie X*, in: P. SCHAMBECK (Hg.), *Pro fide et iustitia. Festschrift für Agostino Kardinal Casaroli zum 70. Geburtstag*, Berlin 1984, 549–562.

[42] Die Informationen des Kardinals finden sich in: B. VON BÜLOW, *Denkwürdigkeiten*, Berlin 1931, II, 620.

[43] SNIDER, *L'episcopato* 28–29.

[44] So das Zeugnis über Mons. Angeli von L. VON PASTOR, *Tagebücher, Briefe, Erinnerungen*, Heidelberg 1950, 421.

[45] M. SCADUTO, *I precedenti di una riforma e le leggi di Pio X sul Conclave*, in: La Civiltà Cattolica 95 (1944) 140–149 und 236–246. Es sei daran erinnert, daß am 19. September 1894 Mons. Eger József Samassa das Recht Österreich-Ungarns verteidigt hatte, im Konklave ein Veto einzulegen. Aus diesem Grund erhielt er nie den Kardinalshut, trotz starken Drucks des Wiener Kaiserhofs, vgl. F. ENGEL-JANOSI, *Österreich und der Vatikan 1846–1918*, Bd. II: *Die Pontifikate Pius' X. und Benedikts XV. (1903–1918)*, Graz – Wien – Köln 1960, 79–91.

[46] Corriere della Sera, 11. Juli 1903.

[47] ENGEL-JANOSI, Österreich und der Vatikan 1846–1918, Bd. I, 323.

[48] SNIDER, L'episcopato 48. Ebenso: E. CATTANEO, Il diario per il conclave di Pio X scritto dal card. Ferrari, in: Ricerche storiche sulla chiesa ambrosiana 14, Milano 1985, 91–112.

[49] Mgr. Landrieux. Le conclave de 1903, in: Études 11/1958, 163.

[50] Ebd. 160 und UN TÉMOIN, Les derniers jours de Léon XIII et le conclave de 1903, auf Anregung Pius' X. hin anonym veröffentlicht von Kardinal Mathieu in: Revue des Deux Mondes (1904)/März–April, 241–285. Der Resoconto segreto des Kardinals Ferrari, die Auszüge aus anderen Tagebüchern (der Konklavemitarbeiter von Langénieux, Ferrata, Svampa, Gibbons, Richard, Kopp) und Abschnitte aus Memoiren (di Gasparri, Gruscha, Agliardi, Merry del Val), siehe SNIDER, L'episcopato 1–129. Zu diesem Punkt: UN TÉMOIN, Les derniers jours de Léon XIII 271.

[51] BÜLOW, Denkwürdigkeiten, II, 621–623.

[52] So das Diario Cassetta, Vat. Lat. 14683, 225. Vgl. G. MARTINA, Stato e società dal 1876 al 1882, Roma 1980, 202–205. Das Testament Leos XIII. war im Vorfeld vom Subdekan bei einem Notar hinterlegt worden, um die Familienangehörigen abzusichern. In die Kongregation werden das geheime Testament und das Päckchen mit den dem Sondersekretär Rinaldo Angeli zu diesem Zweck anvertrauten Bestimmungen eingebracht, jetzt in: Archivio Segreto Vaticano, Segreteria di Stato: Morte di Papi e Conclavi, Leone XIII, Rubrica 3, fasc. 11 und Pio X, Rubrica 10/1, scatola 23, fasc. 3.

[53] Mgr. Landrieux. Le conclave de 1903 174, merkt an, daß die Kardinäle aufgeteilt in Italiener und Nichtitaliener sitzen.

[54] La Civiltà Cattolica 54 (1903) 473, und SNIDER, L'episcopato 49–50.

[55] Mgr. Landrieux. Le conclave de 1903 173.

[56] UN TÉMOIN, Les derniers jours de Léon XIII 277.

[57] Ebd. 275–276.

[58] SNIDER, L'episcopato 66, Nr. 8, über den Akzess für Leo XIII.

[59] Konkret heißt das: Rampolla hätte gewonnen, wenn er beim Akzess wenigstens 12 Stimmen von den Kardinälen erhalten hätte, die gegen ihn waren.

[60] Die Anreise der Kardinäle zum Konklave zu behindern, wird zur einzigen Möglichkeit politischer Kontrolle der Wahl. Zur Beharrlichkeit, das alte Vetorecht anzuwenden, und zu den Versuchen des Kardinals Kopp, um den Verzicht Rampollas auf eine Kandidatur zu erreichen, vgl. SNIDER, L'episcopato, und Z. OBERTUNSKI, Kard. Puzyna und sein Veto, in: Festschrift F. Loidl, III, Wien 1971, 177–195.

[61] SNIDER, L'episcopato 112–117. Die Abstimmungen bei der Wahl Pius' X., in: Archivio Segreto Vaticano, Segreteria di Stato: Morte di Papi e Conclavi, Pio X, Rubrica 10/1, scatola 23, fasc. 3 und 9 mit dem Ristretto della relazione compilata da S. E. R. Mons.r Raffaele Merry del Val arciv. di Nicea, segretario del Sacro Collegio. Im letzten Wahlgang erhielt Rampolla 10 und Gotti 2 Stimmen.

5. Kapitel

[1] Vgl. B. DE MONTAULT, *Le Conclave et le Pape*, Paris 1878; G. BERTHELET, *L'elezione del Papa*, Roma 1891; L. LECTOR [*alias* J. GUTHLIN], *Le Conclave: origine, histoire, organisation, législation ancienne et moderne*, Paris 1894; A. GIOBBIO, *L'esercizio del veto d'esclusione nel Conclave*, Monza 1897.

[2] A. RICCARDI, *Il potere del papa da Pio XII a Giovanni Paolo II*, Roma – Bari 1994.

[3] Aus offensichtlich der Geheimhaltung verpflichteten Gründen gibt es keine offizielle Rekonstruktion der verschiedenen Konklaven. Die allgemeinen Informationen finden sich in allen Handbüchern (z.B. die Aufsätze von Aubert, Traniello und Monticone in den Zusatzbänden zu *Storia della chiesa*, hg. von E. Guerriero und in der *Geschichte des Christentums*, hg. von J.-M. Mayeur u.a.). Die Daten stimmen (wenn auch nur in wenigen Punkten) fast nie untereinander überein. Z.B. sind die Daten von CH. COMMEAUX, *Les Conclaves contemporains*, Paris 1985, oft von P. LESOURD – CL. PAILLAT, *Dossiers secrets des conclaves*, Paris 1969, übernommen. Von dem wiederum hängt ZIZOLA, *Il conclave*, für die Daten bis 1958 ab; danach stützt dieser sich auf vertrauliche, nicht näher bezeichnete Quellen. Unstimmigkeiten bis zu den Wählenden finden sich auch in den von La Civiltà Cattolica, vom Osservatore Romano und vom *Annuario Pontificio* gelieferten Zählungen; manche Daten habe ich den von mir in meinem anderen Werk *L'altra Roma* benutzten diplomatischen Berichten entnommen, auf das ich hiermit verweise.

[4] „Pii X Pontificis Maximi Acta", 3 (1908) 280–281. Die Vorbereitung in *Minuta della costituzione de civili voto exclusive, uti vocant, in electione Summi Pontifici*, in: *Archivio Segreto Vaticano, Segreteria di Stato: Morte di Papi e Conclavi, Leone XIII, Rubrica 7*, scatole 16–17, fasc. 1.

[5] Die Dokumentation über das Konklave wird aufbewahrt, aber jeder mögliche Informationsfluß von außen nach innen und von den Hauptpersonen zu den Zuschauern wird auch nach Abschluß ausgeschlossen. Zum Veto in jenem Augenblick, vgl. S. PIVANO, *Il diritto di veto – ius exclusivæ – nell'elezione del Pontefice*, Torino 1905.

[6] DYKMANS, *Le conclave sans simonie* 252–254, merkt an, daß eine durch Simonie zustande gekommene Wahl also kanonisch gültig ist.

[7] Acta Apostolicæ Sedis 2 (1910) 277 und 6 (1914) 219.

[8] Die Norm wird von Benedikt XV. mit *Ex actis* vom 1. Februar 1915 abgeschwächt. Er stellt dem Kardinal frei, einen Weihbischof zu erbitten oder nicht, Acta Apostolicæ Sedis 7 (1915) 229–231. Auch Johannes XXIII. wird mit Bestimmungen zu den Optionen und zu den Kurienkardinälen auf das Problem zurückkommen. Vgl. unten Kap. 7, Anm. 39.

[9] Zum ersten Mal seit dem Konklave Pius' VII. in Venedig im Jahr 1800 versammelt sich das Kollegium (dessen Dekan Vincenzo Vannutelli ist) in einer Kriegssituation, wenn auch in einem Land, das zu jenem Zeitpunkt noch nicht am Konflikt beteiligt ist. Vgl. ENGEL-JANOSI, *Österreich und der Vatikan 1846–1918*. An dem Konklave nehmen die von Pius X. am 25. Mai 1914 „ernannten" Kardinäle nicht teil, weil sie noch keinen Amtseid geschworen haben. Aufgrund die-

194

ser Erfahrung wird die Norm zugunsten der nur „ernannten" Kardinäle geändert.

[10] Ich übersetze und zitiere die folgenden Dokumente aus dem wichtigen Beitrag von R. AUBERT, *Le cardinal Mercier aux conclaves de 1914 et 1922*, in: Académie Royale de Belgique. Bulletin de la Classe des Lettres 6, 11 (2000), Nr. 1–6, 165–236, mit einem umfangreichen dokumentarischen Anhang. Der Teil über die Wahlgänge stützt sich auf die Daten von Piffl, hg. von M. LIEBMANN, *Les conclaves de Benoît XV et Pie XI. Notes du Cardinal Piffl*, in: La Revue Nouvelle 38 (1963) 37–45.

[11] AUBERT, *Le cardinal Mercier* 179–181; die italienischen Eindrücke in: S. SONNINO, *Diario 1914–1916*, und in: *Carteggio 1914–1916*, hg. von P. Pastorelli, Bari 1972 und 1974.

[12] Ich übersetze aus der Ausgabe von AUBERT, *Le cardinal Mercier* 223. Zum Konklave, vgl. noch F. VISTALLI, *Benedetto XV*, Roma 1928, mit Bruchstücken der Korrespondenz; vgl. darüber hinaus G. DE ROSA, *sub vocem* in: *Enciclopedia dei papi*, Bd. III, 608–617.

[13] Della Chiesa war von 1887 bis 1907 an der Kurie und übte von 1901 bis 1907 die Funktion eines Substituten aus.

[14] COMMEAUX zitiert sinngemäß P. LESOURD – CL. PAILLAT, *Dossiers secrets des conclaves* 289, und J.-J. THIERRY, *Journal politique d'un cardinal* [42–45].

[15] Die 1978 zweimal getroffene Wahl, als die gewählten Päpste den im Amt befindlichen Kardinalstaatssekretär bestätigen, ist nur eine Variante. Die andere Möglichkeit – die Rampollas, daß der Kardinalstaatssekretär den Papstkandidaten stellt – wird nur 1939 gelingen.

[16] Pius XI., Paul VI., Johannes Paul I. und Johannes Paul II. bestätigen den Kardinalstaatssekretär ihres jeweiligen Vorgängers. Bei Pius XII. und Johannes XXIII. ist dagegen der Posten vakant; so entscheiden sie frei, wen sie dafür ernennen.

[17] Über ihn vgl. *Benedetto XV, i cattolici e la prima guerra mondiale*, hg. von G. ROSSINI, Roma 1963, 286–301. Vgl. auch F. MARGIOTTA BROGLIO, *Italia e Santa Sede dalla grande guerra alla conciliazione*, Bari 1966.

[18] Zum Stand der kanonistischen Lehre, in: F. X. WERNZ, *Jus Decretalium*, II, Romæ 1899, 653–665; J. B. SÄGMÜLLER, *Lehrbuch des Kirchenrechts*, Freiburg 1900, 313–319.

[19] Man möchte Anfechtungen vermeiden zum Nachteil derer, die einen geringfügigeren Fehltritt getan hatten, der aber mit Exkommunikation bestraft worden war (eine Episode solcher Art hatte sich im Augenblick der Eröffnung des Konklaves Leos XIII. zugetragen, jedoch nicht einen Kardinal betroffen), *Diario del Conclave*, in: FIORENTINO, *Il p. Generoso Calenzio* 265. Zum rechtlichen Problem, vgl. T. MOCK, *Disqualification of Electors in Ecclesiastical Elections*, Washington, D.C. 1958, (Catholic University of America. Canon Law Studies 365).

[20] Nach dem *CIC* von 1917 hätte ein Laie die Fülle der Machtbefugnisse noch vor der Bischofsweihe besessen; diese wird aber nach dem Zweiten Vatikanischen Konzil als *conditio sine qua non* gefordert; über die Möglichkeit der Wahl einer Frau vgl. B. TIERNEY, *Historische Modelle für das Papsttum*, in: Concilium 11 (1975) 545.

²¹ Unter ihnen Vincenzo Vannutelli, Dekan des Kollegiums, der seit einem Drittel Jahrhundert Mitglied ist. Benedikt hatte 15 Monate gewartet, bevor er die ersten eigenen Kardinäle ernannte; zum Konsistorium vom 6. Dezember 1915 vgl. Acta Apostolicæ Sedis 7 (1915) 509–516.

²² Vgl. COMMEAUX, Les Conclaves 180–181, und LIEBMANN, Les conclaves 50–51. Zur entscheidenden Rolle von Mercier bei Gasquet, vgl. AUBERT, Le cardinal Mercier 199–200.

²³ Nur Kardinal Mercier macht die unmittelbar der Wahl von Achille Ratti folgenden Ereignisse bekannt. Vgl. R. AUBERT, Art. Pie XI, in: Catholicisme XI, Paris 1988, und Achille Ratti, pape Pie XI. Actes du colloque de Rome (15–18 mars 1989), Roma 1996.

²⁴ 11. Dezember 1922, Acta Apostolicæ Sedis 14 (1922) 609–615. Die nachfolgenden werden von 1924 bis 1930 in jährlichem Abstand gehalten, dann 1933 und 1935, 1936 und 1937. Diese Lösung wird auch von Pius XII. und Johannes XXIII. angewandt werden.

²⁵ Acta Apostolicæ Sedis 14 (1922) 145–146.

²⁶ Am 25. März 1935; erschienen in: Acta Apostolicæ Sedis 27 (1935) 97–113.

²⁷ Vgl. E. FATTORINI, Germania e Santa Sede. Le nunziature di Pacelli tra la Grande guerra e la Repubblica di Weimar, Bologna 1992; P. BLET, Le Cardinal Pacelli, secrétaire d'Etat de Pie XI, in: Achille Ratti, Pie XI, Roma 1996, 197–213. Pacelli ist der erste römische Papst seit 218 Jahren.

²⁸ R. SIMONATO, Celso Costantini tra rinnovamento cattolico in Italia e le nuove missioni in Cina, Pordenone 1985; neueste Erkenntnisse in: M. CASELLA, La crisi del 1938 fra Stato e Chiesa nella documentazione dell'Archivio storico diplomatico del Ministero per gli Affari Esteri, in: Rivista di storia della chiesa in Italia 54 (2000) 91–185.

²⁹ Ich danke Horst Fuhrmann für den Hinweis, daß man in den Tischgesprächen Hitlers und in den Tagebüchern von Goebbels auf die Möglichkeit anspielt, aus der Wahl des Papstes den Mechanismus für die Nachfolge des Führers zu entlehnen, vgl. H. PICKER, Hitlers Tischgespräche im Führerhauptquartier 1941–1942, neue Ausgabe hg. von P. E. SCHRAMM […], Stuttgart 1976, 234–235; J. GOEBBELS, Tagebücher aus den Jahren 1942–1943 mit anderen Dokumenten, hg. von L. P. Lochner, Zürich 1948, 439.

³⁰ Ein Präzedenzfall existierte in dem Motu Proprio Leos XIII. für den Vikar des Kardinalvikars vom 9. (oder 20.) Juni 1882 „für den Fall höherer Gewalt, in dem den Gläubigen der Zugang zum römischen Pontifex unterbunden oder er selbst als Geisel genommen wäre"; 1884 wurde diese Bestimmung abgeändert und schließlich annulliert, in: Archivio della S. C. degli Affari Ecclesiastici Straordinari, Stati Ecclesiastici, Rubrica 1, pos. 1034, fasc. 336 (aus dem Exzerpt Rampolla).

³¹ Der päpstliche Leibarzt berichtet viele Jahre später von diesen Gedankenspielen Pacellis über einen Rücktritt angesichts der skandalösen Fotos, die den Papst in Agonie zeigen. Vgl. R. GALEAZZI-LISI, Dans l'ombre et dans la lumière de Pie XII, Paris 1960.

³² Acta Apostolicæ Sedis 38 (1946) 87–99. Das Widerstreben Pacellis, Kardinäle zu kreieren, ist anhaltend und widersprüchlich zugleich. Es vergehen sieben Jah-

re, bis Pius XII. seine ersten Kardinäle ernennt – wenn auch in einer in der Geschichte der Kirche nie erreichten Zahl (32) – und weitere sieben vor dem letzten Konsistorium, an dessen Ende das Kollegium sich wie 1922 auf 57 Amtsträger reduziert sieht. Vgl. auch RICCARDI, *Il potere del papa*.

6. Kapitel

[1] RICCARDI, *Il potere del papa*.

[2] E. POULAT, *Intégrisme et catholicisme intégral*, Tournai 1969.

[3] L. GEDDA, *18 aprile 1948. Memorie dell'artefice della sconfitta del Fronte Popolare*, Milano 1998, und G. ZIZOLA, *Il microfono di Dio. Pio XII, padre Lombardi e i cattolici italiani*, Milano 1990.

[4] G. ALBERIGO – A. MELLONI, *L'allocuzione Gaudet Mater Ecclesia (11 ottobre 1962)*, in: *Fede Tradizione Profezia. Studi su Giovanni XXIII e sul Vaticano II*, Brescia 1984, 223–283.

[5] M. GUASCO, *Dal modernismo al Vaticano II. Percorsi di una cultura religiosa*, Milano 1991.

[6] E. FOUILLOUX, *Les chrétiens français entre crise et libération (1937–1947)*, Paris 1997, und DERS., *Une église en quête de liberté*, Paris 1999.

[7] D. MENOZZI, *La Chiesa cattolica e la secolarizzazione*, Torino 1993.

[8] A. RICCARDI (Hg.), *Pio XII*, Roma – Bari 1984.

[9] Am 4. Oktober 1958 hatte der Nuntius in Lissabon, Cento, von der Kandidatur von Agagianian, Siri und Montini gesprochen (für den er in Kürze den Kardinalspurpur erwartete). In Italien verfaßt der Botschafter Migone einen ausführlichen Bericht über die Form der Bestattung des Papstes für den „leider wahrscheinlichen Fall" des Todes Pius' XII. und bereitet eine Liste der Kardinäle vor, die nach dem Alter angeordnet ist; vgl. MELLONI, *L'altra Roma* 33–34.

[10] Mameli an Piccioni, 1. März 1954, Nr. 1679, in: Archivio storico diplomatico del Ministero degli Affari Esteri, Affari politici 1950–1957, Sacro Collegio; vgl. MELLONI, *L'altra Roma* 33.

[11] Am Rande der Initiative De Gaulles berichtet der portugiesische Botschafter am Hl. Stuhl, daß in den französischen Vorhersagen (nachdem die angesehenste Kandidatur, die von Montini, wegen des fehlenden Kardinalspurpurs ausgeschlossen ist) die Namen Lercaro, Masella, Agagianian auftauchen, „und möglicherweise Roncalli", der von der italienischen Regierung gerne gesehen würde. Den gleichen Eindruck einer zunehmenden Konzentration der Aufmerksamkeit auf Roncalli gewinnt man aus den Notizen Migones vom 23. Oktober 1958, die er im Anschluß an ein Telefonat mit Veronese niederschrieb. Nach einem langen Besuch beim Kardinal von Venedig hat er den Eindruck gewonnen, daß „in der Umgebung Roncallis jene erwartungsvolle Atmosphäre herrsche, die großen Ereignissen vorausgeht" (so das unveröffentlichte Tagebuch von Migone, eingesehen bei der Familie). Auch der englische Botschafter erinnert sich einige Monate nach der Wahl Roncallis, die von kubanischen und belgischen Kollegen „the very day the late Pope [scil. Pius XII] died" prognostiziert worden war:

„looks to me, now, in the perspective of four months, that the election of Roncalli was almost a foregone conclusion", vgl. MELLONI, *L'altra Roma* 35–36.

¹² La Palestra del Clero 27 (1958) 522–536 u. 561–570, dazu vgl. A. MELLONI, *Prodromi e preparazione del discorso d'annuncio del Vaticano II („Questa Festiva Ricorrenza", 25 gennaio 1959)*, in: Rivista di Storia e Letteratura religiosa 28 (1992) 607–643.

¹³ Vgl. L. F. CAPOVILLA, *Mi chiamerò Giovanni*, o. O. 1998; G. ALBERIGO, *28 ottobre 1958: un Conclave di transizione*, in: Bergomum 13 (1998), f. 3, 7–25, jetzt in: *Dalla Laguna al Tevere. A. G. Roncalli da san Marco a san Pietro*, Bologna 2000.

¹⁴ Dies hält Kardinal Tisserant in seinem Kalender fest. Dieser wurde von einem seiner Mitarbeiter als Faksimile veröffentlicht in: Panorama, 6. Juli 1972.

¹⁵ E. GALAVOTTI, *I processi di canonizzazione di Roncalli come fonte storica*, in: Cristianesimo nella storia (in Druck).

¹⁶ Gespräch vom 1. Februar 1959, festgehalten von L. F. CAPOVILLA, *Vent'anni, 28 X 1958–1978*, o. O. 1978, 25. Die Stegreifrede findet keinen Eingang in die *Discorsi messaggi e colloqui del S. Padre Giovanni XXIII*, 6 Bd., Città del Vaticano 1960–1967. In ihrem dritten Teil führen sie die Nachrichtenartikel der vatikanischen Zeitung auf. Unter diesem Datum gibt der Journalist des Osservatore Romano die päpstliche Bemerkung, die für den Stil der Zeit als zu familiär im Ton empfunden wurde, nicht wieder.

¹⁷ Die neuen Kardinalserhebungen finden im Konsistorium vom 15. Dezember 1958 statt, vgl. Acta Apostolicæ Sedis 50 (1958) 981–989. Zur Wahl von Roncalli, aber auch zum Konklave und zur Wiederherstellung einer Struktur in der römischen Kurie selbst, vgl. RICCARDI, *Il potere del papa* 159–184.

¹⁸ Vgl. Acta Apostolicæ Sedis 50 (1958) 986; zur Verfügung standen 75 Titel, dazu Ostia für den Dekan.

¹⁹ Acta Apostolicæ Sedis 53 (1961) 198.

²⁰ Acta Apostolicæ Sedis 54 (1962) 253–256.

²¹ Ebd. 256–258.

²² Vgl. A. DE LA HERA, *La reforma del colegio cardenalicio bajo el pontificado de Juan XXIII*, in: Ius canonicum 2 (1962) 677–716. Beeindruckend ist die päpstliche Bemerkung, daß man mit pastoralen Eifer Regeln und Gewohnheiten verändern muß, die ihre Wirksamkeit verloren haben, vgl. R. ROUQUETTE, *La fin d'une chrétienté*, Paris 1968, 180.

²³ So teilt Johannes XXIII. Tardini mit, daß er die Ankündigung des Konzils am 25. Januar 1959 an das Kardinalskollegium „quasi in Form des alten Konsistoriums" geben möchte, vgl. *Storia del concilio Vaticano II*, geleitet von G. Alberigo, italienische Ausgabe hg. von A. Melloni, Bd. I, Bologna 1995, 30–31.

²⁴ Das Problem, wie man mit dem Leichnam des Papstes umgehen soll, hat sich spätestens seit 595 gestellt, als eine römische Synode verboten hatte, den Leichnam mit Stoffen zu bedecken, um diese dann in Reliquien zu verwandeln. Vgl. R. ELZE, *Sic transit gloria mundi. Zum Tode des Papstes im Mittelalter*, in: Deutsches Archiv für Erforschung des Mittelalters 34 (1978) 1–18.

7. Kapitel

[1] Der französische Botschafter Guy de La Tournelle vertrat die Auffassung, daß die Organisation in Gruppen während des Konzils auf die Entwicklungen in der Sixtinischen Kapelle keinen Einfluß gehabt habe. Ein Bericht vom 7. Dezember 1962 (im Original veröffentlicht in: MELLONI, *L'altra Roma* 187–188) präzisierte, daß „sich ein Gefühl der Übernationalität und der Katholizität der Kirche auf dem Konzil von Tag zu Tag mit zunehmender Kraft entwickelte, und sich die Bedeutung der ethnischen Herkunft derer, die Ämter in der Kirche übernehmen, entsprechend verminderte. Unter anderem hat Papst Johannes XXIII. allen gezeigt, daß ein italienischer Papst gegenüber den Notwendigkeiten der universalen Kirche sensibler als jeder andere sein kann".

[2] „Semble ignorer l'univers qui s'étend au nord de la ligne Naples – Bari. Et sans doute cet univers l'ignore-t-il tout autant", *ebd.*

[3] Der zitierte Bericht vom 7. Dezember 1962 an den Quai d'Orsay bestätigte, daß Montini, „wenn Pius XII., der ihn 1954 nach Mailand geschickt hatte, ihm den Kardinalshut verliehen hätte, als Papst das Konklave betreten hätte. Ob er sich jetzt mit der gleichen Voreinschätzung als Favorit darstellen wird? Man trifft niemanden, der ihm nicht eine überlegene Intelligenz zugesteht, der nicht seine Bildung und sein unerschöpfliches Interesse für die Dinge des Geistes bewundert, der nicht seinen kühnen und gleichzeitig abgewogenen sozialen Vorstellungen huldigt, der nicht von seinem apostolischen Eifer bewegt ist, ja, der nicht bekennt, die von ihm ausgehende Faszination verspürt und augenblicklich das Verführende seiner Unterhaltung erfahren zu haben. Andere, die seine wertvollen Qualitäten nicht leugnen, finden sie zu hervortretend und in ihrer Würde ein wenig konstruiert, sie werfen ihm einen Geist übermäßiger *souplesse* vor, der sich für seine Vorhaben nicht einsetzt und der im Erscheinen und im Handeln nicht fest zu den angekündigten Zielen steht. [...] Heute würde Montini als Kardinal in das Konklave eintreten, und es ist schwierig, seine Chancen abzuschätzen, daß er daraus als Papst hervorgeht. Viele meinen, daß sie auf dem Konzil gewachsen sind".

[4] Das Spektrum der Namen ist das schon bekannte, denen Tisserant das eine oder andere Adjektiv hinzufügt: Ottaviani, als ein mächtiger Wahlmann angesehen, überzeugt im S. Ufficio wie in einer „belagerten Stadt" zu leben, teilt mit seinem „Waffenbruder" Siri die „autoritären Tendenzen", die beide mit Ruffini und Antoniutti zu einer Gruppe verbindet, über die „man oft von Integrismus spricht". Liénart wird im Gegensatz zu ihnen als Haupt und Kandidat einer Linie der Barmherzigkeit in Fortführung des Roncalli-Papstes angesehen, mit einer Priorität nicht der Lehre, sondern des Menschen. Auf seiner Seite stehen die deutschen Kardinäle (Frings und Döpfner) und die anderer europäischer Nationen, wie Alfrink und Suenens. Lercaro und Montini haben sich in den Konzilsdiskussionen des Dezember über die Ekklesiologie schon selbst profiliert. Vgl. MELLONI, *L'altra Roma* 189–192.

[5] R. TUCCI, *Diario [del concilio 1963]*, Fondazione per le scienze religiose Giovanni XXIII, Bologna, Archivio – Fondo Vaticano II.

[6] Zu dem Bericht des ehemaligen Botschafters der USA in Pakistan, Spanien, CIA Nr. 27–63, 13. Mai 1963, vgl. A. MELLONI, *Pope John XXIII: Open Questions for a Biography*, in: The Catholic Historical Review 72 (1986) 51–67.

[7] MELLONI, *L'altra Roma* 195–196, und *Akten zur Auswärtigen Politik der Bundesrepublik Deutschland*, hg. von H. H.-P. Schwarz, München 1994, s.v.

[8] ZIZOLA, *Il conclave* 242–247.

[9] „Il n'est pas douteux que telle était l'opinion des Cardinaux français et qu'ils aient joué un rôle important lors des différents scrutins. Ce choix est hautement satisfaisant pour la France. En effet, le nouveau Pontife, qui possède parfaitement notre culture, a toujours manifesté des sentiments d'amitié et de compréhension pour notre pays. Il est parfaitement informé de tous les détails de l'action du catholicisme en France, dont il m'a lui-même dit, lorsque je le visitais à Milan, qu'il pouvait servir d'exemple au monde", FR, EU 30/24, tel. 231–234, Rome 24/6/1963, vgl. MELLONI, *L'altra Roma* 198.

[10] Über die Fortführung des II. Vatikanischen Konzils (und über die Verteidigung seiner Linie der Erneuerung) sei eine informelle, aber ausdrückliche Vereinbarung zwischen den Kardinälen und dem Gewählten – und in gewisser Weise auch zwischen Lercaro und Montini erreicht worden; vgl. dazu LERCARO, *Lettere dal Concilio. 1962–1965*, hg. von G. Battelli, Bologna 1980, 36–37. In der Zeitschrift Epoca bekräftigt Agasso in den Tagen nach der Wahl die Vermutung eines Treffens Spellman – Montini, das dem Kardinal von Mailand die konservativen Stimmen gesichert habe.

[11] Ich übersetze aus dem Manuskript von Y. CONGAR, *Mon Journal du Concile*, 31. August 1963, das im Erscheinen begriffen ist.

[12] Diese Bemerkung wird vom belgischen Botschafter, Ferdinand Poswick, in der Begrüßungsadresse des diplomatischen Corps vor dem gewählten Papst wiederholt. Er bekräftigt, daß „au sein du conclave, le concile fut le berceau de son élection", vgl. *Insegnamenti di Paolo VI*, Città del Vaticano 1964, Bd. 1, 18–20. Zu den Positionen der verschiedenen Kreise vgl. MELLONI, *L'altra Roma* 199–200. Die Notizbücher Montinis sind Gegenstand einer Studie von G. Adornato im Auftrag des Instituts Paolo VI und der Erzdiözese Mailand. Man hat mir freundlicherweise mitgeteilt, daß sich in ihnen keine direkten Nachrichten zum Konklave finden.

[13] *Insegnamenti di Paolo VI*, Bd. 1, 4: „Pontificalis muneris potiorem veluti partem sibi vindicat persequendum concilium oecumenicum Vaticanum II"; *ebd.* 7, wendet er sich in Grußworten an die Bischöfe, denen er verspricht, sie „in altera oecumenici concilii sessione" wieder zu umarmen. Es gibt keinerlei Hinweise auf das Datum der Fortsetzung. Aber der Wunsch von Personen wie Giuseppe Dossetti ist zumindest unrealistisch, der hofft, die Zwischenzeit auf mehrere Monate ausdehnen zu können, um eine bedachtsame Lektüre der Schemata zu gestatten, vgl. G. ALBERIGO, *Dinamiche e procedure nel Vaticano II. Verso la revisione del Regolamento del concilio (1962–1963)*, in: Cristianesimo nella storia 13 (1992) 115–164, zur Vertagung 139.

[14] Vgl. die abschließenden Überlegungen von ALBERIGO, *Cardinalato e collegialità*

187–212. Zur Urkunde, die den gegenseitigen Bann löst, vgl. *Tomos Agapis. Vatican – Phanar (1958–1975)*, Rom – Istanbul 1975, und *Tomos Agapis. Dokumentation zum Dialog der Liebe zwischen dem Hl. Stuhl und dem Ökumenischen Patriarchat*, Innsbruck – Wien – München 1978.

[15] La Documentation Catholique 63 (1966), Sp. 1824–1825.

[16] La Documentation Catholique 64 (1967), Sp. 191–192.

[17] 28. Juni 1967, Acta Apostolicæ Sedis 59 (1967) 759–760.

[18] Vgl. L'Année Canonique 12 (1968) 243–244.

[19] Vgl. G. THILS, *Choisir les évêques? Elir le pape?*, Paris 1970.

[20] Interview in: Informations catholiques internationales, 15. Mai 1969, Nr. 336, Supplement. Vgl. J. DE BROUCKER, *Le dossier Suenens*, Paris 1970, 32.

[21] Il Regno – documenti, September 1969, 344.

[22] Reaktionen und Positionen in: G. CAPRILE, *Il Sinodo dei vescovi. Prima assemblea straordinaria*, Roma 1970, 175, 190–192 und 215.

[23] *Ebd.* 396.

[24] Er erläutert sie in einem Interview, in: L'Europeo, 15. Januar 1970, 13.

[25] *Coira: un nuovo prete?*, Turin 1962, und *Liberté et responsabilité dans l'église*, ohne Ort 1969, zit. in: CAPRILE, *Il Sinodo* 405.

[26] Die dokumentarischen Einzelheiten sind in PONTIFICIA COMMISSIO CIC RECOGNOSCENDO, *Synthesis generalis laboris pontificiæ commissionis Codicis iuris canonici recognoscendo* aufgelistet, in: Communicationes 19 (1987) 262–308.

[27] Vgl. den apostolischen Brief Pauls VI. vom 11. Februar 1965, *Ad purpuratorum patrum*, in: Acta Apostolicæ Sedis 57 (1965) 296–297 (ihm folgt der Brief *Sacro cardinalium consilio* zur Wahl des Dekans und Subdekans); die Reaktionen in: Irénikon 38 (1965) 246–252.

[28] Acta Apostolicæ Sedis 62 (1970)/11–12, 810–816.

[29] Vgl. Nr. 21 und 31 des Konzilsdekrets *Christus Dominus* über die Hirtenaufgabe der Bischöfe in der Kirche.

[30] Der Text benützt eine leichte verbale Heuchelei, wenn er aussagt, daß die Kurienkardinäle „rogantur ut cum septuagesimum quintum ætatis annum expleant, renuntiationem ab officio *sua sponte* Summo Pontifici exhibeant".

[31] Unter ihnen befand sich sogar der Dekan Tisserant. Auch andere einflußreiche Persönlichkeiten waren betroffen (Bacci, Callori di Vignale, Cento, Cerejeira, da Costa Nunes, de Arriba y Castro, Giobbe, Heard, Motta) und einige große Gestalten des Zweiten Vatikanischen Konzils wie Browne, Feltin, Frings, Larraona, McIntyre und der ehemalige Sekretär des Sant'Ufficio, Ottaviani. Pizzardo, sicher ein Gegner Montinis, wäre ebenfalls von einem Konklave ausgeschlossen gewesen, war aber am 1. August verstorben.

[32] Der kurze Zeitraum zwischen dem Erlaß der Normen und seinem Tod gestattet es Paul VI. nicht, den gleichen großen „Schub" an Ernennungen für das Kardinalskollegium vorzunehmen, wie bei den Bischofsernennungen, vor allem in Italien. Vgl. A. MELLONI, *Da Giovanni XXIII alle chiese italiane del Vaticano II*, in: T. GREGORY, A. VAUCHEZ U. G. DE ROSA (Hg.), *Storia dell'Italia religiosa,*. Bd. 3: *L'età contemporanea*, Roma – Bari 1995, 361–403.

[33] Abgeschrieben von RICCARDI, *Il potere del papa* 251. Ein Echo dieser Absichten findet sich in dem Raum, den die Redaktion der *Lex Ecclesiae fundamentalis* der Freiheit des päpstlichen Rücktritts einräumt; zur Chronologie, vgl. D. CEN-ALMOR PALANCA, *La Ley fundamental de la Iglesia. Historia y análisis de un proyecto legislativo*, Pamplona 1991.

[34] „Item Nobiscum quærimus, num expediat facultatem considerare associandi Sacro Cardinalium Collegio, ad tanti ponderis munus, illos, quos Synodus Episcoporum, e totius orbis sacrorum Pastorum corpore veluti manans, elegit – iis non exceptis, qui a Romano Pontifice designantur – ut, in ipsam Synodum repræsentantes, Consilium Secretariæ Generalis eiusdem Synodi constituerent", in: Acta Apostolicæ Sedis 65 (1973) 163. Ist dies eine Möglichkeit, die bei der Abfassung der *Lex Ecclesiae fundamentalis* in Betracht gezogen wurde?

[35] H. LEGRAND, *Römisches Amt und universales Amt des Papstes. Das Problem seiner Wahl*, in: Concilium 11 (1975) 531–538.

[36] § 7 in: Enchiridion Vaticanum, 5, 1455. Das bedeutet, daß ein Einspruch, der am Tag nach dem Tod des Papstes erhoben wird, von den römischen Kardinälen entschieden wird.

[37] Die Geheimhaltung der Generalkongregationen dient dazu, die vom verstorbenen Papst für die Lektüre der Kardinäle hinterlassenen Dokumente zu schützen. Man bereitet zudem die das Konklave betreffenden Fragen vor, das Datum seines Beginns eingeschlossen (§ 13).

[38] Vor allem entmachtet man den Kardinalstaatssekretär, den wahren Dreh- und Angelpunkt der Kurie Montinis. Die ordentliche Verwaltung wird in die Verantwortung des Substituten übergeben, der dem Kollegium gegenüber verantwortlich ist (§ 20).

[39] Diese Bestimmung hielt in der Theorie die über 80-jährigen im Rennen. Dies ist einer der Punkte, die Johannes Paul II. in seiner Konstitution „korrigierte"; vgl. unten Kap. 5, Anm. 8.

[40] Die Bischofsweihe des Gewählten (seit Jahrhunderten ein seltener Fall und seit Gregor XVI. nicht mehr vorgekommen) greift einen zentralen Punkt der Neubestimmung der Jurisdiktionsvollmacht des Konzils auf. Es definiert gleichzeitig den Mangel der Kardinalswürde, im Vergleich zur Sakramentalität des Bischofsamtes in der Leitung der Kirchen, die römische eingeschlossen. Die Obergrenze der 120 Wahlberechtigten bestätigt das, was vorher im Konsistorium vom 5. November 1973 festgelegt worden war; in: Acta Apostolicæ Sedis 65 (1973) 163.

[41] Der Papst verbietet jegliche Korrespondenz, *præsertim (sic!)* auch von innen nach außen ohne die Erlaubnis des Sekretärs des Konklaves. Nicht einmal die Lektüre von Zeitungen ist zugelassen. Nur die Korrespondenz Pönitent – Pönitentiar ist von der Kontrolle ausgenommen. Paul VI. hält jedoch die Norm aufrecht, nach der der neue Papst die Kardinäle (oder einige von ihnen) von der Geheimhaltungspflicht befreien kann (§ 59–60). Dies erscheint wie ein äußerstes Mittel für den Fall von Wahlanfechtungen.

[42] Das Verbot, über Stimmen zu verhandeln oder unter Kardinälen vor dem Tod

des Papstes Stimmen zuzusagen, wird bekräftigt. Ebenso bleiben das Veto, die Kapitulationen und jede andere Zusage verboten.

[43] Das bedeutet zugleich die Beibehaltung der Regel, daß die Stimmzettel verbrannt werden (§ 72), und zwar im Ritus des „Rauchzeichens", das den abgeschlossenen Wahlgang und sein Ergebnis mitteilt.

[44] Vgl. A. WENGER, *Le cardinal Villot (1905–1979)*, Paris 1989, 227–243.

[45] Siri erklärt z.B. im Canard Enchaîné, daß Pellegrino „wie ein Kommunist denkt, wie ein Faschist regiert und wie ein Spießbürger lebt", vgl. COMMEAUX, *Les conclaves* 252.

[46] B. LAI, *Il papa non eletto. Giuseppe Siri cardinale di S. Romana Chiesa*, Roma – Bari 1993, 265–266.

[47] *Un documento segreto sul successore di Paolo VI*, in: La Repubblica, 23. August 1978, S. 1 u. 3; die Depesche ist auf den 9. August datiert und wird von einem kurzen Kommentar Luigi Accattolis eingeleitet.

[48] So die Erzählung von G. DE ROSA, *La storia che non passa. Diario politico 1968–1989*, hg. von S. Demofonti, Catanzaro 1999, 239.

[49] DE ROSA, *La storia che non passa* 243. G. VIAN, Art. *Giovanni Paolo I*, in: Enciclopedia dei papi, Bd. III, 678, beglaubigt die These, daß der brasilianische Kardinal Lorscheider südamerikanische Stimmen für Luciani gebracht habe.

[50] *El sucesor de Pablo VI – los papables*, in: Blanco y Negro, Nr. 3458, 9.–15. August 1978, 30.

[51] Die beiden Erklärungen von Garrone und Villot klingen widersprüchlich. Nach Aussage des einen befand man sich am Mittag noch auf hoher See, nach der des anderen war das Kollegium bereits auf einen italienischen Hirten ausgerichtet. Beim gegenwärtigen Stand der Akten kann man nicht wissen, ob die Alternative zu Luciani Pignedoli oder Ursi gewesen ist. Unsicher bleibt auch, ob Benelli, auf dem sowohl der Argwohn der konservativen Kardinäle als auch der von Paul VI. enttäuschten liegt, sein großer Wahlmann und der Totengräber der Alternativen ist.

[52] VIAN, *Giovanni Paolo I* 679, berichtet über die von Kardinal Casariego gegebenen Zahlen; die 1. Abstimmung ergab: Siri 25, Luciani 23, Pignedoli 18, Baggio 9, König 8, Bertoli 5, Pironio 4, Felici und Lorscheider 2. Beim 2. Wahlgang steigt Luciani auf 53 Stimmen, Siri erhält 24, Pignedoli 15. Die Zusicherung, daß Benelli nicht Kardinalstaatssekretär werden würde, sei dafür entscheidend gewesen, daß Luciani am darauffolgenden Tag 70 und dann 89 Stimmen erreicht.

[53] DE ROSA, *La storia che non passa* 243–245.

[54] Auch wenn das Tagebuch von Pattaro durch die *a posteriori*-Lektüre einiger Aussagen des Papstes als Vorboten eines Übergangs geprägt ist, bleibt es von großem Interesse. Es findet sich in: C. BASSOTTO, *Il mio cuore è ancora a Venezia. Albino Luciani*, Venezia 1990.

[55] Vgl. WENGER, *Le cardinal Villot* 240–243.

[56] Z.B. das Gewicht der Kandidaten in der Fortführung Montinis, wie Benelli, zu bewerten; oder die mögliche lateinamerikanische Kandidatur von Pironio erörtern, usw.

⁵⁷ LAI, *Il papa non eletto* 275–277. Zu Benelli neigt L. Accattoli, in: La Repubblica, 16. Oktober 1978.

⁵⁸ Der Direktor der Civiltà Cattolica hatte Siri wenige Tage zuvor als „begabt und intelligent, aber zu streng" eingeschätzt.

⁵⁹ DE ROSA, *La storia che non passa* 252: Sorge bestätigt eine Kandidatur von Pironio.

⁶⁰ L'Aurore vom 22. November 1977 hatte die Kandidatur von Wojtyła in den Vordergrund gebracht; zitiert von COMMEAUX, *Les conclaves* 251.

⁶¹ Filipiak und Gracias sind gestorben. Dagegen ist Wright genesen und angereist; auch Guyot von Toulouse zieht, obwohl er krank ist, ins Konklave ein.

⁶² Auch die Wahl des Camerlengo Pecci 1878 und die des Kardinalstaatssekretärs Pacelli 1939 stellen für sich eine absolute Neuigkeit dar.

⁶³ Z. B. G. ANDREOTTI, *A ogni morte di Papa. I Papi che ho conosciuto*, Milano 1980, 176, zitiert den Brief eines Kardinals, gemäß dem Luciani mit 98 und Wojtyła mit 99 Stimmen gewählt worden sei. Dagegen begegnet in seinen Tagebüchern, *Diari 1976–1979. Gli anni della solidarietà*, Milano 1981, 253, die zweifache Beobachtung, daß die Wahl Lucianis „eine absolute Überraschung" gewesen sei, und daß „der Vorbehalt gegenüber einem Mann der Kurie unüberwindlich sei". Er berichtet nichts über anklagende Redereien gegen Benelli, durch Gerüchte die Kandidatur von Pignedoli zunichte gemacht zu haben.

8. Kapitel

¹ *Constitutio apostolica „Universi dominici gregis" de Sede Apostolica vacante deque Romani Pontificis electio*, 22. Februar 1996, in: Acta Apostolicæ Sedis 88 (1996) 305–342. Ein Kommentar in: R. PUZA, *Le Nouveau Règlement de l'élection pontificale*, in: Revue de Droit Canonique 48 (1998) 163–174.

² „Ad hoc suscipiendum movemur propterea quod Nobis sumus conscii mutatas esse condiciones in quibus hodie Ecclesia versatur", Acta Apostolicæ Sedis 88 (1996) 306.

³ Can. 335 des CIC entspricht dem can. 47 des *Codex canonum Ecclesiarum Orientalium*.

⁴ „In quod *Codex juris canonici* statuit […] officium innuit ferendi atque ad presentia accomodandi peculiares leges quæ canonicam Romanæ Sedis provisionem, quavis ratione vacantis, moderetur", Acta Apostolicæ Sedis 88 (1996) 306.

⁵ Die Konstitution, die einigen der Kommentare zu CIC, can. 335, und CCEO, can. 47, folgt, verrät manche Zeichen ihrer Herkunft. Vielsagend ist ein Abschnitt, der an die „tausendjährige Praxis erinnert, die auch in einer ausdrücklichen Bestimmung des derzeit gültigen CIC bekräftigt wird", die den Kardinälen die Wahl des Papstes vorbehält. Das Argument ist für einen Kirchenrechtler der Kurie schlüssig, – dem an einer Bestätigung der Tradition durch den CIC gelegen sein mag –, aber es gehört nicht zu der Weise, wie der römische Pontifex Gesetzesbestimmungen erläßt, vgl. Acta Apostolicæ Sedis 88 (1996) 331 u. 337.

⁶ Nr. 33 spricht über Zeiten vor dem Todestag des Papstes oder des Tages, an dem der Apostolische Stuhl vakant wäre. Darüber hinaus bestimmt Nr. 77, daß

diese Normen auch eingehalten werden müssen, wenn die Vakanz „durch Verzicht des Summus Pontifex gemäß Norm des can. 332 § 2 des CIC und des can. 44 § 2 des *Codex canonum Ecclesiarum Orientalium*" entstünde.

[7] Als im Jahr 2000 sowohl der Vorsitzende der deutschen Bischofskonferenz als auch der Primas von Belgien an diese Möglichkeit erinnerten, herrschte Empörung unter den Kirchenmännern des päpstlichen Hofs.

[8] P. GRANFIELD, *Papal Resignation*, in: The Jurist 38 (1978) 118–131. Der von Leo XIII. und Pius XII. befürchtete Fall eines entführten Papstes, der nicht zurücktreten kann, ist heute undenkbar.

[9] Vgl. P. GRANFIELD, *The Limits of the Papacy. Authority and Autonomy in the Church*, New York 1987, wo er Themen des Artikels von 1978 weiterentwickelt.

[10] Vgl. J. PROVOST, *„De sede apostolica impedita" Due to Incapacity*, in: A. MELLONI – D. MENOZZI – G. RUGGIERI – M. TOSCHI (Hg.), *Cristianesimo nella storia. Saggi in onore di Giuseppe Alberigo*, Bologna 1996, 101–130.

[11] Die Obergrenze bindet den Papst nicht absolut. Sie ist von Johannes Paul II. zunächst um eine Einheit überschritten worden, dann von neuem durch die doppelte Ankündigung des Konsistoriums vom 21. und 28. Januar 2001. Die häufige Kreierung von über 80-jährigen Kardinälen (zuvor übersehene bedeutende Theologen bzw. Kirchenmänner) bezeugt noch einmal den künstlichen Charakter der Begrenzung des Gremiums mit aktivem Wahlrecht.

[12] Man erkennt dies auch an der Tatsache, daß diese Bestimmung nicht an den Beginn von *De electione sede* gesetzt ist (der sich auf die Aussage beschränkt, daß die Geschehnisse im Vatikanstaat ablaufen, und dann auf den Transport der Kardinäle in den apostolischen Palast anspielt). Der Wahlort wird erst in Nr. 51 festgelegt.

[13] Dieses Kriterium wird dagegen bei Entscheidungsprozessen nicht angewandt. Während die Kongregationen und die Konzilien mit Mehrheiten entscheiden können, wird noch Ende der neunziger Jahre in römischen Dokumenten wie *Apostolos suos* bekräftigt, daß die Entscheidungen der Bischofskonferenzen für alle Mitglieder nur bindend sind, wenn sie einstimmig getroffen wurden.

[14] Acta Apostolicæ Sedis 88 (1996) 310. In Wirklichkeit ist das von einer normativen Komplizierung betroffene Verfahren der Akzess. Die wenigen Kardinälen übertragene Abstimmung war durch genau festgelegte Mehrheiten entschieden worden.

[15] Nur drei Päpste wurden einstimmig gewählt: Innozenz IV. 1243, Innozenz XIII. 1721 und Pius VI. 1775.

[16] Dies schließt die über 80-jährigen nicht nur vom Wahlrecht, sondern auch von jeglichen Regierungsaufgaben aus. Da aber die Entscheidungen der Sonderkongregation, gemäß Nr. 8, nur durch eine Generalkongregation abgeändert werden dürfen, können die Älteren ihr eigenes Wahlgewicht nur in der vorbereitenden Phase der Papstwahl einsetzen.

[17] So die Nr. 11, auch wenn sie nichts darüber aussagt, welche Themen etwa dem zukünftigen Papst vorbehalten sind, zu denen das Kollegium Vorschlagsrecht besitzt.

[18] Vgl. J. PROVOST, „De sede apostolica impedita" Due to Incapacity.

[19] Im Unterschied zu dem, was im Vorwort der Konstitution gesagt wird, gibt Nr. 41 den Vatikanstaat als verpflichtenden Ort für die Handlungen an und bestimmt ausdrücklich, daß die Unterkunft in Santa Marta sein muß. Doch setzt Nr. 41 die Sixtinische Kapelle als Wahlort als selbstverständlich voraus.

[20] Die technische Entwicklung der Abhörmöglichkeiten eröffnet einer ziemlich großen Zahl von staatlichen und nichtstaatlichen Organisationen das Abhören des Konklaves aus der Distanz.

[21] P. PRODI, Il sacramento del potere. Il giuramento politico nella storia costituzionale dell'Occidente, Bologna 1992.

[22] Dagegen bestätigen Einzelheiten wie Wahlstimmen-Kisten für Kranke, Teller, um die Stimmzettel nicht zu berühren, etc. den Eindruck eines Kollegiums, bei dem man genauer hinsehen muß …

9. Kapitel

[1] Bei den ersten zwei Parametern gab es Veränderungen: Die Wahl Johannes' XXIII. und die Johannes Pauls II. stellen die beiden Extreme eines Papstes dar, der für kurze Zeit bzw. für lange Zeit gewählt wurde. Was die Aufgabe betrifft, ist bekannt, daß Pius X., Benedikt XV., Johannes Paul I. und II. als Hirten von Diözesen pastorale Erfahrungen besaßen, während Johannes XXIII. und Pius XI. diplomatische Erfahrung aufwiesen. Paul VI. war Erzbischof von Mailand, hatte aber eine lange Kurienkarriere hinter sich. Pius XII. hatte zunächst diplomatische Erfahrungen gesammelt, bevor er Kardinalstaatssekretär wurde. Hinsichtlich des Parameters der Nationalität bildet die Wahl des Erzbischofs von Krakau 1978 keine Ausnahme, sondern bedeutet wahrscheinlich die Aufhebung eines jahrhundertelangen italienischen Monopols, dessen Berechtigungsgrund längst verschwunden war.

[2] Quelle ist das Annuario Pontificio. Die Webside „www.fiu.edu/-mirandas" liefert erneuerte und fehlerfreie Daten über das Kollegium seit 1903 bis heute. Durch das Konsistorium vom Februar 2001 kamen 7 Italiener bei 44 Erhebungen hinzu. Die Anzahl der Wähler wurde auf 135 erhöht, wird sich aber im Laufe des Jahres durch das Erreichen der Altersgrenze von 80 Jahren, die bis jetzt nicht abgeschafft wurde, schnell verringern. Elf der Erhobenen stehen im Dienst der römischen Kurie. Vgl. auch WEBER, Senatus divinus.

[3] Im Jahr 2001 kreierte der Papst 37 wahlberechtigte und 7 nicht mehr wahlberechtigte Kardinäle (auch wenn zwei von ihnen für einige Monate unter 80 Jahre waren). Mit dieser Erhebung hat er das plenum vorläufig auf 135 Wahlberechtigte vergrößert. Bis August 2002 werden 15 Kardinäle nicht mehr wahlberechtigt sein. So bleiben die Proportionen vom Ende des 20. Jahrhunderts unverändert.

[4] Natürlich lassen die Grenzveränderungen diese Zahlen schwanken. Österreich müßte z. B. den Ländern mit vier Kardinälen zugerechnet werden, da Kardinal Schönborn, geboren als von Schönborn in einer tschechischen Residenz der

Fürstenfamilie, im „modernen" Sinn des Wortes als Österreicher auch durch Geburt angesehen werden kann.

[5] Am 21. Januar 2001 wurden Walter Kasper, Präsident des päpstlichen Rats zur Förderung der Einheit der Christen, und der Theologe Leo Scheffczyk zu Kardinälen erhoben. Eine Woche später wurde unerwartet die Erhebung des Erzbischofs von Paderborn, Joachim Degenhardt, und die des Vorsitzenden der deutschen Bischofskonferenz, Karl Lehmann, bekanntgegeben.

[6] Die Karte der auf der Welt gesprochenen Sprachen im Peeters-Atlas genügt, um ein Gespür für diese Verschiebungen zu bekommen. Zur vatikanischen Geopolitik, vgl. Limes, 1, 2000.

[7] Die Entscheidung, eine Personalprälatur zu errichten, bringt mit sich, daß die Mitglieder des *Opus*, die Bischöfe werden, im *Annuario Pontificio* als dem „Klerus der Personalprälatur S. Croce" zugehörig bezeichnet werden. Daher ist die Präsenz neuer Kardinäle des *Opus* im Kollegium seit der Kreierung 2001 erkennbar.

[8] Man denke an die Freundschaftsbande im römischen Kolleg Capranica.

[9] Es genügt an die nicht nur intellektuellen Differenzen zwischen Schülern der Lateransuniversiät und der Gregoriana zu erinnern.

[10] Kardinal Medina Estévez ist z. B. Präfekt einer Kongregation geworden, nachdem er in schwierigen Jahren eine chilenische Diözese geleitet hat. Kardinal Ratzinger war Erzbischof von München und Freising, bevor er mit der Leitung des Sant'Ufficio beauftragt wurde. Kardinal Moreira Neves kann sich rühmen, zunächst an der Kurie, dann in Brasilien tätig gewesen und schließlich wieder an die Kurie zurückgekehrt zu sein.

[11] Diese doppelte Erfahrung wurde 1914 für Della Chiesa, 1922 für Ratti, 1958 für Roncalli und 1963 für Montini als Vorteil gewertet.

10. Kapitel

[1] Diese Überlegungen basieren auf den mutigen und intelligenten Vorschlägen von: J.-M. TILLARD, *Il vescovo di Roma*, Brescia 1982 (Originalausgabe: Paris 1982). Zur Debatte nach Veröffentlichung der Enzyklika vgl. A. ACERBI (Hg.), *Il ministero del papa in prospettiva ecumenica*, Milano 1999, und H. J. POTTMEYER, *Die Rolle des Papsttums im dritten Jahrtausend* (QD 179), Freiburg 1999.

[2] Der alte *CIC* verbot dem Papst die Kardinalskreierung von unehelich Geborenen, von Vätern oder Großvätern mit Nachwuchs, von Söhnen oder Neffen noch lebender Kardinäle (can. 232).

[3] Das Kardinalskollegium der Gegenreformation wurde fast nur von Italienern gebildet.

[4] Von kleineren Entwicklungen abgesehen, wie die geringe Vertretung der deutschen Kardinäle, deren Zahl sich durch die Ernennungen des Februars 2001 verdoppelte, oder die Tendenz, große, aber wegen ihres vorgerückten Alters für die Wahl nicht mehr in Frage kommende Theologen zu Kardinälen zu erheben.

[5] Oder auch die Erklärung des Camerlengo, welche die unumkehrbare Regierungsunfähigkeit des Papstes feststellt.

[6] In denen wohl eine allgemeine Verpflichtung zur Geheimhaltung, aber nicht die Klausur existiert.

[7] In der Tat ist der Gedanke sehr abstrakt, daß ein listiger Dekan der Generalkongregation auf Verlangen eines Kardinals oder einer Gruppe von Kardinälen einen symbolischen Antrag zur Abstimmung vorlegen könnte. Die Vorstellung, daß ein allzu frommer oder verschlagener Camerlengo während der neun Tage zurückträte, um zwischenzeitlich eine Orientierungsabstimmung zu provozieren, ist schlichtweg irreal.

[8] Zumal dann, wenn sie gleichzeitig Mediendruck, öffentliche Meinung, diplomatische Kreise und die Angst vor dergleichen einzusetzen imstande sind.

[9] Y. CONGAR, „Status Ecclesiæ", in: Post Scripta, Studia Gratiana 15 (1972) 3–31.

[10] Der Fall eines Papstes, der aufgrund eines öffentlichen *impeachment*, d.h. durch ein Urteil der öffentlichen Meinung zurücktreten müßte, ist als irreal anzusehen. Dagegen ist die Möglichkeit realistisch, daß ein Papst unter Umständen zurücktritt, denen Ruhe und Zustimmung fehlen.

[11] Johannes Paul II. hat mit seinen Reisen, mit seiner Omnipräsenz, seinem widersprüchlichen Vertrauen in das Instrument der Synode, seinem ungeheuren und zu raschem Konsum bestimmten Lehramt das Papstamt in besonderer Weise geprägt.

[12] Nach WEIGEL, *Testimone della speranza* 1087 und 1245, hat sich Kardinal A. Casaroli in einem Beitrag zur Hundertjahrfeier der Geburt Pauls VI. für eine „Wiedereinführung" des Stils Montinis ausgesprochen; veröffentlicht in: L'Osservatore Romano, 24.–25. November 1997, 6.

[13] Auch trotz des Fehlens von Einzelstudien scheint mir die Tatsache faßbar, daß die Veröffentlichungen der Kardinäle sich nicht in Sammlungen mit Predigten und Ansprachen erschöpfen, wie es noch bis vor wenigen Jahrzehnten der Fall war, sondern daß sie Werke für ein breites Publikum abfassen und Schriften in hoher Auflagenzahl veröffentlichen.

[14] Man denke an die Entsendung Montinis nach Mailand oder an die wohlwollendere Entscheidung Pauls VI., den Lebenslauf seines Substituten Giovanni Benelli durch die Ernennung zum Erzbischof von Florenz zu bereichern.

[15] Ein solcher Auswahlprozeß ist grundsätzlich nützlich, um die wahlberechtigten Kardinäle zu orientieren, zu beruhigen oder sie auf Arroganz allergisch reagieren zu lassen.

[16] Aus diesem Grund ist jedem Kardinal der „Titel" einer Kirche in Rom zugeteilt, um auf diese Weise formal das Kennzeichen der Wahl des Papstes zu wahren, von einem besonderen Teil des „römischen Klerus" gewählt zu werden.

[17] Vgl. LAI, *Il papa non eletto*, und WEIGEL, *Testimone* 313–314.

[18] Verleumdung und Anzeige waren oft Teil des Kampfes im Konklave; der Unterschied heute liegt darin, daß die Medien von außen agieren, wie zu vergangenen Zeiten die katholischen Königsmächte, und daß sie nicht für ihre Auswahl haften. Zu einem beispielhaften Fall des Angriffs auf einen Nuntius, der Kardinal geworden war, der aber weder der Schöpfer der vatikanischen Politik, noch der

einzige Repräsentant des Papstes in einer Diktatur war, vgl. B. PASSARELLI – F. ELENBERG, *Il cardinale e i desaparecidos. L'opera del Nunzio Pio Laghi in Argentina*, Narni 1999.

[19] Wessen Rücktritt vom Papst abgelehnt worden ist (z. B. der von Kardinal O'Connor von New York, der in Anbetracht seiner Person und der Krankheit, die ihn getroffen hatte, im Amt belassen wurde), findet sich, ob er will oder nicht, in der Situation vor, die päpstliche Gunst zu genießen, was in einem Konklave nicht unbemerkt bliebe.

11. Kapitel

[1] Johannes Paul II. hat bisher sieben Konsistorien abgehalten, in einem Abstand von ungefähr drei Jahren. Der kürzeste Abstand lag zwischen den 18 Kardinalserhebungen vom 2. Februar 1983 und den 28 vom 25. Mai 1985. Die längste Zeit verging zwischen der ersten Erhebung von 15 Kardinälen am 30. Juni 1979 und der zweiten, schon zitierten vom 2. Februar 1983. Das Konsistorium vom 21. Februar 2001 ist das erste, dessen lange Liste in zwei Abschnitten verkündet wurde, um unterschiedlichen Druck auszugleichen. Die Entscheidung, zweimal die Schwelle der 120 Wahlberechtigten zu überschreiten, war eine Möglichkeit, mit welcher der Papst die Schwierigkeit öffentlich gemacht hat, Erwartungen und Gegensätze auszugleichen.

[2] Die ökonomische Ungleichheit hat die Verfasser von Abhandlungen in der Moderne mehr beschäftigt als der unterschiedliche Lebensstil der Purpurträger.

[3] Der gegenüber die katholische Presse immer einen überheblichen Ton hat, als ob sich die Transparenz des Evangeliums auf die gereizte Forderung reduzieren ließe, daß andere sie nicht darstellen können.

[4] J. M. TILLARD, *Chair de l'Eglise, chair du Christ*, Paris 1992.

Register

212

216